本书由中央民族大学中国少数民族研究中心资助出版

清朝的涉外战争

QINGCHAO DE
SHEWAIZHANZHENG

徐圣言◎编著

新 华 出 版 社

图书在版编目（CIP）数据

清朝的涉外战争 / 徐圣言编著.
-- 北京：新华出版社, 2023.6
ISBN 978-7-5166-6842-9

Ⅰ.①清…　Ⅱ.①徐…　Ⅲ.①对外战争－战争史－中国－清代
Ⅳ.①E294.9

中国国家版本馆CIP数据核字（2023）第100479号

清朝的涉外战争
编　　著：徐圣言

出 版 人：匡乐成　　**出版统筹：**许　新
责任编辑：张　程　　**封面设计：**刘宝龙

出版发行：新华出版社
地　　址：北京石景山区京原路8号　**邮　　编：**100040
网　　址：http://www.xinhuapub.com
经　　销：新华书店、新华出版社天猫旗舰店、京东旗舰店及各大网店
购书热线：010－63077122　　**中国新闻书店购书热线：**010－63072012

照　　排：六合方圆
印　　刷：三河市君旺印务有限公司

成品尺寸：145mm×210mm　1/32
印　　张：11.25　　**字　　数：**225千字
版　　次：2023年6月第一版　　**印　　次：**2025年3月第三次印刷

书　　号：ISBN　978-7-5166-6842-9
定　　价：58.00元

目　录

第一章

概 述

据权威人士统计，清朝期间发生的各类战争达420多次。这些战争可分为以下几大类：1. 消灭南明残余势力的战争；2. 统一国土范围的战争，如康熙与噶尔丹之战、统一台湾之战；3. 消灭地方割据势力之战，如平定三藩之战；4. 平定农民起义的战争；5. 平定少数民族反清活动的战争；6. 涉外战争，即与外国侵略军或雇佣军的战争。

2018年8月拙作《清朝涉外战争史》由江苏大学出版社出版，随后发现原著篇幅太大，并不适合一般读者阅读，所以这次根据原著改写《清朝的涉外战争》，一方面把全书篇幅由108万字压缩到20万字左右，同时降低文字阅读难度，增加些白话文写作。

一、清朝涉外战争概述

本书介绍了清朝发生的12次最主要的涉外战争：雅克萨之战、缅甸之战、安南之战、廓尔喀之战、第一次鸦片战争、第二次鸦片战争、西北边陲之战、甲戌之战、甲申之战、甲午之战、八国联军侵华之战、中英藏地之战。

本书从 1644 年顺治入关写起，到 1911 年清朝灭亡为止，这样皇太极对朝鲜发动的战争就不在本书的范围了。

1661 年（顺治十八年），郑成功收复台湾之战，对方是荷兰军队，当然是一场涉外战争，但作战的一方是郑成功的军队，不是清朝政府军，所以对这场战争本书正文中不予介绍。

17 世纪后，俄国不断入侵我国东北地区，1685 年、1686 年康熙帝两次发动雅克萨之战，打垮了入侵的俄军，并于 1689 年签订了中俄《尼布楚条约》。（见本书第二章）

1715 年（康熙五十四年），沙皇派遣布赫戈利茨中校率三千兵马侵入准噶尔亚梅什湖地区，企图探寻金矿，并在那里建筑要塞，侵占中国领土。准噶尔首领策旺阿拉布派大策凌敦多布率领军民一万余人前往迎战。俄军遭到毁灭性打击，仅七百余人突围逃走。这场战争当然是涉外战争，但战争的一方是准噶尔部，当时是个地方割据势力，并不受清朝中央政府控制，所以对这场战争本书正文中不予介绍。

1765 年 4 月，缅甸军入侵中国，云南总督刘藻率军抵御，缅兵撤退。11 月缅兵再次入侵，刘藻率八千清军败于缅军；继任云贵总督杨应琚率 14000 余名清军作战，又败于缅军；原伊犁将军明瑞率 3 万清军，先胜后败于缅军；1769 年大学士傅恒率五六万清军，先大胜缅军，后受挫，最后僵持不下，因缅军缺乏持续作战能力，以缅方乞和而结束此战。（见本书第三章）

1787年，越南发生内乱，黎氏王朝请求清政府援助。1788年11月，清军出兵越南，一路高歌猛进，顺利占领河内。1789年2月，清军遇突袭，大败于安南军。乾隆帝决定增兵，由福康安率军出征，安南军乞降，5月13日在镇南关举行受降仪式。（见本书第四章）

1788年，廓尔喀军入侵中国边境，乾隆帝派会讲藏语的前驻藏大臣巴忠为钦差大臣前去主持藏务。巴忠到达西藏后，因气候恶劣、运输困难、战事不利，竟同意西藏头领们的贿和方案。双方议定，西藏当局每年赔偿廓尔喀15000两银子；廓尔喀撤兵并派代表进京向清朝纳贡称臣。后来西藏无钱付赔款，欲废除岁币之约，廓尔喀再次入侵后藏地区。1791年，乾隆帝派福康安率大军入藏，次年五月清军越过边境线，长驱直入，离尼泊尔首都阳布（加德满都）仅70里，但在最后一战中严重受挫。双方无力再战。福康安受降完局。（见本书第五章）

1840年到1842年，英国对中国发动了一场侵略战争，其根源是英国强行向中国推销鸦片，史称第一次鸦片战争。1842年8月，签订中英《南京条约》，此后中国由封建社会一步步沦成半殖民地半封建社会。因此，1840年成为中国近代史的开端。（见本书第六章）

1847年4月1日，900名英军进攻广州，在36小时中，攻占了虎门和珠江的主要炮台。战争的后果是，清政府同意两年后，即1849年4月6日后，英国商民可进入广州。1854年4月4日，英美挑起了“泥城之战”，出动380名士兵，在上海泥城浜（今西藏路）地区，向清军发起攻击，击败近万清军并烧毁三座营盘。此战规模很小，但它的影响却不小。其直接后果是，先是上海海关，后是全中国海关的主权被外国人夺取。鉴于上述两次战争规模都很小，难以单独列为一章或一节，故把它们放在第二次鸦片战争的概述里予以介绍。

1855 年，廓尔喀商人与察木多藏商索债起衅，聚众械斗，互有杀伤。驻藏大臣穆腾额照例分别罚款完案。廓尔喀借口西藏地方官吏多收税米，阻挡商民往来，四月间派兵向边境进攻，西藏军队屡战不胜，宗喀（吉隆）、济泷（吉隆东南）、聂拉木等处相继失陷。驻藏大臣赫特贺驰往后藏督办防剿事宜，命成都将军乐斌统率汉土官兵继进。廓尔喀闻清朝大军将至，派使来西藏上表求和，清政府当时正与太平军大战，无力开辟新战场，允许罢兵。次年，西藏与廓尔喀和约议成，签订了《藏尼条约》。这无疑是一场涉外战争。到 1855 年尼泊尔已在英国的掌控之中，所以在尼泊尔侵犯西藏的战争中可以看到英国的影子，本书把这场战争放在《中英藏地之战》的概述中予以介绍。

1856 年至 1860 年，英法联军再次发动侵华之战。这是第一次鸦片战争的继续和扩大，所以称为第二次鸦片战争。1860 年 10 月，签订中英、中法《北京条约》，战争结束。战争期间，俄国趁火打劫，与清政府签订了《天津条约》和《北京条约》，侵吞了我国东北地区 100 多万平方千米的领土，并为后来侵占我国西北 40 多万平方千米领土制造了“根据”。俄国是第二次鸦片战争的最大受益者。（见本书第七章）

“西北边陲之战”前后持续了60多年。它包括三个阶段：第一阶段自1820年至1828年的张格尔之乱；第二阶段有三次小的战争：1830年浩罕入侵，1847年七和卓之乱，1857年倭里汗之乱；第三阶段自1864年至1881年，含阿古柏入侵与左宗棠西征，中间又穿插沙俄武装侵占伊犁及中俄关于收回伊犁的谈判。张格尔是大和卓波罗尼之孙，张格尔虽然是维吾尔族人，战事又发生在我国新疆地区，但张格尔势力是以浩罕汗国为依托，从境外进入新疆，企图割据新疆的外来势力。第二仗是浩罕汗国直接入侵新疆。所以清政府平定张格尔之战和对浩罕汗国入侵者之战应被视为涉外战争。1847年，张格尔的子侄们又从浩罕带领1000多人，到南疆地区，挑动群众，发动七和卓之乱。1857年，张格尔的侄儿倭里汗再次从浩罕侵入南疆，发动了倭里汗之乱。1864年，阿古柏入侵新疆时又是受浩罕汗国的派遣，护送张格尔之子布素鲁克到新疆从事分裂活动。后来浩罕汗国被俄罗斯灭掉，阿古柏投靠沙俄，联络英国，割据称霸，为害地方。所以左宗棠西征收复新疆，驱逐阿古柏势力应视为涉外战争。前后的战事虽然跨越了60多年，但互相间有密切的联系。考虑再三，觉得还是把它们放在同一章内较为妥当，更能体现出新疆地区涉外斗争的特殊性、长期性和复杂性。（见本书第八章）

1874年的甲戌之战是日军第一次侵华之战，是一次挑战中国在台主权并有深远影响的战争。本书把它单独列为一章，予以比较详细的介绍。甲戌之战、甲午战争、抗日战争，三场中日战争一脉相连，彰显出甲戌之战在中国近代史的特殊地位。日本在进行了长期的、充分的准备后，先后派遣了3658名正规军，由陆军中将西乡从道率领，进攻中国领土台湾，被当地民间武装击败。清军也进行了充分的战备，但在慈禧与李鸿章妥协避战方针指导下，清军并未参战。最后两国政府谈判，订立中日《北京专约》，清政府赔款50万两白银，日军全部撤出台湾。（见本书第九章）

1867年，广西农民军被清军镇压，残部逃入越南境内，越南国王向清朝请兵援剿，清政府派冯子材率三十营进剿，击败农民军残部，农民军余部由梁天锡率领投奔黄崇英。冯子材班师后，黄崇英再次兴兵，越王复请出兵，冯子材再次督军出关，至1872年回国。1873年，法军攻陷河内，黄崇英乘机袭太原，潜与法人勾结，越南又向清求援，1874年清军再次进军。1875年七月，清军大败黄崇英，不久黄崇英被捕获，1876年春，清军撤回关内。这场战争持续了9年，动用的兵力不少，战场在越南，但这场战争的双方是清政府军与广西农民军残部，并且中越两国政府始终保持着友好关系。所以说，这场涉外的战争，和本书介绍的涉外战争有根本的区别。本书正文中对这场战争不予介绍。

1874年发生的马嘉理事件：英国200多名军人，临时脱下军装组成“武装探险队”，进入云南后被当地的民间武装打死了6个人，其中包括英国驻华使馆翻译马嘉理，其余人被赶出云南。虽然这些人是穿着便衣的军人，而且是由陆军上校伯郎指挥，1876年又因此战而签订的中英《烟台条约》，对中国近代史的影响相当大，但它毕竟不能称为一场战争。所有的史书都把它称为一个事件，所以本书正文中对它不予介绍。

1884年（甲申年）8月23日，法军发起马江海战，8月26日清政府向法国正式宣战，史称中法甲申之战，简称中法战争或甲申之战。战争持续了大约16个月，1885年6月9日中法两国签订《越南条款》。（见本书第十章）

日本经过处心积虑的长期准备，于1894年（甲午年）发动了第二次中日之战——甲午之战。甲午之战始于1894年7月25日的丰岛之战，8月1日中日双方宣战，1895年3月9日田庄台之战，清军完败，战事结束。1895年4月17日签订中日《马关条约》。（见本书第十一章）

1898年，广东湛江、遂溪人民抗法斗争，是反抗世界列强瓜分中国的英勇战斗。1897年，法国取得了对海南岛和雷州半岛的控制权，进而要用武力控制湛江湾。1898年3月11日，法国向清政府提出四项要求，双方谈判，清政府准备接受法方要求。6月19日，遂溪人民第一次攻打海头法军兵营。7月12日，第二次攻打法军兵营。8月16日，法军攻打东海岛炮台，击败清军，占领东海岛。10月21日，南柳村群众与法军在沙沟激战，24日法军攻陷南柳。1899年10月9日，新埠之战，歼灭法军41人。11月5日，东菊之战，毙伤法军60多人。两战均以团练为主力。11月16日，中法签订《广州湾租借条约》。1900年2月22日，清政府批准该条约。主要考虑此战是法国侵略军和团练、民众的战争，规模不大，在中国近代史的影响也不大，所以本书正文中不再介绍。

帝国主义的大举入侵，引起中国人民的激烈反抗，在19世纪末爆发了义和团运动。西方列强先以保卫公使的名义入侵北京，继而组成八国联军进攻大沽炮台，1900年7月，八国联军占领北京。1901年9月，李鸿章代表清政府与各国签订《辛丑和约》。《辛丑和约》使中国沦落为列强共管的半殖民地。（见本书第十二章）

1888年，英印军队进犯西藏，中英进行了隆吐山之战和捻都纳之战。1890年3月，双方签订了《中英会议印藏条约》。1903年12月，英印军队再次入侵西藏。1904年5月，进行了江孜之战。1906年4月签订《中英续订藏印条约》。（见本书第十三章）

1910年（宣统二年）12月6日，英人以武力占据云南片马，设炮台于高黎贡山，兵力逾万人，军官为英人，士兵为廓尔喀人。经过外交谈判交涉，1911年英兵退去，但测量了腾越七土司及各关隘要地。英方投入的兵力很多，但没有发生战争，所以本书正文中也不予介绍。

二、清朝涉外战争的特点

1. 自鸦片战争开始，清政府面对英、法、美、俄、日等资本主义列强的坚船利炮，不仅在武器装备方面存在明显差距，在部队编制、指挥、训练和后勤等方面，乃至在战略、战役、战术思想方面都与西方列强存在巨大差距。

2. 在涉外战争中清政府对汉族民众极不信任，认为“患在内而不在外”，坚持“防民甚于防寇”，不能凝聚全国力量一致对外。

3. 由于清政府的腐败无能，在清朝涉外战争中多次出现“胜仗败约”现象。如1874的“甲戌之战”时，日军已经走投无路，清军占绝对优势，但在慈禧、李鸿章的投降主义外交路线指导下，竟与日本签订《北京专约》，由中方赔款50万两白银换取日本撤军。1884年的甲申之战，清军相继取得镇南关大捷、谅山大捷、临洮大捷，但清政府仍与法国签订丧权辱国的《越南条款》。

4. 涉外战争的双方，谈不拢就可能开打，战争过程中打打谈谈，甚至边打边谈，绝大多数情况下，最后以签订条约的方式结束战争。所以就涉外战争而言，主张谈判不是投降，签订条约未必卖国，关键要看签订条约的内容是否出卖了国家利益。

5. 官方资料中对中国的胜仗描述得很详细，对中国的败仗往往寥寥数语。本书根据外国人写的资料做了些补充。

6. 中外双方对战争的描述会有差别，有时会有重大差别，甚至双方都宣布取得了胜利。想考证谁的描述是“客观的”，“符合历史原貌的”，有相当难度。本书尽可能把双方不同的记述都介绍给读者，或注明双方记述出入很大。

7. 就涉外战争而言，不宜采用脸谱化的处理方式，将政府高官划分为主战派和主和派；更不能简单结论：主战派爱国，主和派卖国。

8. 涉外战争中，往往双方都指责是对方发动了战争。谁想从战争中受益，谁就会发动战争，这是涉外战争的普遍规律。

第二章

中俄雅克萨之战

一、概述

黑龙江全长4440千米，古称羽水、黑水、望建河、石里罕水，黑龙江之名最早见于辽史，并沿用至今。清代居住在黑龙江下游的我国少数民族，则称黑龙江为“马木”“满古”“满库”。俄国人因发音畸变而称之为“阿穆尔”。

清初的东北地区，即山海关外，北越外兴安岭，东至日本海，包括库页岛在内的广大地区。当时在东北地区居住的主要是各少数民族，分布在黑龙江中上游石勒喀河到精奇里江一带，有索伦、达斡尔、鄂伦春等族，清朝统称他们为索伦部；松花江下游乌苏里江两岸有赫哲族；黑龙江下游和库页岛上有费雅克人、奇勒尔人和库页人，滨海有恰克拉人。

沙皇俄国原本是个欧洲国家，直到明末中俄两国才有直接接触，当时中国人将其直译为“罗刹”，并沿用至清初。康熙朝以后，改称俄罗斯，并沿用至今。中俄在我国东北地区的领土争端可以从俄罗斯的东扩说起。

13 世纪上半叶，蒙古入侵欧洲，在伏尔加河流域建立金帐汗国。各小邦都臣服于蒙古人，莫斯科公国即为诸小邦中的一个。14—15 世纪，莫斯科公国逐步强大，摆脱了金帐汗国的羁绊，至 15 世纪末 16 世纪初，建立起封建制中央集权的俄罗斯帝国。16 世纪初，俄罗斯的面积为 280 万平方千米，北达北海，南至奥卡河，西至第涅伯河上游，东抵北乌拉尔山的支脉。与俄罗斯东部接壤的是克里米亚汗国和喀山汗国，再往东是阿斯特拉罕汗国，再往东是西伯利亚汗国。西伯利亚汗国的疆域，东起鄂毕河中游左岸，西至乌拉尔山东麓，北自图勒河上游伸展到额尔齐斯河下游，南至托博尔河和伊施姆河中游的草原。至于从乌拉尔山到太平洋沿岸这一辽阔的北亚地区，主要有通古斯蒙古人在此生活，人口很少，社会形态相当原始，根本没有国家政权形态，甚至没有具体的地域名称。

伊凡四世于 1547 年加冕为沙皇，时年 16 岁。他掌权后推行了一系列改革新政，使俄国军事实力大增。16 世纪 50 年代开始，莫斯科公国的领土逐步向外扩张。沙俄的东扩始于 1552 年对喀山汗国的侵占，1556 年占领了阿斯特拉罕汗国，至此整个伏尔加流域落入俄罗斯手中。1558 年，伊凡四世仿效西班牙经营美洲殖民地的办法，把夺取西伯利亚的任务委托给斯特罗冈诺夫家族。斯氏招募了顿河草原上的哥萨克人，组成远征军。1582 年，他们越过乌拉尔山，发动了征服西伯利亚汗国的远征。

远征军由 1650 名哥萨克组成，经过多次交战与反复，终于攻克西伯利亚汗国的首都西伯尔，征服了西伯利亚汗国。此后，沙俄继续向东扩张，并把它在亚洲北部一切征服地统称为“西伯利亚”。

沙俄政府不断地对西伯利亚（亚洲北部）进行扩张，不断增建新城堡：1586 年 7 月，在西伯利亚汗国的故都建立秋明城堡；1587 年，在托博尔河畔建托波尔斯克城堡；1593 年，建别廖佐夫；1594 年，建苏尔古特和塔拉；1596 年，建纳雷姆。并于 1619 年，在叶尼塞河中游建叶尼塞斯克；1628 年，建克拉斯诺亚尔斯克；1632 年，在勒拿河岸建雅库斯克。自 1610 年后的几十年，俄国的军事防线和殖民先锋又向东推进了近 5000 千米，于 1639 年到达太平洋西岸。

17 世纪初，中俄两大帝国开始有了接触。1643 年后中俄两国发生领土争端：1643—1665 年为第一阶段，沙俄利用清兵入关初，无暇注意边防之际，对中国黑龙江流域进行骚扰，被中国军民击退，其侵略基地为雅库斯克。1666—1681 年为第二阶段，俄国于 1666 年建立了色楞格斯克堡，缩短了其后勤补给距离。俄军利用中国的三藩之乱对清政府的掣肘，扩大对华侵略。1682—1689 年为第三阶段，康熙帝在平定三藩之乱后立即着手加强边务，并于 1685 年和 1686 年两次发起雅克萨之战，取得了战争的胜利。1689 年，中俄双方签订《尼布楚条约》。

二、沙俄入侵东北

1643年7月25日，俄军派出由波雅科夫率领的一支侵略军，队员有哥萨克112名、猎夫15名、书记2人、向导1人。他们由雅库斯克出发，一路抢劫，搜刮粮食，勒索皮张等财物。他们的侵略行径受到中国人民的坚决抵抗，当1646年7月2日这批俄军回到雅库斯克时，全队仅53人生还。回到雅库斯克后，波雅科夫向当局递交了一张由他绘制的入侵黑龙江的线路图，并详细报告了入侵黑龙江的经过与当地的地理、民族、物产等情况，极力宣扬黑龙江地区的富饶和侵占的必要性。

1649年春，西伯利亚富商哈巴罗夫向雅库斯克新任统领弗兰茨别科夫呈文，提出他知道一条到黑龙江的近路，请求让他招募150名志愿人员组成远征队，去征服大山那边未纳贡的人。因无须政府出资，哈氏的计划马上得到批准。1649年3月16日，哈氏自费招募了150名武装哥萨克。4月，哈氏率哥萨克人越过外兴安岭侵入我国雅克萨以西达斡尔族地区。当地居民得知俄国人即将到来，全部疏散他方。哈巴罗夫接连搜索了三个村庄都空无一人，见当地人民已有准备，自己力量单薄，在放火烧毁村庄后，于1450年6月6日返回雅库斯克。

1650年7月19日，哈氏招募到117名侵略者，加上雅库斯克督军拨给的21名军人，携带三门大炮，再次入侵黑龙江流域。同年底俄军攻克雅克萨城，后加强了该城工事，作为沙俄的主要侵略据点，并取名阿尔巴津。1651年初，再次率

100 多名侵略者入侵黑龙江流域，6 月 15 日在古伊古达村受到达斡尔人的顽强抵抗。俄军进行了大屠杀，在仅有千余人口的古伊古达村，俄军杀死 661 人，抢走妇女 243 人，儿童 118 人，合计 1022 人，全城寨仅 15 人幸免。同年 8 月，哈氏袭击了多伦禅屯，村民奋勇搏斗，许多村民被杀，多伦禅及其弟等 270 多人被俘。当年 9 月，哈氏到达乌扎拉村，并在此休整过冬。10 月 15 日，哈氏派 100 多人外出抢鱼，冬营里只留下 106 人。当地的赫哲人抓住这一时机，于 10 月 18 日夜里，组织近千赫哲人和虎儿哈族人向俄军冬营地发动进攻，俄军凭借有利地形和优势火力进行顽抗，中国民众失利。1652 年 4 月 3 日，清宁古塔章京海色率 600 名清军，进攻乌扎拉村俄军，并有各族人民千余人助战。由于海色狂妄自大，指挥错误，下令“不许杀哥萨克，要抓活的”，清军以密集队形冲击俄军，遭到重大伤亡，战斗失利。事后清政府追究责任，海色被处死。

1653 年夏天，莫斯科派遣西蒙维也夫前来增援，但他与哈氏发生矛盾。西蒙维也夫解除了哈氏职务，将其押送回国“受审”，并指派斯捷潘诺夫接替其职务。哈巴罗夫于 1655 年抵莫斯科，不但宣告无罪，为嘉奖他对中国侵略扩张之功，沙皇还特赐其贵族称号及大批土地，并称其为“开发新土地”的英雄。

此后，斯捷潘诺夫继续率军在黑龙江流域进行骚扰。1653年，清政府任命沙尔虎达为第一任宁古塔昂邦章京，负责抗击沙俄侵略。1654 年春，沙尔虎达率军 700 名，前往松花江口，其时斯捷潘诺夫率 370 名哥萨克也活动于该地。6月 16 日，两军相遇，清军占据有利地形，设置埋伏，以伏兵出击，俄军败阵，被迫退却。1655 年 2 月，清政府任命明安达礼率军前往黑龙江征剿沙俄侵略军。其时，斯捷潘诺夫正在呼玛尔城加紧修筑工事，准备迎接战斗。3 月 23 日，明安达礼所部到达呼玛尔，清军几次消灭俄军有生力量，而俄军则凭借坚固工事和精良武器进行顽抗。双方激战 10 日，至 4 月 3 日午夜，清军再次攻城，一直打到天明，仍未能攻下呼玛尔城。当时俄军即将弹尽粮绝，面临全面崩溃。但清军主将明安达礼认为清军粮饷不足，竟下令撤军。

从这几年的战斗中可以看出，中俄双方采用不同的战略。俄国方面是兵力少而武器精，平时远出剽窃，行踪飘忽，受到攻击时则龟缩在城堡内，凭借武器和工事的优势进行顽抗。清军方面采用我国古代在边寨用兵的传统战略，长途奔趋，裹粮而行。清军的战略有致命的弱点，往往是千里跋涉，兵临坚城之下，劳师糜饷，无功而返。

1654 年，因乌克兰合并于俄罗斯而爆发的俄波之战已告停息，沙皇政府初步控制了乌克兰地区，俄罗斯转向远东持续增兵。于是贝加尔湖以东地区的形势发生变化，俄国势力从巩固和防守转入进攻和扩张。1656 年以后，俄国在贝加尔湖以东已初步站稳脚跟。

1658 年 7 月，斯捷潘诺夫又带领 500 余名哥萨克窜到松花江流域进行骚扰。7 月 10 日，宁古塔昂邦章京沙尔虎达率领 1400 名清军，在松花江与牡丹江汇流处（今依兰）以逸待劳，伏击俄军。俄军大乱，180 多名士兵逃逸，斯捷潘诺夫等 300

余人被围，无法脱身。经一场激战，清军打死打伤及俘虏俄军270余名，击毙敌酋斯捷潘诺夫，俄军在雅克萨所建城堡，也被清军平毁。1659年，沙尔虎达去世，其子巴海继任宁古塔昂邦章京。1660年，巴海率领清军继续对俄军进行围剿，最终肃清了在黑龙江中下游地区的沙俄侵略者残部。可惜当时清政府对形势的严重性估计不足，在歼灭斯捷潘诺夫后放松警惕，从沿江一带撤退军队，使沙俄侵略者重获可乘之机，再次侵占中国领土尼布楚和雅克萨等地。

17世纪60年代后，俄军采取建立城堡，逐步推进战略，在从贝加尔湖到黑龙江流域的广大地区建立了殖民统治。其中尼布楚、雅克萨、楚库柏兴是其最重要的据点。1676年，又在精奇里江上游建结雅斯克堡；1679年，建西林木宾斯克和多伦禅两个城堡；1680年，单独成立尼布楚督军区；1681年，在额尔古纳河东岸建额尔古纳堡；1682年，在鄂霍次克海和黑龙江下游建乌第斯克、图古尔斯克、聂米伦斯克等侵略据点。

清政府也进行战备，1662年，升宁古塔昂邦章京为镇守宁古塔等处将军。1676年，将宁古塔将军治所迁到乌拉（吉林市），统领满洲兵2000名，并迁徙各省流民数千户到此，修造战舰40余艘，日习水战。1681年，三藩之乱刚刚平定，八月康熙帝即命副都统郎坦、都统彭春以捕鹿为名，率兵前往达斡尔、索伦进行侦察。1682年，康熙帝巡视东北地区，对中俄边境问题，他的方针是：军事斗争、外交谈判、充实边防三者并举，并采取以下措施：1.派得力官员加强侦察敌情，派当地头人随时监视敌情变化；2. 令蒙古车臣汗断绝与俄军的贸易；3. 令萨布素率部在瑷珲（今黑河）筑城永戍，进行屯垦；4. 增派军队，前后派遣四批 3000 余人开赴前线；5. 加强道路建设，开辟驿路；6. 征储粮食，并在当地屯田；7. 加强造船并组织运输系统，保证军粮运输。

1682 年 9 月 28 日，郎坦等返京并奏报："攻取罗刹甚易，发兵三千足矣。"康熙帝否定了郎坦等人的建议，强调雅克萨之战须经充分准备。命令：调乌喇、宁古塔兵 1500 人，并制造战舰，发红衣炮及教练演习之人，于瑷珲、呼玛尔两处建城，与俄军对垒。康熙帝命前线清军屯田，要求清军到达前线后，"即行耕种，不致匮乏"。关于后勤运输，明确指示：军粮自辽河溯流运至等色屯，再由陆路运至伊屯门，自伊屯门船载运至松花江。自黑龙江至乌喇设置 10 个驿站，每站驿夫 50 人。1683 年 12 月 12 日，命萨布素为黑龙江将军，镇守瑷珲等处，负责黑龙江上、中游防务。此为第一次设置黑龙江将军。1684 年 4 月，黑龙江将军辖区从宁古塔将军辖区内划出。从此，在东北地区，盛京、宁古塔、黑龙江三将军鼎足而立。

俄国方面对这场战争也做了充分准备。1680 年，俄国把尼布楚地区升级为督军区，改建和加固雅克萨城堡工事，扩大兵力，增设哥萨克骑兵部队，储备粮食和各种军需品。1683 年，在前线的俄国军职人员约 2000 人。沙皇命令在托博尔斯克地区立即招募 1000 名哥萨克，编组军队，由普鲁士军官拜顿率领向雅克萨增援，并将雅克萨从尼布楚督军区划分出来，成立雅克萨督军区，任命托尔布津任雅克萨督军。整个西伯利亚在狂热地进行侵略战争的准备。这样，中俄双方都在动员人力、物力，进行了充分的备战，战争已迫在眉睫不可避免了。

三、中俄雅克萨之战

第一次雅克萨之战　1685 年 2 月，康熙帝命群臣详议应否攻取雅克萨城。随后确定方针为：5 月份水陆并进，抵雅克萨城后先对俄军招抚，劝其退回雅库斯克，不从则攻其城。如不能取其城，则毁其田禾而归。3 月间，为加强对战争的指挥领导，康熙令都统彭春任黑龙江将军，又命副都统班达尔善、护军统领佟宝、副都统马喇等组成新的指挥班子。3 月 14 日，清军派出侦察队，在雅克萨附近活动一个月，俘获 7 名俄兵，取得重要情报。4 月，清军了解到俄军已有援兵千人赶来。5 月 30 日，彭春率 3000 人从瑷珲出发，分水、陆两路向雅克萨进发。6 月 23 日，抵达雅克萨城下，随即向俄军头领托尔布津发出分别用满、蒙、俄三种文字书写的通牒，警告他们：倘执迷不悟，仍然拒命，大兵必将攻破雅克萨城。托尔布津自恃城坚炮利，负隅顽抗，对通牒置若罔闻。6 月 24 日，清军发起进攻。清军根据先期获得的情报，制定了声东击西的作战方案。先在雅克萨城南筑起土垄，布置弓弩，佯作攻城，暗地却在城北及东西两侧，架起红衣大炮。25 日晨，从尼布楚前来增援之俄军 40 余人，乘木筏顺流而下，被清军击杀大半，俘虏 15 人。26 日晨，副都统雅钦、营门校尉胡布诺等设立档牌、土垄，施放弓弩，从城南佯攻；副都统温岱、护军参领瓦哈纳、汉军提督刘兆奇等于城北架起红衣大炮，向城里轰击；副都统雅齐纳、镇守达斡尔、提督白克等率水师屯于城东南水面，以防俄军从水上逃遁。清军飞矢如雨，火炮齐发。城内塔楼、教堂、仓库、钟楼均被摧毁。清军执盾牌、藤牌进攻，阵亡150余人，俄军伤亡百余人。中午，因未能攻下全城，清军于城下三面堆起柴薪，准备焚烧木城。托尔布津见势不能支，决定请降，保证永不来雅克萨侵扰，并要求在允许其保留武装（大炮除外）的条件下撤离雅克萨。彭春等会商后准其投降，在与俄军进行投降仪式后，派官兵将投降的俄军及其少量的家属共700余人送到额尔古纳河口，由其自行归国。“其副头目巴什里等45人，不愿归去”，被安置在盛京。第一次雅克萨之战遂告结束，被沙俄窃据了20多年的雅克萨城遂告收复。随即，清军焚毁雅克萨城，班师瑷珲。

第一次雅克萨之战胜利结束，比清政府预料的更为迅速和顺利。但在一片胜利的颂歌中，苟安麻痹情绪开始抬头。康熙帝对于在边境筑城永戍极为重视，谕示若不如此，则“我进则彼退，我退则彼进，用兵无已，边民不安”。但前线将领对此不予重视，偷懒怕苦情绪普遍滋长，清军后撤千余里，回到瑷珲、墨尔根等地。清军把雅克萨城的工事和房屋全毁了，但四乡的禾苗并未割去。在雅克萨城不但不设防，且未设卡伦，甚至从瑷珲起，全黑龙江上游恢复了战前无政府状态。高级将领大多回北京去了，萨布素也驻留卜奎（齐齐哈尔）。

俄国方面则是另一种情形。在托尔布津的残兵败将到达尼布楚的第三天，尼布楚沙俄督军弗拉索夫即派 70 人到雅克萨侦察。侦察队在途中碰上普鲁士军官拜顿率领的 600 名哥萨克，到尼布楚投效。弗拉索夫命其与托尔布津合兵，再次至雅克萨屯驻。1685 年 8 月 27 日，托尔布津率兵 671 人，5 尊铜炮、3 尊铁炮，均配足火药。他们到雅克萨后，一面收割庄稼，一面重新构筑工事。城墙上筑有炮楼，城内挖有水井、壕沟，并储存了足够两年用的粮食，做好了长期固守的准备。另外，派 300 人沿黑龙江而下，强迫当地中国居民缴纳贡赋。1685 年 12 月，沙皇政府致书中国皇帝，要求中国停止冲突，并通知中国，遣使臣戈洛文等前赴雅克萨进行谈判。

在俄军重占雅克萨几个月后，至 1686 年初，清政府根据边民的报告，才得知俄军再次占据雅克萨，随即派出 42 人组成的骑兵侦察队。1686 年 3 月，拜顿率领的俄军遭遇清军侦察队，双方血战，中俄再起战端。

第二次雅克萨之战　康熙帝得知俄军重占雅克萨的消息后，令萨布素、郎坦等速修战船，率兵 2000 余人，战船 150 艘，进攻雅克萨。6 月 23 日，清军进抵黑龙江。7 月 20 日，郎坦进兵于黑龙江西岸，令水师居其上游，以阻遏尼布楚俄军增援。7 月 23 日之后，清军多次发动进攻：首先，郎坦于夜间率兵以红衣大炮攻雅克萨城北，班达尔善等由城南率兵攻城，虽击退出城反击之俄军，直逼城下，但未能攻克坚城；其后，郎坦又于夜间率军攻城南制高点土阜，在靠近城下处筑成炮垒，并设伏兵固守。7月29日，郎坦遣班达尔善直抵城下，掘长壕，立土垒，以切断俄军水道，俄军拼死反扑，双方鏖战四昼夜。最后，清军将壕垒修成，并予以严守。此时，雅克萨城内有俄军人826名，12门炮，有较多军火、粮食。俄军自恃武器精良，粮食充足，足以负隅顽抗。清军虽有2100人，但火力不足，难以攻坚作战。萨布素见强攻虽有杀伤，但不能立即攻入城内，遂改为长期围困，于城外南、北、东三面掘壕筑垒，壕外置木桩、鹿角，断绝城中水源，实行分段防御。城西对江另设一军，战船江面巡逻，切断来自水路的俄方援兵。

8月26日，俄军出城反扑，被清军击退，二人被俘，从此不敢出战。其后尼布楚俄军派70人前来增援，见清军防守严密，无法偷袭，只得返回尼布楚。激战至8月，俄军陆续伤亡减员，俄军指挥官托尔布津被炮火击中毙命，由拜顿代为指挥。经5个月的包围，严冬已至，俄军饥寒交迫，坏血病流行。至1686年底，俄军大部分战死、病死，只剩下150人。

战争期间，清政府兵部于1686年9月14日、17日两次照会俄方，要求撤回入侵俄兵。俄政府见雅克萨危在旦夕，且对手强大，难以取胜；又因俄国的战略重点在西方，没有很多的人力物力投入远东地区，因而不得不同意进行谈判。

俄政府派信使维纽科夫等来华，清政府派大学士明珠等与之会谈。谈判中，清政府从促成谈判的大局考虑，对俄方要求一再做出重大让步。11月12日，明珠等奉旨宣告，由中俄双方同时派员到雅克萨，对双方军队下达停战命令。清军则“集驻于一处，靠近战舰立营”。12 月 10 日，撤围圣旨传至前线，清军停止攻打雅克萨，允许俄军至黑龙江取水，至尼布楚取粮。1687 年 1 月，城中粮食告罄，俄军首领请求支援，清军立即给予救济。5 月 16 日，清军又主动后撤 20 里。8 月 18 日，康熙帝获悉俄使将至，立即于 8 月 20 日下令，清军无条件全部从雅克萨撤军退到瑷珲、嫩江一带，使边境局势进一步缓和，为中俄谈判创造了有利条件。

四、《尼布楚条约》

康熙采取和平外交，是因为他感到此次沙皇确有和谈诚意；又考虑三藩之战刚结束，不宜再劳师远征；当时漠西地区准噶尔部的噶尔丹正伺机蠢动，清政府必须腾出手来尽早解决这心头之患，所以同意与俄方谈判。

关于《尼布楚条约》的谈判可谓一波三折。俄方代表团以戈洛文为首，配有俄军 2000 人，于 1686 年 1 月离开莫斯科。代表团行前，俄皇训令：1. 以黑龙江为两帝国境界，极端时限于结雅河；2. 境界不能划定时，此等地方，须开贸易；3. 中国强硬不应时，一切俟异日解决。

9 月 16 日，俄方人员到达叶尼塞斯克，立即给雅克萨运去 10 门大炮和大批火药，并两次派军队增援雅克萨。因天气等原因，戈洛文派出的援军，在 1686 年底前均未能赶到雅克萨。这时清政府已与俄方信使达成了停战协议，避免了中俄之间再一次发生战争。1687 年 7 月底，俄方人员到达贝加尔湖西岸之伊尔库茨克，9 月 21 日到达贝加尔湖东岸之乌的柏兴，10 月到达色楞格斯克。戈洛文在此不再东行，派信使到北京，提出以色楞格斯克为两国会谈地点。清政府于 1688 年 4 月 3 日派领侍卫内大臣索额图为代表，率员赴色楞格斯克谈判，随团护卫有清军 800 名。

17 世纪末，喀尔喀蒙古地区的形势非常复杂。元亡以后，蒙古地区到明朝中叶已分裂为三部：漠南蒙古（即内蒙古）、漠北喀尔喀蒙古、漠西厄鲁特蒙古。漠北喀尔喀蒙古分三部：东部车臣汗、中部土谢图汗、西部扎萨图汗。漠西厄鲁特蒙古即明初的瓦剌部。明末，瓦剌人口渐众，分为四部，互不统属。这四部是：准噶尔，游牧于巴尔喀什湖以东；和硕特，原游牧于乌鲁木齐地区，后移牧于青海一带；杜尔伯特，游牧于额尔齐斯河两岸；土尔扈特，游牧于塔尔巴哈台地区。1687 年，戈洛文到达贝加尔湖地区后，决心把当地蒙古人民的抗俄斗争镇压下去，使俄国在未来的谈判中处于有利地位。当时割据中国西部的准噶尔部首领噶尔丹正向喀尔喀进攻。戈洛文向俄政府建议同噶尔丹建立联盟，并同噶尔丹进行频繁的接触。为此，戈洛文在贝加尔湖以东地区停留了两年之久。

蒙古军民和戈洛文率领的俄军的战斗从 1688 年 1 月持续到 4 月。正当俄军被喀尔喀蒙古军民包围，军事上极为不利时，噶尔丹以突然袭击的方式向土谢图汗大举进攻。土谢图汗的军队猝不及防，腹背受敌，与噶尔丹部鏖战三日，被全线击溃。噶尔丹与沙俄共同侵占了喀尔喀汗部的土地。噶尔丹的这场叛乱使即将与俄国进行谈判的清政府十分被动。此时索额图的使团正好行近战地，眼看道路阻塞，无法前进，只得就地待命。7月2日，清政府以“道阻缘由晓谕俄罗斯使臣”。随后，索额图等回京。

索额图回京后，戈洛文乘机大肆镇压蒙古人民的反抗，逼迫蒙古领主归顺俄国，扩大俄国侵占的地域。直到1689年5月才派代表罗吉诺夫前往北京，并提出改尼布楚为下次谈判地点。

面对沙俄的入侵和噶尔丹的叛乱，为避免两线作战的不利局面，康熙帝决心早日与沙俄达成协议。在罗吉诺夫到达北京后，清政府很快组成第二次代表团，仍以索额图为首，增加了多名助手，随员护卫扩大到近3000人。1689年6月13日，代表团离京。行前，康熙帝谕示：尔等初议时仍当以尼布楚为界，彼使者若恳求尼布楚，可即以额尔古纳河为界。清政府做出了重大让步，准备让出贝加尔湖以东地区，是后来双方能达成协议的关键。

中方代表团7月31日到达尼布楚，戈洛文迟至8月19日才到达尼布楚。双方正式谈判于1689年8月22日至9月7日举行。16天中双方代表在一起谈判只有前两天和最后一天的签字，其余都是会下个别商谈。

8月22日，戈洛文首先发言，称贝加尔湖周围和黑龙江流域自古即为沙皇所有，应以黑龙江为边界线。索额图追溯历史，说明这地区自古以来就是中国的领土。谈判持续到夜幕降临，没有取得任何结果。

在 8 月 23 日谈判中，双方感到谈论历史无济于事，便转到划界标准上。戈洛文首先提出以黑龙江一直到海为界。中方予以拒绝，要求以勒拿河和贝加尔湖为界，从而收回尼布楚、雅克萨等中国领土。戈洛文按沙皇训令中的方案二，提出以牛满河为界。索额图也让了一大步，提出以尼布楚为界。俄方仍不接受此方案，索额图坚持不再让步，谈判陷入僵局。

从 8 月 24 日到 9 月 7 日，两国使臣一直没有见面，但双方通过翻译进行了商谈。中方的翻译，一位是葡萄牙人徐日升，一位是法国人张诚。戈洛文采取贿赂手段，密令他的翻译官和徐、张联络，要求他们为俄方出力，徐、张竟欣然同意。

谈判期间，尼布楚地区的中国蒙古族居民六七千人准备发动武装起义，以返回原居住地区。蒙古族起义的消息使戈洛文惊恐万分，附近的俄军兵力不足以镇压如此规模的起义。俄方迫于形势，不得不降低要价，以早日结束谈判。戈洛文表示接受中国的意见，并撤出雅克萨。清政府代表缺乏经验，便以最大限度让步，提出以额尔古纳河、格尔必齐河为界，这是康熙帝的底线。俄方接受这一方案。此后，除确定条约文本外，双方讨论了书写沙皇的全衔、遣返俘虏和逃人、互派使节、通商贸易、雅克萨地区双方自由渔猎等。其中界于兴安岭与乌第河之间地区留待以后再议。

9 月 7 日下午 6 时，双方举行签字仪式。宣誓毕，双方交换条约文本，中方得到俄方缮写的一个拉丁文本和一个俄文副本，俄方得到中方缮写的一个拉丁文本和一个满文副本。该条约没有中文文本。

条约谈判过程中，戈洛文用不正当手段摸清了中方的底线，迫使中国使团做出许多让步，占了不少便宜。但两国间重大问题的交涉和解决毕竟是由国际形势、两国的内部条件，以及双方的力量对比所决定的。所以说，这是一个相对平等的条约。对《尼布楚条约》，中方注重的是划界，俄方注重的则是通商。

《尼布楚条约》只划定了中俄的东段边界，直到 1727 年 9 月 1 日，中俄签订了《布连斯奇界约》，1728 年 6 月 25 日签订《恰克图条约》，才划定了中俄中段边界（即今蒙俄边界），又将恰克图以北大片领土划归俄国。这两个条约大体上依据当时的实际控制状况，但对俄国更有利，完全满足了俄方的领土要求。贝加尔湖地区，原为蒙古土谢图汗领属的布里亚特蒙古故地，从此划给俄国。条约使中国从法律上丧失了北部边境大片领土，并使沙俄获得了贸易和传教的权利。清政府则加强了对喀尔喀蒙古地区的统治。俄方以谈判的手段，以条约的形式，从法律上实现了俄国利益的最大化。

划定中俄中段边界后，基本上遏制了沙俄对蒙古地区的进一步入侵，缓和了两国间的紧张局势，为中俄两国的商贸、外交及文化交流等制定了法律基础。在条约签订后的 100 多年的时间里，中俄两国此段边界保持稳定，并促进了两国关系的发展。

第三章

缅甸之战

缅甸古称“朱波国”，汉代称之为“掸国”，唐称之为“骠国”，宋、元称之为“缅”。1661 年，吴三桂为追杀南明永历帝进军缅甸，直逼其首都阿瓦城下，缅甸王执永历帝献于清军，投降清朝。后来吴三桂起兵云南，提出“反清复明”口号，缅甸不敢助清，亦不敢助吴，对清不臣不贡 60 余年。

边境起衅 缅甸与中国云南接壤的边界线绵亘千余里，其间山川交错，道路丛杂，民间贸易十分繁盛，商贾时相往来，但也常常引起纠纷。当时缅甸境内有股强大的华人势力称为桂家。当南明永历帝被俘时，其部将李定国忧愤而死，其部属割据了缅甸几个地方，自称桂王军，缅甸人称之为桂家。

1762 年，缅甸王雍纪觉击败桂家部长宫里雁，宫率残部 3000 余人，逃到邻近中国边境的孟连土司部，并要求内附。云南总督吴达善闻宫家有七宝鞍，欲强索为己有，遭宫里雁拒绝。孟连土司欲求媚于吴达善，分宫里雁部众于各寨，置宫里雁妻囊占及家眷于孟连城中，日索宫家财物与妇女以献吴达善。囊占被逼反抗，愤而手刃孟连土司家 30 余人，率众转入缅甸东部。

当时宫里雁去永昌县协助开办银矿，“犹不知也”。永昌知府诱捕宫里雁，监送省城。吴达善挟私报复，杀宫里雁。宫妻囊占，闻其夫被冤杀，改嫁缅王之弟孟驳。吴达善传檄缅王索要囊占，被拒绝。1765年，孟驳继缅王位。当时囊占已为王妃，助孟驳略定西南诸部落，然后唆使缅方侵犯车里土司，并扬言将渡澜沧江，以收普洱、茶山等土司之地。从此，中缅边境战事不断。

刘藻征缅　1765年5月，缅兵400人入侵边地。当时吴达善已移督川陕，云南总督为刘藻，移师思茅驻扎，派普洱总兵前往堵御。7月，缅兵退去。8月20日，缅兵300余人再次入侵，刘藻派兵往剿，9月12日，清兵至勐腊时，缅兵已退。缅人往往于饱掠各土司后，自行撤退。12月7日，缅兵数千人入侵猛捧、勐腊，至12月中，缅军已深入到小猛仓、补角等地。刘藻率云贵各镇营兵7600余人、土练1000余人御敌。1766年1月16日，刘藻以刘德成为军营统领，由橄榄坝等三地出兵，另一路清兵出奇木岭，计划会师于勐腊。1月29日、30日，全军进展顺利。21日，参将何琼诏等渡过整控江，沿途毫不设防，至猛旺地方，被埋伏于山箐内的缅兵三路夹攻，清军仅600名，丢盔弃甲，俱被冲散。刘藻具折参奏何琼诏等贪功冒进致败，以推卸责任。乾隆帝指出刘藻奏报不实，降刘藻为湖北巡抚，改派大学士杨应琚为云贵总督。乾隆帝以刘藻本系书生，不知兵事，无意诛之，但在杨应琚到任前，刘藻惧怕，竟自尽。

杨应琚征缅　1766年4月，杨应琚抵达云南，调集各路兵马进发。恰逢当时瘴疠流行，缅兵渐渐撤退，清军乘机攻克车里（云南景洪）、猛艮、整欠等地，敌酋召散逃遁。5 月 11 日，拿获召散姐夫召猛烈等；5 月 19 日，拿获召散之姐；5 月 23 日，拿获召散胞兄召猛珍等，至此普洱边外已告平定。7 月，乾隆帝曾想召回部队，但因杨应琚的坚持，改变了主意，认为“万里以外之事，不可遥度”。战争继续进行。10 月，调各镇营兵 8000 名、沙练 3000 名及永顺、普洱各标兵，合计约 14000 名；并通牒缅甸，责其犯边越境征贡等事，称将起 50 万大军，入其境讨伐，愿其知罪早降，可免涂炭。

实际上，杨应琚未出兵前，热心军功的云南地方官员未经朝廷批准，已经私自出兵。1766 年 7 月，副将赵宏榜率兵 500 出铁壁关，乘蛮莫部长瑞团赴阿瓦未归之机，袭击其属地新街（缅甸克钦邦八莫）。缅甸各地震惊，瑞团请降。猛密所属之猛连坝头目线官猛也赴新街军营投降。赵宏榜又遣人招降猛拱、猛养等。缅方一面调兵数万，驻扎于猛樟、锡箔、宋寨等处，一面于 8 月中旬，遣头目至清军假作乞降。赵宏榜不察，犒而遣之。当时新街清兵很少，杨应琚命永顺镇都司刘天佑、腾越都司马拱垣领 400 兵，于 10 月 6 日到达新街。10 月 23 日，缅兵几千人蜂拥而至，登岸攻栅。次日，刘天佑战死。赵宏榜力战两日不能胜，由小道经野人寨退至铁壁关。杨应琚命各路增援，清军仍溃不成军，竟由缅军尾随入关。杨应琚得此战报，旧病复发，不能视事。

云南提督李时升急调各府兵 14000 人增援。11 月 17 日，总兵朱仑率兵 4000 人出铁壁关，19 日与缅兵会战，竟有

20000 名缅兵参与会战。清军营寨据山顶，向下放枪炮，杀缅兵数千，缅兵不退，相持四日。次日，清军出寨下攻，缅兵佯败，于山腰处起伏兵，清军死伤 200 余人。因缅兵势众，清军坚壁不出。24 日，缅兵主动要求停战，杨应琚上奏称楞木大捷。

12 月，缅兵先入万仞关，再入盏达（云南盈江），12 月 29 日攻克铜壁关。当时李时升驻铁壁关，遣游击马龙等率 900 人由户撒前攻，令总兵刘德成等从后夹攻，刘德成拥重兵而不从军令。马成龙等渡江，水没腰，火药皆湿，而埋伏缅兵突击，马成龙阵亡，所部仅七八十人幸免。1767 年 1 月 1 日，李时升遣游击邵应泌等带兵 1600 人前往户撒（云南陇川北）救援。1 月 6 日，遣副将陈廷蛟等带兵 1000 名，赴户撒山头立寨。当时刘德成驻兵于干崖，饮酒高会，拒绝李时升七次调令。杨应琚得知，派缅宁通判富森持令督战，不从则以军法处置。刘不得已，于 1 月 9 日领兵抵盏达。缅兵惧被前后夹击，立即撤退。杨应琚又以大捷奏闻。

1767 年 1 月，李时升调游击邵应泌户撒之兵 200 名，朱仑带 3000 兵赴铁壁关堵剿，并令刘德成派 1000 兵赴弄贯截断缅兵归路，三人均不听调遣。缅兵 4000 余人由铁壁至弄贯，分兵四处，又于陇川河外结营六七座。1 月 19 日，朱仑兵至，20 日双方交战。22 日，李时升遣游击豆福魁领兵 700 人，朱仑又设伏。缅兵分三路进击，清军奋勇，伏兵四起，缅兵败。1 月 24 日，缅兵自弄贯来援，突然于丛林冲出，清兵惊溃，缅兵追逐数里。对这些互有胜负的战斗，杨应琚仍以捷报奏闻。因久战不胜，杨应琚愿以和局了事。当时缅甸主力远在暹罗，也欲以战逼和。1月27日，缅方代表至陇川河西，哈国兴至河东，各派翻译一人，在河中土墩传话。随后，缅方送来哆啰呢四匹、腌鱼四担；清军回赠绸缎、银两。杨应琚奏报，缅酋之弟卜坑、缅将莽聂渺遮来清营乞降，要求给蛮莫、新街以为贸易资生之路。眼看有和局的可能，却又发生突变。李时升令朱仑侦察。朱仑发现缅兵将辎重运至铁壁关，赴新街下船，竟遣精骑追之。缅兵以为败盟，于除夕日由邦中山复犯猛卯（云南瑞丽），双方战斗重启。

1767年2月1日，李时升遣副将哈国兴等领兵1300人，副将孙尔桂等领兵1000人、土练300人，俱赴猛卯。缅兵已赴底麻渡准备扎筏过河，城虚无人，闻清兵至，以为败盟，反攻城下，双方激战。哈国兴重伤，把总朱才进战死，缅兵围城七日。李时升调刘德成领兵1400人至陇川，令乌尔登额领兵2000人击敌后，又遣索克金泰领兵800人由虎踞小路前进，陈廷蛟领兵2000人由邦中山进。2月9日巳刻，遇缅兵于猛卯山脚，清兵胜。次日，追至底麻江，缅兵由水路遁入木邦。杨应琚以猛卯边外缅众七八千欲至木邦骚扰，官兵攻杀，贼已败遁，现在追剿奏闻。遣朱仑、乌尔登额领兵8000人，沙练、波龙厂练1000人，前往木邦。缅兵驻木邦者万余。3月26日，双方激战，清兵杀敌甚众，缅兵败退。4月4日，哈国兴等领兵3000余人，进抵蛮莫，8日进抵新街。杨应琚以克复新街奏闻。

杨应琚不得已急求与缅军议和，以弥补前此之捷奏，但遭缅军拒绝。1767年2月8日，杨应琚、云南巡抚汤聘、提督李时升联奏：计前后剿杀缅兵已几及万人，我兵唯游击马龙阵亡。乾隆帝察其伪，十分不满，屡降旨责其粉饰欺罔，所奏捷报“俱未尽可信”，并调新疆伊犁将军明瑞为云贵总督兼征缅将军。

明瑞征缅 乾隆帝征缅二次受挫，遂成骑虎之势，此时下定决心，“必当歼渠扫穴，以申国威，岂可遽尔中止”。1767年4月，明瑞接办军务，从健锐营、火器营调兵3000人，从贵州、四川调兵3万人前往云南；从各省调饷银300万两，户部拨银300万两作军需之用；从各省调拨战马万余匹。

6月，明瑞至云南，立即处理杨应琚战败善后，奏杨应琚欺罔之罪，乾隆帝命杨应琚自裁。李时升、朱仑、刘德成等皆被处死；乌尔登额、赵宏榜下狱。7月8日，明瑞上奏其作战计划。

8月23日，缅兵1300余名、桂家余党200余人攻至小猛仑，晚上缅兵从上游渡江，清兵被冲散。8月27日，缅兵自茨通至蛮莫，再派300余人至橄榄坝小猛养，焚烧掳掠，再由整哈渡退猛艮盘踞。11月15日，明瑞自永昌出发，兵分两路，进攻缅甸。南路由明瑞率12000兵，由木邦往攻锡箔；北路由额尔景额率9000兵向老官屯、猛密方向前进，计划会合后进攻缅甸首都阿瓦。南路军于12月22日出宛町（云南畹町）边境入缅甸境，28日进抵木邦。缅兵弃城而逃，清军克木邦，获敌粮。继而架浮桥渡大垒江，直抵锡箔，于1768年1月18日，进逼蛮结。北路军12月底抵腾越，12月25日出虎踞关（云南瑞丽西北），31日抵老官屯附近。清军抵达蛮结时，缅兵9000名已于各要隘竖立木寨16座。木寨用二丈余湿木交互排列，用土筑砌，内外挖有深沟，沟外二三十步密立木栅，高七八尺。1768年1月21日，明瑞将全军分编为十二队，冲击缅兵木寨。双方短兵相接，明瑞身先士卒，扎拉丰阿首先攻破一寨，明瑞、观音保也各破一寨。清军各个奋勇，人人争先，终于拔开木栅，蜂拥而进。至夜各寨缅兵都不战而退。清军遂破其十六寨，此为蛮结大捷。此役杀缅兵2000余人，清军也伤亡巨大，明瑞受重伤。此战后，缅方执行坚壁清野政策。

清军继续进兵象孔，离阿瓦仅70里，竟迷失道路，且军中缺粮。后听闻猛笼土司有粮，清军即由象孔渡锡箔河，于2月9日攻下猛笼，获粮2万余石。明瑞知前途艰难，驻军七日后，决心向木邦方向退军。缅军在象孔见清军不向阿瓦，竟改道北行，知清军粮尽，即悉众尾追。清军且战且行，每日以一军拒敌，以一军退至数里外成列，待缅军至，由成列者迎战。明瑞等主要将领更番殿后，步步为营，日行不过30里。自象孔行至小猛育2000余里，用时60多天。

北路军围攻老官屯近一个月，伤亡众多。额尔景额既不能攻破敌寨，又不能绕道进取，转退回旱塔，名为诱敌，实未设伏出奇，反使缅兵得以连筑木栅，致明瑞大兵深入，不能会合援应。1768年2月25日，缅军包围木邦，3月6日攻克木邦。额尔景额恐缅兵出击，将清兵撤至猛笼驻扎。额尔景额裹足不前，坐失军机，是明瑞征缅失败的重要原因。

因额尔景额退军回虎牢关内，故在猛密、新街、老官屯之缅军都调集向明瑞军侧背进击，缅军集结之数竟四五万之众，形成缅军的优势。2 月 7 日，明瑞到达小猛育，命各军分七营筑垒为守，以待宛町援兵，数日而援兵不至，乃命诸将于 3 月 27 日突围，命达兴阿等率军士夜出，明瑞自身拒敌。及晨，明瑞带领主要将领、巴图鲁侍卫、亲兵数百人，浴血奋战，见将士尽撤退，自缢而亡。其部属大多突围，万余人得以生还，损兵十分之一二。

缅军以主待客，以逸待劳，熟悉道路交通，可选择险隘之地，乘清军疲惫之时进行交战，大大提高了其战斗力。清军虽风餐露宿，英勇作战，但战线越来越长，后勤供应愈益困难，士兵疲惫不堪，加之水土不服，多染疾病，非战斗减员严重。至于缅军在多次重大战役中竟会兵力占优势，完全出乎清军统帅意料。武器装备方面，缅军甚至优于清军，其标子、短刀皆为利器，枪炮武器中多有西洋人所造之火枪及地雷，均系当时新式武器，清军事先毫不知情。

傅恒征缅　1768 年 4 月 14 日，以大学士、忠勇公傅恒为帅，重组征缅统帅部，再图大举南征。1769 年 3 月 28 日傅恒离京，4 月 30 日抵云南省城。4 月傅恒到达永昌，调集各地满、汉、蒙等大军 6 万人，马骡 6 万余匹。傅恒计划三路进兵：一由戛鸠江取道猛拱、猛养，直捣木梳；一由水路令福建水师顺流而下；另一支在江东猛密地方，相机剿杀。

8 月 21 日，傅恒祭旗誓师，率 4700 名军士自腾越（云南腾冲）启程，向戛鸠进军。副将阿里衮赴野牛坝督造战船。8 月

30 日，傅恒至南底坝，9 月 1 日至南丰，3 日至戛鸠。此时，缅军已撤离收缩，且因秋收季节，未能集结部队，使清军如入无人之境，兵不血刃，直下 2000 余里。至 8 月初，傅恒一路实到兵员 8000 名，余者仍在路途趱行。8 月调四川马 8000 匹。

10 月 13 日，阿桂率 4000 人进驻蛮暮。15 日，傅恒率军至猛养。17 日，傅恒自猛养启程，经南洞干、蚌板雅、猛拔、哈坎，未遇多大抵抗。但天气多雨，道路泥泞，马骡倒毙者甚众，粮帐尽失，军士上淋下湿，病者众多。傅恒放弃进攻阿瓦之计划，率军回撤。10 月 29 日，傅恒至新街西岸，阿桂已于东岸扎营，两岸清军达 16000 名。11 月 5 日夜，缅军抢占江滩，左右各竖木寨一座。7 日，两军鏖战，阿桂带队先以鸟枪轮番射击，再以骑兵从旁蹂躏，缅军大败，清军杀敌 500 余名，夺取大寨三座。西岸阿里衮率队攻破木寨三座，杀敌 500 余名。哈国兴率舟师顺江而下，杀溺缅军数千，江水为之赤。清军三路皆捷，克复新街，缅军退守老官屯。因此时傅恒、阿里衮等有病，军士亦多疾病，不敢深入追击，使缅兵得以从伊洛瓦底江从容撤退。

此时，因缅方无意乞和，战争只能继续。清军诸将集议，以为直取阿瓦，难望取胜，决定进攻老官屯。11 月 15 日，清军进攻老官屯，当时缅军也败退至此，并沿山坡竖栅，异常坚固。清兵受阻旬余不得进，用大炮轰击不能攻克；用火烧不能攻克；挖地道后用炸药轰击，栅木起高丈余，缅兵惊扰，喊声震天，但落地后恢复原状。缅军之木寨有水门，以通舟运，阿桂调战舰50艘，封锁水门，缅兵粮械不得入。清军连续进攻20余日，伤亡巨大，加之水土不服，病者众多，攻势减缓。而缅军亦惧怕，知终将不守，于12月6日，先遣人请求议和。傅恒不敢专断，奏报朝廷请旨。因傅恒病重不能主持军务，阿桂集诸将议，决定与缅方和谈。清方代表提督哈国兴与缅方代表会谈，哈国兴提出条件。一、缅方须纳表进贡；二、永不犯我边界；三、如数放还被俘人员。12月13日，缅方应允上述条件。14日，中方代表12人，缅方代表14人，一一签字画押，双方正式罢兵。17日，傅恒毁船熔炮班师，12月23日返回虎踞关。

此役自1765年至1769年，前后历时近5年，调兵数万人，耗银1300万两。双方议和后，未能执行和约。因缅军统帅事先未禀明缅王孟驳，被定性为私订和约。缅王将缅甸所执一份和约撕毁。闻缅方拒绝执行和约，乾隆帝大怒，欲遣偏师扰之，阿桂奏言：蛮暮、木邦、猛密三土司外，始为缅地，距边已2000余里，偏师不可深入。若出近边，则所歼乃野人濮夷，与缅无损。不如休息数年，外约暹罗，同时大举。

1776年，缅王孟驳死，缅甸内乱不断，国势渐衰。1788年上表言：深知孟驳父子前罪，久欲进贡，因暹罗侵扰，是以稽迟。1790年，乾隆帝八旬万寿，缅王遣使表贺，并请赐封开市。乾隆帝准许，遣使赐敕印，封孟云为缅甸国王，定十年一贡之制，两国遂和平相处。

第四章

安南之战

安南古称“交趾”，今称“越南”，与我国广西、云南毗连，两国关系源远流长。秦设象郡，汉设交趾郡，又在交趾南部之占城设置日南郡。471 年，南朝刘宋置越州。679 年，唐朝在其地设立安南都护府，从此称为“安南”。自秦汉至隋唐，安南长期为中国领土，达 1187 年。唐末藩镇专权，据地自雄，中国本土经历五代十国，安南则脱离中国而独立，由内郡变为藩属，计为中国属国者共 992 年。清初的安南，包括今越南、老挝、柬埔寨等地。

至明永乐年间，安南又为中国所灭，曾在该地设交趾布政使司。当时安南之领域，南至顺化而止。顺化以南，尚为占城王国所有。1431 年，明政府承认大越国对安南的统治，黎氏接受明政府册封。1527 年（嘉靖六年），安南为莫登庸所篡，国王出走南方，从此大越分为南北朝，莫氏王于北，黎氏王于南，南北对峙者 65 年。至 17 世纪，大越国黎氏居河内，有北越之地，广南国阮氏居顺化，有越中与南越之地。双方争为中国属国，欲借以自重。而明朝正多事于北方，无力南顾。清初，继续册封黎氏为安南王，定例三年一贡，两国间和平友好。

安南内乱　乾隆年间，安南内乱，西山豪强阮文岳（阮岳）、阮文惠（阮惠）、阮文吕兄弟势力日盛，世称“新阮”，又称西山阮氏。1773年，他们起兵，攻占归仁城。1777年，继续进兵，灭广南阮氏政权。

当时黎氏王朝内部政局不稳，国王黎维禑年已七旬，昏老多病，由权臣郑栋擅权，朝纲不振，给予西山阮氏可乘之机。1786年，阮文岳以“清君侧”为名，向黎氏王朝进攻，仅月余即攻下黎城（河内），郑栋自杀。郑栋死后，其子郑宗、郑干争权，郑干请兵于阮文惠，使攻其兄郑宗。1786年8月，阮文惠攻入黎城（河内），次日即进谒黎王。8月9日，黎王病逝，享年70，由王孙黎维祁继位。

阮文惠攻取黎城后，阮文岳立即于1786年8月22日驰抵黎城，黎维祁率百官郊迎。阮氏兄弟密谋后，于10月6日夜，令水陆各军满载珍宝撤往归仁城。1787年5月，阮文岳于归仁自称中央皇帝。9月，阮文惠进攻黎氏王朝，黎朝兵马连战皆败。1788年1月，黎维祁命其弟黎维袖护送其母、王妃、王子等出城避难。自己则随阮有整出东京北，藏匿民间。6月15日，黎维祁眷属62人逃入中国境内，并请求清政府援助。清方将他们安置于南宁府城，并在边境增派兵力，以应付不测。

7月，乾隆帝接到广西、云南官员奏折，命令两广总督孙士毅立即赴广西龙州办理越南求救内投之事。他认为安南黎朝乃经过清廷册封之政权，竟为异姓赶下台，清朝有义务救援。同时敕令左江、高廉、云南开化（云南文山）、临安等镇，整饬兵马器械，朝夕操练，以壮声势。8 月 25 日，孙士毅奏：阮黎仇杀，由来已久。他认为如黎维祁尚有兵可守，是黎氏国祚未绝。至于阮黎之间国势之盛衰，土地之广狭，清朝外藩甚多，自不值以内地兵马钱粮代为大办。倘阮岳竟欲全据安南，则百几十年朝贡之国忽为斯灭，为天朝礼制攸关，不得不调集官兵，伐暴讨罪。乾隆帝采纳了他的主意。

孙士毅出征安南 1788 年 9 月，乾隆帝决心出兵安南，认为与其驻扎本境，暗为黎氏靡费钱粮，不如挥兵竖旗出关进讨，捣穴擒渠。命孙士毅为平定安南将军，并派广西提督许世亨带兵 3000 人入安南。11 月 10 日，命孙士毅续调广东兵 5000 人、粤西兵 1000 人、以 8000 兵直捣黎城，2000 兵驻扎凉山。因天气原因，孙士毅决定提前进兵安南。11 月 25 日，他带领 3800 名广西兵，500 名广东兵出关，向凉山一路进发。12 月 3 日，广东督标兵 1000 名赶到，12 月 8 日由总兵张朝龙带领赶上前程清兵。乾隆帝对此次出兵设计了两套方案：“能将阮文惠等生擒，固为上策。否则，收复黎城，俾黎维祁得复其境土，不失天朝字小存亡之体，足以蒇事，亦可为中策。”清兵出镇南关，安南人箪食壶浆以迎，各地士兵义勇纷纷响应，清军兵不血刃进入凉山。依计划留广西巡抚孙永清率 2000 人守之，孙士毅率 8000 人自谅山向黎城进发。

12 月 9 日晨，清军抵寿昌江，阮氏兵马退保南岸，我军进击，阮兵“雾中自相格杀，我军遂尽渡”。渡寿昌江后，孙士毅指挥清军继续前进。一路由嘉观进剿，再分兵一支，由三异绕出柱右，与嘉观一路两面夹击。派张朝龙率 1500 兵由山间小路疾趋三异，相机进剿。经两次战斗，敌退守市球江南岸拒守。12 月 12 日，清兵抵市球江岸，阮兵见到清兵即施发枪炮，但其鸟枪只能射到半江，不能到岸。12 月 12 日、13 日，清兵一面排列大炮，隔江攻打；一面探得左边 20 里处，江势缭曲，为阮兵耳目所未及。密令张朝龙带兵 2000 人，在此裹带干粮，陆续暗渡。14 日子时，清军于正面强攻，两军鏖战，生死相搏。适张朝龙之兵已抄出敌营后面，喊声震天，阮兵失魂落魄，弃寨奔逃。清军渡过市球江后，阮兵只剩最后一道防线，即百里以外的富良江。

12 月 16 日，清军抵富良江，但缺乏渡江工具，只得急觅沿村小农船数只，编竹筏数片，乘载官兵百余名，与敌一日数战，但不见效果。清军遂发动夜战，以求乱中取胜。当日深夜，清军将船筏尽数配载，只敷 200 余人渡江之用，许世亨、张朝龙亲率奇兵于五鼓直冲对岸。阮兵不知底细，我军更番渡 2000 兵过江，黎明分路杀敌，死伤无算。

黎维祁于 12 月 17 日二鼓，前往孙士毅大营相见。黎明，清师毕济，黎氏宗室及百姓俱出城跪迎，黎城不攻自破。黎维祁于 12 月 19 日受封。乾隆帝对清军的胜利，立即给予嘉奖："孙士毅筹办一切，悉合机宜，更堪嘉奖。""此次孙士毅带兵出关，未及一月，即能痛歼贼匪，收复黎城，实为迅速。"

此时乾隆帝的方针是：阮文惠畏惧逃窜，若仍在安南境内藏匿，自不难设法围擒，以绝后患；倘竟潜逃入海或藏匿附近他国，不值以内地钱粮为属国搜缉捕逃。乾隆帝对黎维祁的无能非常反感。此时乌大经率滇兵已收复宣光、兴化。1789 年 1 月 2 日乾隆帝谕旨：“办理此事，致斯足矣，撤兵完局。”认为“办理大势至如，必须通盘筹划，计出万全，不可知进而不知退”。但他在同一谕旨中又说：“朕意目下孙士毅宜略为前进。”前后矛盾的决策，体现了乾隆帝的犹豫不定，最后造成严重后果。

此时阮文惠据顺化，征兵 8 万人，谋袭清军，一面致书孙士毅，卑辞乞降。而孙士毅贪功滞留安南，妄信阮文惠投降之说，不即班师，又轻敌不设防，悬军黎城。1789 年 1 月 27 日是农历正月初二，清军仍在欢庆春节，黎维祁抱幼子至军营，称阮文惠马上会来报复，请求孙士毅将其送往清朝内地。阮军来袭，清军仓促迎战。当日，孙士毅命张朝龙带兵 3000 名，许世亨带兵 1500 名，孙亲自带兵 1200 名，共 5700 名，前后接应。28 日，张朝龙与敌接战。29 日，敌兵蜂拥而至，战斗胶着。30 日五更，阮文惠驱军大进，以雄象百余头为前队，直冲清营。清军忽遇象群，马匹四散惊逸，自相践踏，互不相救，伤亡枕藉。

富良江南岸之清军 3000 名由总兵尚维升带领，前往增援。激战之时，孙士毅见情况紧急，无心恋战，带领几百人弃城先遁。阮军三四千人追来，孙士毅带兵先由浮桥撤回北岸，为防止阮军过河追赶，孙士毅命令斩断浮桥。南岸突围清军见浮桥已断，只好反身杀向黎城，致使伤亡更加惨重。2 月 3 日，孙士毅退回凉山，2 月 5 日退回镇南关。当日，官兵退回者仅3000多名；至2月24日，退回者有5000多名；3月27日，退回兵将总计8000名，损失约5000名。提督许世亨、总兵张朝龙等皆阵亡。

乾隆帝在谕旨中承认，对此战失败，“朕与孙士毅均不能辞咎”。但对孙士毅的处分却只是轻描淡写，宽大为怀：“所有孙士毅前封公爵及所赏红宝石帽顶，俱着撤回，并着来京另用。”调福康安为两广总督，福到任前，仍由孙代行署理。

乾隆帝对孙士毅的重罪轻判引起学者评说：孙士毅抗诏命留军月余，以致大败前功，损兵折将，以清朝军律论，死罪有余。而乾隆帝仅褫其职为代理，回京后又用为尚书，足见孙士毅是明诏之外奉有暗诏。亦证实“兴灭继绝”为假，欲开辟疆土方是其真意，故不得不使臣当失败之名，君承其失败之实。

安南之战的议和完局　1789年正月初的战斗结束后，双方再没有进行新的战斗，而是不断地进行联系，磋商停战条件。

清军方面不愿再对安南用兵，乾隆帝认为，安南“向多瘴疠，与缅甸相同，得其地不足收，得其民不足臣，何必以中国兵马钱粮靡费于炎荒无用之地”。阮文惠于1月31日第三次重占黎城，但他深知其政权并不巩固，欲稳固政权，号召国人，必须获得清朝承认，取得合法地位。而且当时安南正与暹罗构兵，阮文惠恐两面作战，腹背受敌，也愿意向清政府求和。因此他改名阮光平，派使臣奉表入关谢罪乞降，请求册封。

孙士毅奏报阮光平乞降，乾隆帝立即回复，提出议和条件：阮文惠如必欲乞降，须将官兵先行送出，并将戕害提督之人缚献。

3月5日，阮文惠遣阮有晭等呈上降表，文内恭顺认罪，情愿纳贡。3月17日，阮有晭又到关禀称，在黎城的清兵俘虏500余名，明后日即可到关。18日，阮光平派人三次到关呈送表文，并将清兵500余人送至关前。4月23日巳刻，阮有晭等带领翻译及随从等20余人到关，阮有晭等行至台下行三跪九叩礼。双方订期，5月13日举行受降仪式。13日寅刻，清军将士摆齐队伍，竖立旗帜，并于昭德台恭设香案，预备受礼。阮文惠亲侄阮光显带领随从数百人在关外伺候，福康安等令汤雄业传谕阮光显，只许其带官员6人、翻译1人、随从60人进关，其余人众俱在关外伺候。辰刻，汤雄业导阮光显进关，阮等奉表在前。行至昭德台，阮光显率随行官员等，望北行三跪九叩礼，福康安等于昭德台后接受表文。当时未对阮光平进行册封，乾隆帝坚持阮光平须亲自到关恳求。

乾隆帝认为黎维祁是无用无耻之徒，册封为安南国王后，又复弃国逃遁，实自丧其国。1789年7月4日，乾隆帝谕旨，封阮光平为安南国王。1790年2月22日谕旨，将黎维祁随行376人中的百余人，送京入旗，编一佐领。其余俱送江南、浙江、四川等省，分隶督抚标下，入伍食粮。5月，特授黎维祁为佐领，加恩授为三品职衔。

1792年8月，阮光平来朝，“入觐热河山庄，班次亲王下，群王上，赐御制诗章，受冠带归。其实光平使其弟冒名来，光平未敢亲到也，其诡诈如此”。以乾隆明察，未必不知，可只字未提。属国之君来京朝贺尚属首次，故任他冒名，不加挑明。

第五章

廓尔喀之战

尼泊尔古称“巴勒布”“廓尔喀”。公元620年左右，尼泊尔土酋阿姆苏瓦曼统一了尼泊尔。639年，他将女儿嫁到吐蕃。廓尔喀原为印度加拉普族在尼泊尔所建的一个小国。18世纪廓尔喀利用加德满都河谷三个土邦彼此间的矛盾，鲸吞了巴勒布三土邦。廓尔喀首领拉纳扬先后征服尼泊尔及其周边20余部，于1769年迁都加德满都，建立了新王朝，称尼泊尔国。

1771年，拉纳扬死，其子继位，继续扩充尼泊尔领土。1775年，拉纳扬之孙继位，年幼，国事由其叔父摄政。其叔父统一了西部尼泊尔，并占领了现属印度的库龙区；向东占领了西藏属地哲孟雄部、宗木部、左木郎部。

廓尔喀地处印藏往来通道，因西藏离内地较远，而与廓尔喀毗邻，所以与廓尔喀的宗教、商贸关系极为密切，印藏间的货物多由廓尔喀人转运。到18世纪70年代，随着廓尔喀的对外扩张，及两者的经济纠纷，廓尔喀与西藏的关系日趋紧张。

边境起衅　尼、藏间的经贸问题主要是银币与食盐两方面。

西藏历史上没有自己的货币，从 16 世纪开始，加德满都银币流入西藏。西藏以同等重量的白银换回银币，但此种银币质量越来越差，含银量越来越少，甚至一半为银，一半为铜。清政府与尼泊尔磋商，尼泊尔铸造纯银新币。西藏地方政府向尼泊尔建议，停止使用旧币，以新币换旧币。尼泊尔提出，以新币一枚换旧币两枚。尼藏双方互不相让，此为战争导火线之一；廓尔喀本地不产盐，全赖藏地售给，藏盐刨自山谷，本不素净，加之商人掺杂泥土，因此两不相和，此为战争导火线之二；当时后藏聂拉木边境税务官，擅自增加了对廓尔喀商人的课税数目，此为战争导火线之三；沙马尔巴的投敌、引狼入室则为战争导火线之四。

1780 年，为祝贺乾隆帝七十大寿，当时达赖七世新转世，年轻尚未受封，经典未熟，乃以未出痘不能离藏为词，由六世班禅进京为乾隆帝诵经。班禅屡受乾隆帝赏赐，在京善男信女亦多自愿献其珍宝，王公贵族及内外蒙古所赠不下数十万金。12 月，六世班禅在北京西黄寺圆寂。此后，围绕着六世班禅的遗产，其兄弟之间引发了一场你死我活的斗争。六世班禅之兄仲巴呼图克图护送班禅灵榇回藏。仲巴呼图克图原管后藏商上事务，他依仗实力将遗产全部占为己有，未给藏兵、喇嘛、寺院分文。他以六世班禅之弟沙马尔巴习红教为由，不得分惠。对于达赖所属之戴本（带兵官）、第巴（政务官）、堪布（管庙官）、商上（财务官）、噶布伦（地方官），以及唐古特兵，均无分赠舍施犒赏。于是沙马尔巴垂涎不已，以遗产应用于振兴佛教为借口，唆使藏兵强夺。藏兵害怕驻藏清兵干涉，未敢行动。沙马尔巴便逃入廓尔喀境内，企图借廓尔喀之力，向仲巴呼图克图索要宝物。

当时有班禅部下头人丹津班珠尔在廓尔喀。他往来奔走，请沙马尔巴与廓尔喀人合作，在加德满都兴建红教佛寺。他游说廓尔喀国王及其叔摄政王巴都尔萨野。摄政王好勇武，多财欲，闻有重利可获，又有可乘之机，即于1788年4月，以“商税无故增额，西藏运往之食盐掺土”为词，发动了第一次廓尔喀之战。廓尔喀军3000人由索咯巴尔达布率领，以沙马尔巴为向导，首先攻占中国境内重镇聂拉木和济咙（吉隆南）。同年9月，廓尔喀军又分兵北上，先后攻陷胁噶尔、宗喀、萨喀等地，杀戮民众，抢掠财物。饱掠之后，于9月13日撤出胁噶尔，退回一站，驻扎于墨尔模，等待与西藏当局进行谈判，讨价还价。

巴忠入藏贿和　驻藏大臣庆林迅速具报上奏：六月二十四日（1788年7月27日）有廓尔喀贼匪3000余人将聂拉木地方攻陷，该处第巴不知下落，并请求拨派满汉官兵3000人，驰赴前藏接应。

8月28日，乾隆帝收到驻藏大臣庆林的奏报立即发下谕旨并调集兵马。当时乾隆帝并不想扩大事态，他指示：巴勒布系藏外一小部落，亦无大志，不过掳掠物件，不可能恋守聂拉木、济咙等处，大兵一至，重加剿戮，即可败散。败回之后，我兵亦不值捣穴擒渠，夷其部落。藏地既已迨远，巴勒布部落更远于藏地，止可收复原境而已。乾隆帝很快发现驻藏大臣庆林、雅满泰均贪生怕死，庸碌无能。于是派原驻藏大臣、会讲藏语的现任理藩院侍郎巴忠赴藏，主持藏务。

就在乾隆帝调兵遣将之时，西藏当局已经与侵略者开始谈判，噶布伦已议定与廓尔喀纳银、赎地、求和。驻藏大臣庆林等也参与其事。10月30日，成德抵藏，与达赖喇嘛详加讨论，立即派人追回谈判代表并上奏朝廷。乾隆帝指出，前线官员、喇嘛“不应私自与外夷部落交接”，“若此，在藏众喇嘛均可与外夷部落私相往来，尚复成何事体。即和谈一事，亦必须依仗兵威，使贼震怖，方可永远宁谧。如以心存懦怯，辄往议和，转为贼人所轻，安能保其不复滋事”。当时藏地喇嘛、噶布伦等见小畏难，竟疑虑内地官兵前往需要其供给，不免扰累，意图将就完事，不欲清军进剿。乾隆帝极其重视清军的后勤供应，坚持由中央政府承担其全部费用。达赖喇嘛表示愿无偿提供稞麦4600石，牛1100只，羊10000只，乾隆帝坚持照数给价银，以备养赡喇嘛之用。为了减少长途运输的巨额成本，清军于藏内就地购买，比平日市价有所增加。与班第达、仲巴呼图克图商议，将仓库存粮拨充军用，先估价给银，事平后再行买补。

乾隆不久革去庆林职务，调伊犁参赞大臣舒濂为驻藏大臣，革去雅满泰职务，降为笔帖式，将私增课税之聂拉木第巴桑干发往烟瘴之地。

开始，雅满泰、成德、巴忠都反对议和。11月上旬，成德率部入藏，分两路攻往聂拉木、济咙。12月3日，进至第哩古浪，因大雪封山，进攻受阻。1789年1月14日，巴忠行抵胁噶尔，军事进展不顺，运输非常困难。清军前线将帅有畏难情绪，并谎报军情，奏言："臣等留心察访红帽子沙马尔巴虽系居住巴勒布地方，与达赖喇嘛、班禅额尔德尼素称相善，并无嫌隙，巴勒布人等皆敬信服从。达赖喇嘛、班禅额尔德尼亦曾寄信于彼，想沙马尔巴见有伊等书信肯率领巴勒布头目同来。臣等接见后，将边界勘定诸事议妥，即当好言开导，仍令于原庙住持，并交仲巴呼图克图善为照料，庶红黄两教相安。"乾隆帝据此对沙马尔巴加恩优奖，赏给朝珠、蟒缎、大小荷包等。

巴忠谋求与廓尔喀妥协，额辉、成德随声附和。另一边，沙马尔巴说服王叔巴都尔萨野同意索银退兵。廓尔喀先要求噶布伦每年交银元宝 1000 锭以赎聂拉木、济咙、宗喀三地，后减为 300 锭（每锭 50 两），噶布伦同意此议，钦差巴忠亦赞同此议。巴忠遣总兵穆克登阿等带领噶布伦丹津班珠尔等，赴交界地方议和。廓尔喀退还所占地界，并遣头人赴京进纳表贡。驻藏大臣和噶厦代表答允廓尔喀方面每年送元宝300锭作为赔偿，为期三年并写了字据。

1789 年 7 月 2 日，廓尔喀国王率大小头目番众数百人，在离加德满都三四十里处摆列旗帜鼓吹，迎接清朝特使严廷良。7 月 5 日，廓尔喀国王将贡物备齐，派遣大头人两人及随从 23 人押送贡物，由严廷良护送，自加德满都启程。9 月 4 日，廓尔喀贡使抵扎什伦布寺。9 月 18 日，行抵拉萨，11 月 26 日，抵打箭炉，12 月 8 日抵成都，12 月 14 日，启程入京，巴忠随后亦回京。1790 年 2 月 13 日，乾隆帝在保和殿赐宴，并正式册封廓尔喀国王拉特纳巴都尔王爵，其叔都巴尔萨野公爵，廓尔喀遂成中国属邦。

西藏的求和还与上层人物的内讧有关。当时达赖、班禅之兄弟子侄争相欲以呼毕尔汗（转世之意）继登法座，无心对付外患。此外，西藏上层僧俗对清军大举入藏抱有疑虑，既有经济负担方面的顾虑，又怕清军常驻西藏。巴忠密令西藏堪布私自与廓尔喀议和，许银赎和，并以廓尔喀上表投诚为条件，与廓尔喀私订和约。廓尔喀退兵，巴忠又哄骗廓尔喀向清廷入贡，同时向清廷谎报，廓尔喀已投降。乾隆帝信以为真，擢升巴忠为侍卫大臣。

1790 年 8 月，廓尔喀派人至藏索取银两，并遣使入清表贡者至西藏，请导之入京。代理驻藏大臣鄂辉与将军成德，恐藏人及北京发觉彼等之前事，乃节军饷之币于使者而令其归，秘廓尔喀贡表不奏。因藏中岁币无所出，达赖喇嘛不愿付给，欲撤回合同。1791 年 7 月 6 日，噶布伦齐集聂拉木，带去 300 银元宝，寄信廓尔喀，要求撤去合同，重新谈判。8 月 8 日，嘎勒桑丹津接沙马尔巴信，约往错克沙金谈判。是日夜，廓尔喀将嘎勒桑丹津等 20 余人掳去。8 月中旬，廓尔喀发兵千余，攻占聂拉木，将丹津班珠尔等管事噶布伦尽数掳去。廓尔喀进而分路入侵西藏，藏兵遇廓尔喀兵，双方交战，藏兵败退胁噶尔营官寨。9 月 24 日，廓尔喀兵进攻萨迦沟，占据萨迦庙。驻藏大臣保泰迁班禅额尔德尼由羊八井北路奔赴拉萨，10 月 4 日班禅一行抵布达拉宫。仲巴呼图克图并未随行，他于 9 月 27

日将庙中细软掠走，先行遁去。喇嘛济冲、札苍等托言卜诸吉祥天母，不宜战，众心遂溃。9 月 29 日，廓尔喀兵占领扎什伦布寺，大肆抢劫寺内金银佛像、宝物金册等。全藏震动，两大喇嘛告急。

福康安入藏　乾隆接达赖、班禅告急奏折，立即严惩驻藏大臣保泰，并组织清军指挥班子。1791 年 11 月上谕："朕之初意，原不欲劳师远涉，今贼匪肆行侵扰，竟敢抢占扎什伦布，不得不声讨致罪。……孙士毅、鄂辉（四川总督）、成德（成都将军）唯当坚持定见，通盘筹划，俟明年大举时，即可穷追深入。"正在热河扈驾的侍卫巴忠自请赴藏效力，好继续隐瞒真相，乾隆帝不允，巴忠当夜畏罪投河自杀。清廷知鄂辉、成德不足以当此重任，于 11 月 27 日授福康安为大将军，以海兰察、奎林为参赞大臣。12 月 5 日，革去鄂辉总督之职，以副都统衔驻藏办事，革去成德成都将军之职，仍在参赞大臣上行走。补授奎林为成都将军，孙士毅为四川总督，何琳为驻藏大臣。粮食是进军西藏的最重要后勤保障。孙士毅在西藏采办粮食，较市价多一倍，每石合银 3 两，藏民踊跃出售，筹粮 70000 余石。若内地运往，每石合银 29 两多，省费 10 倍。其军饷则藏以东由川督孙士毅主之，藏以西由驻藏大臣和琳主之，济咙边外则由前川督惠龄主之。

1792 年 2 月，乾隆帝谕令清军必须深入穷追，不能将就和事完局。此次调兵 14000 人左右。一方面福康安于 1791 年 10 月 26 日率部分兵力自京启程，12 月 21 日抵西宁。1792 年 1

月 25 日抵西藏边界；2 月 27 日抵后藏。另一方面，鄂辉、成德率兵 7500 名先行，于 1791 年 12 月 25 日抵后藏，随即领兵 1000 名向第哩朗古急进。1792 年 1 月 20 日，行抵距聂拉木 40 里之拍甲岭，岭上有官寨。成德率军于 21 日寅刻向官寨发起进攻，从西南、西北两路进攻，用火弹抛掷寨房，烧毙敌人甚多，总计杀敌 200 余名，生擒 7 名。成德等攻克拍甲岭官寨，即乘胜进军聂拉木。

聂拉木官寨墙围高厚，敌方兵力较多，难以硬攻。成德的方针是四面合围，断其水路与交通，再用火攻。1 月 24 日子刻，清兵发动进攻，先将寨门附近门墙、寨房燃烧，再将柴木、火弹抛入，火势直入东边寨房，引燃敌方火药库，寨房坍塌，烧死、压死敌人甚多，但整个官寨仍未攻下。2 月 4 日后，连下三日大雪，8 日再次进攻，仍未奏效。直到 12 日，清兵发现，“东南两面官兵所挖地道数处，均为大石所阻，唯西面墙角有沟形一道似通寨内”，据报墙角并无埋石，即令昼夜开挖，连日将西面地道挖进 3 丈余。2 月 16 日，清兵将火药 40 包装入地道。午刻，地道内火药点燃，将西面墙垣寨房立时轰塌，清兵乘势上房抛入火弹，廓尔喀兵势难拒守。清兵经 20 多天艰难奋战，终于攻克聂拉木官寨。破聂拉木寨后，鄂辉、成德欲即以蒇事，受乾隆帝严饬。

此时，清军各路人马及粮饷源源不断到达前线。廓尔喀见形势不利，遣使至清军营求和，说明构衅缘由，表明无意与清廷为敌；同时又在被其占领的济咙、绒辖（西藏定结）等地构筑工事，企图长期占领。福康安拒绝了廓尔喀的求和，并率精锐6000人自拉孜南下。

1792年6月24日，清兵至辖布基，该处离擦木仅数十里，路更险峻，敌在山梁高处立寨。当日适值阴雨，入夜势甚绵密，即于雨夜分兵五队进发。督令官兵急速登山，潜至敌寨墙外，踏肩登墙，奋勇越墙，先开寨门，清兵蜂拥而入，杀敌百余名，夺下第一座石硐。其后有一座大硐在高磡之上，内外墙垣两层，上留枪眼，形势更险要。清兵将东面墙角尽力撬开，立时塌一缺口，双方短兵相接，杀敌首3名，士兵90余名，俘虏18名。

6月26日，行抵玛噶尔辖尔甲。该处山梁陡峻，后倚峭壁，山前俱系密林，路甚丛杂。清兵绕至半山石磡下埋伏，故留一路诱敌上山。敌兵一到半山，清兵即横冲敌队，山梁处清兵并力压下，枪箭齐发，敌众始行败窜。此役，杀死廓尔喀军头目苏必达多喇嘛木等7人，杀死廓兵230余名，俘虏廓兵30余名。

6月27日，福康安等侦察济咙形势：济咙官寨高大宽广，高及二丈，在官寨西北临河砌大硐一座，直通官寨，为取水之地。官寨东北在石上砌大硐一座，官寨东南山梁甚陡，另砌石硐一座，廓兵分据险要，负隅固守。山下喇嘛寺与石硐斜对，亦有廓兵占据。官寨层硐高耸，形势险固，各硐卡廓兵又可相互援应，共成掎角之势。据此，福康安决定依靠其强大的兵力，同时对敌各据点发动进攻，使敌不能首尾相顾。28日丑刻发兵，各队同时并进。岱森保等抢上东南山梁，海兰察等配合，往来冲击，清兵即将山梁占据。蒙兴保等同时攻克喇嘛寺，巴颜泰等攻临河石碉，此系取水要隘，敌顽强抵御。攻克山梁的清军前往协攻，终于攻克石碉。复令各路清兵全行撤至官寨，并力进攻。至亥刻将官寨东北隅攻破，敌人滚山逃窜。此战，杀敌 647 名，俘虏 123 名，事后搜山又获 75 名。清军 4 日内连战皆捷，将擦木至济咙边界收复。

福康安进取济咙的同时，已遣成德等带兵 3000 人以为偏师，由聂拉木南行，6 月 30 日先攻克木萨桥，再克头卡、二卡、三卡。至此，清军已将边境内的廓尔喀军肃清。

福康安远征廓尔喀　福康安等丁 7 月 1 日启程前进，于 2 日黎明抵热索桥附近，过桥即进入廓尔喀境内。敌兵在北岸三四里外索喇拉山上砌石卡一处，南岸临河砌大石卡二处，据险拒守。当天清兵发动进攻，因河面宽阔，水深流急，未能得手。派兵至河边作进攻之势，密令清兵至热索桥上游六七里处，扎木为筏，渡过南岸，沿河疾行，直扑敌卡。正面清兵奋力进攻，将几处石卡夺取。清兵奋勇进剿，直至达木地方，已过热索桥 30 余里。

清兵进入廓尔喀境内后，于 7 月 6 日抵旺噶尔，已深入敌境一百六七十里，未遇阻击。至协布鲁一带知有大量敌兵砌卡屯聚。福康安等于 7 日察看形势，见当路有横河一道，水深流急，河岸之北是旺堆，河岸之南是协布鲁，山坡极高，石卡、敌寨颇多。8 日清兵发起进攻，砍伐大树试往搭桥，敌兵居高临下，在木城内施放排枪，清兵未能取胜。9 日复往攻击，仍不能胜。10日仍有部分清兵在正面佯攻，而福康安等率主力绕至横河上游北岸，于夜间搭桥渡河。12日黎明，各路清兵并力出击，敌兵纷纷溃乱，清兵杀敌300余名，焚毁敌寨5座。协布鲁屯聚之廓尔喀兵均弃木城石卡逃逸，旺堆正路清兵乘势搭桥过河，占住石卡，追杀敌众数十名。

清军进军神速，廓军震慑，一面在对面嘎勒拉山梁上据险设防，一面于7月16日遣使至军前乞降。在致福康安的信中，把责任全部推给沙马尔巴，并告知清军沙马尔巴已经病死。7月27日，廓方将裹去的两位噶布伦、四位汉兵送回，再次具禀请降。8月5日，遣四位大头人，到福康安行营递禀请降，禀中要求福康安派其中两个头人回阳布，传达清军受降条件，被福康安再次拒绝。

攻克协布鲁后，清军继续向嘎多推进，自嘎多正路至东觉大山，廓兵部署周密，地势险峭高峻，有横河一道，清兵断难径渡。嘎多东南之雅尔赛拉博尔东拉山一带亦有廓兵屯聚。雅尔赛拉博尔东拉一路，由海兰察前往攻剿，7月21日启程。东觉一路由福康安领兵前往攻剿，也于7月21日启程。福康安所领之兵由山岭重叠之处潜往嘎多普，绕行两日，23日清兵下至半山，临河石卡内廓兵放枪抵御。清兵且行且伏，于7月24日下至山麓，浮水渡河，将近河各碉卡夺据。清兵继续进兵，攻下头座、二座、三座木城。追奔二十余里，遂将敌寨、敌营全行克复。海兰察领兵于7月24日黎明径登山巅，自卯至午，与敌兵往返追压十余次，才将木城石卡全行销毁。之后，海兰察领兵与福康安会合一处，尽力追剿，于 7 月 27 日到达雍雅。

乾隆帝谕福康安：“因藏内天气骤冷，若非及早蒇事撤兵，恐为大雪所阻。……若福康安等冒险进攻，未能于大雪之前撤兵回至内地，运粮设为雪阻不前，是进无可取，退无可守，所关非细。”但此时的福康安因连战皆捷，头脑发热，以为廓尔喀已不堪一击，大功即可告成。

在进攻加德满都外围时，福康安以廓尔喀之国都已近在一日程内，进平其国，如探囊取物，不听海兰察扼河立营，迂回进攻的建议，竟冒雨从桥面攻之，即强攻敌之坚阵。初战，亦势如破竹，其横河上游一路，乘势搭桥渡河，进攻集木集。及连破廓尔喀四营寨后，已前进二十余里，至山之陡绝处，敌乘高以木石雨而下，迫使清军攻势受挫，而隔山隔河之廓军又皆进袭清军之后。清军前路被阻，后路被截不得已且战且退，幸赖海兰察先以兵据桥以为收容，额勒登保等依河力战，击退截击之敌，福康安始得率溃军逃归桥北。此战，清军死伤过半，不复有继续进攻之力。

廓尔喀虽击败清军，但其主力损失殆尽，只好遣使再次向清军卑辞乞和，并警告清军：前路甚险，后路即为大雪所没，且廓尔喀调集大军，处处布防。福康安知清军已是强弩之末，且道路险阻，运输困难，再战无益，无奈受降完事。福康安、海兰察、惠龄合奏：“今廓尔喀业已悔罪投诚，遣大头人恭进表文，请于象马方物之外，虔备乐工，使隶于太常，附各国乐舞之末；并恳定贡期，遣使五年朝贡一次。详察贼情，实属倾心向化，不敢再生事端，卫藏全境似可永葆敉宁，相安无事矣。”

9月3日，廓尔喀交出原立大小合同二纸，送出沙马尔巴骨殖、物件及其亲属徒众。9月23日，廓尔喀遣大头目四人，恭赍表文进京，虔备乐工、训象、番马、孔雀、番轿、珍珠、珊瑚、金银绸缎、药材等29种，随表呈进。10月6日，福康安开始从帕朗古分起撤兵。清廷留番兵3000人，汉、蒙兵1000人戍藏，此为官兵驻藏之始。10月12日，清兵行抵协布鲁，之后回到济咙。另一路清兵，即成德所率偏师，也向边境撤退。

1793年，廓尔喀使臣赍贡物至京师。乾隆帝赐宴，命与朝鲜、暹罗各使同预朝贺，封拉特纳巴都尔为廓尔喀王，自是五年一贡，听命唯谨。

战争结束后，清政府立即进行善后事宜。首先惩办祸首，废止沙马尔巴（红帽活佛）转世，其金银、田庄、牛羊、百姓全部充公。廓尔喀人攻至扎什伦布寺时，六世班禅之兄仲巴呼图克图收拾细软物件，先期逃遁，其罪深重，将仲巴呼图克图解押北京治罪。济仲喇嘛托词占卜，言对廓尔喀不可抵抗，致众喇嘛纷纷逃散，即令将济仲拿至前藏，对众剥黄正法。这次战争使西藏边境自此以后直到鸦片战争之前，保持了近半个世纪的和平局面。通过这次战争，清政府的威信得到大幅提高，受到西藏各界僧俗人民的衷心爱戴，从而为清政府颁布《钦定西藏善后章程》二十九条创造了良好的社会环境。

第六章

第一次鸦片战争

一、概述

鸦片花名罂粟，津液成膏块曰烟土，熬炼之成为鸦片。大约在唐朝进入中国，至明中叶，鸦片为南洋各国贡品，每年二三百斤。鸦片能入药，治痢疾，但积之成癖则一度不吸比如大病遽发，且伤精败神，致终身罹成痼疾，而所生子女亦成弱种，其危害等于鸩毒。乾隆之前吸食者极少，乾隆中叶以前，每年鸦片之输入额不过 200 余箱。其输入者以葡萄牙人为主。1781 年，东印度公司取得垄断中国贸易之特权，而印度孟加拉地方为鸦片主产地，于是输入日增。从 1800 年到 1818 年，中英鸦片贸易每年不超过 4000 箱，1819 年后鸦片贸易迅速兴旺，到 1830 年贸易额达 18760 箱。到 1836 年，鸦片输入 34776 箱，总额达 1800 万元，成为 19 世纪全球最贵重的单项商品贸易。

1. 第一次鸦片战争前的英国

政治方面 1688 年“光荣革命”成功。1689 年 3 月，英国国会通过了《权利法案》，限制了国王之权力，提高了国会之地位，这意味着英国变成了地主资产阶级联合统治的君主立宪国家了。18 世纪初，英国逐步确立了君主立宪政体、两党制、三权分立和国会内阁制，从而为资本主义的经济发展提供了十分有利的政治基础。

经济方面 18 世纪到 19 世纪，英国成为西方资本主义的领头羊，发展成为强大的世界工厂。从 18 世纪 60 年代至 19 世纪三四十年代，英国完成了工业革命。机器制造业的机械化，标志着工业革命的完成。英国是当时世界上唯一完成工业革命的国家。1820 年，英国的工业总产值占世界的 50%，1840 年仍占世界工业产值的 45%。1840 年，英国商船队总吨位达 276.8 万吨，是当时名副其实的海洋超级大国。

军事方面 西方列强在争夺殖民地的过程中，经历了许多次战争，建立了强大的武装力量，并随着工业的发展，不断改进军队的组织编制和武器装备。英国当时是海上强国，1836 年有大小舰只 560 艘，大型战列舰有 2—3 层甲板，分别装有 70—120 门大炮。当时的战舰仍全部依靠帆力。陆军有 14 万，连同用于内卫的国民军，共 20 万兵力。英国军队人数不算多，但装备精良，实战经验丰富，尤其富有海外作战经验。武器装备方面，到 19 世纪初，欧洲各国都能制造滑膛前装火炮，口径从几英寸到十几英寸；火炮有效射程达千余米，射速每分钟 2—3 发；炮兵已是一个重要的兵种。

英国对华政策 早在1832年英国东印度公司就决心武力推销鸦片，组织力量对中国沿海做了一次带战略性的侦察航行。他们乘坐“阿美士德号”于1832年2月6日从澳门出发，全船78人都改名换姓，沿途经福建、浙江、上海、山东半岛、山海关等地，折返往朝鲜、琉球，于同年9月4日返回澳门。通过侦察，他们充分了解到，中国各地炮台年久失修，有的无人守卫，炮弹质量很差；士兵装备简陋，以刀矛为主；中国战船数量少，性能差，缺乏战斗力。他们还了解到官吏的腐败严重，对外面的世界极端无知。英国侵略者这次对中国沿海的调研直接导致了一项军事侵略方案的形成，并成为鸦片战争中英军制订作战计划的根据。1836年6月，英国外交大臣巴麦尊任命原英国商务监督处第三监督义律为总监督，同时撤销第二监督与第三监督，以便他独断专行。12月14日，义律就职那天，即去广州探听虚实。他在广州调查了7个月，向巴麦尊报告：“必须使用武力以争取平等待遇的可能性。”1838年巴麦尊训令义律利用任何有利的机会获取中国沿海贸易场所和海岛的情报，并把各地的商业、工业情况及所获取的任何有关地理、博物等方面的知识，写成详细报告，转呈英国政府。

2. 鸦片战争前的中国

政治方面 当时中国正处于封建制度没落和清王朝由盛转衰的时期，官僚体制极端腐败，阶级矛盾、民族矛盾日益尖锐，社会危机不断加深。自19世纪开始，中国与西方列强综合国力的差距日益扩大，而清政府对外部世界的变化一无所知。从乾隆后期开始，清王朝的统治趋向腐败，整个统治机构变得因循守旧，死气沉沉。官场贪污成风，豪门巧取豪夺，皇室骄奢淫逸，军政开支庞大，国库日益空虚。18世纪到19世纪，出现了大量的农民起义，各族人民的起义动摇了清王朝的统治，加速了其衰亡。

经济方面　封建社会最重要的生产资料是土地，鸦片战争前夕，清朝的土地集中程度已经很高，大批自耕农失去土地，沦为佃农、流民，加剧了农村的阶级分化。由于鸦片输入增加，白银外流，银贵铜贱，加重了广大农民的负担。鸦片战争前夕中国封建社会孕育着资本主义，有了一些资本主义工场手工业，但为数极少，而清政府对手工业和商业的限制和控制，使其发展十分缓慢。

军事方面　鸦片战争前清朝的兵力由八旗和绿营两大系统组成，以八旗兵为主。八旗兵可分为京营和驻防两部分，京营9万余人；驻防八旗约10万人，分为畿辅驻防、东三省驻防、各省驻防、新疆驻防四大系统。绿营之制度源自明末，绿营大致分为京师、行省、边区三个类型。总兵力大体保持在60万名。绿营的基本编制为营，一营的人数多则近千，少则三四百。清政府有大型军事活动时，临时从各省抽调绿营兵参战，非但兵将互不认识，甚至互相对立、互不支援，不能形成一支组织严密、指挥统一、行动一致的军队。在鸦片战争中清军动员的兵力约为10万人，英军前后投入的兵力约为2万人。但清军需在沿海

7省几十个海口设防，兵力分散，因而在实际战争中根本体现不出兵力上的优势。西方列强在18世纪已全部使用火器，而清军仍把骑射奉为“祖训”，坚持“冷热兵器并用”。1836年，清政府曾提出，“军储利器，枪炮优先”，但不久又强调“枪箭并重，不容偏废”。鸦片战争中清军为数不多的火器，“较之英国落后了200年”。中英武器装备差距最大者，莫过于舰船。清朝海军福建水师和广东水师两部，本质上相当于海岸警卫队。水师的舰船吨位小、炮位少、火炮射程近、船速慢，清军在鸦片战争中丧失了制海权，也就是丧失了战争主动权。

闭关自守政策 闭关自守政策是自给自足的自然经济和建立在这种经济基础上的封建专制制度的产物，并随着封建社会内部危机的日益严重而加以强化。清政府之所以实行闭关自守政策，原因之一是对外国侵略者的殖民地掠夺有所考虑和警惕，更主要的是其骄傲自满、故步自封的封建主义的劣根性。把西方机械文明的产物，笼统斥之为“奇技淫巧”。连林则徐也认为，如果中国闭关封市，则“各国生计，从此休也”。闭关政策还在于隔绝人民与外界的联系，防止中外反清势力的结合。执行的结果是，清朝的经济停滞不前，国力日衰，加速了外国列强的入侵。马克思曾评价清政府的闭关自守政策：一个人口几乎占人类三分之一的幅员广大的帝国，不顾时势，仍然安于现状，由于被列强排斥于世界体系之外而孤立无依，因此竭力以天朝尽善尽美的幻想来欺骗自己。这样一个帝国终于要在这样一场殊死的决斗中死去。

3. 英国走私鸦片与清政府禁烟

19 世纪中叶，中国的自然经济形态对西方的商品输入有着极强的排斥性，而英国迫切需要扩大市场以获取利润。但由于其工业品在中国销路不畅，被迫向中国输出白银，以购买中国的茶叶、生丝等产品。为了减少中英贸易逆差，谋取高额利润，英国逐步向中国大力倾销鸦片。1773 年，英国东印度公司获得了印度鸦片出口的垄断权，即在印度大规模生产鸦片，并以非法手段大量输入中国。鸦片贸易利润巨大，例如 1817 年在印度公班土的价格为 1785 卢比，运到中国售价为 2618 卢比，获利折合银圆 400 多元。英国人也认为：用鸦片换来的白银，使英属大批土地喜气洋洋、人丁兴旺；也使英国的工业品对印度输出大为扩张，更使这方面的海上航行与一般商务大为兴旺，并且给英属印度国库带来一笔收入，其数量超过整个孟买的田赋总额。在一段时间内，英印当局的收入中有七分之一是来自对华的鸦片贸易。当时在英国、印度、中国之间形成了以鸦片为杠杆的“三角贸易”：东印度公司用贷款引诱印度农民种植罂粟，农民必须把罂粟卖给东印度公司，由公司制成鸦片，再在市场上拍卖给商人。英国商人把自己的工业品推销给印度，换取鸦片，再把鸦片运到中国，在澳门或外洋秘密出售鸦片，回程时换取中国的丝绸和农副产品，运销英国和世界各地，以获取高额利润。英国通过鸦片这一特殊商品，不仅补偿了对华贸易中的逆差，并迅速扭亏为盈，从中国获取大量白银。

为了维护自身的利益，清王朝从 1796 年（嘉庆元年）开始便正式宣布禁止鸦片进口，又分别于 1813 年、1815 年再次颁布禁令。并立法“国内商人贩卖者，遣边充戍卒三年；侍卫官吏犯者，罚职，枷两月，杖一百，流三千里为奴”。但在英政府大力鼓励和怂恿下，英商贿赂清朝官吏，大规模走私鸦片，使鸦片的年输入量逐年增加。1821 年（道光元年）进口鸦片 5959 箱，1824 年为 12434 箱，1832 年为 21985 箱，1835 年为 30202 箱，1836 年为 34776 箱，1838 年为 40200 箱。从 1817 年至 1838 年，英商走私进入中国的鸦片为 361400 余箱，计价白银 6 亿两左右。

道光帝屡次禁烟，但禁而不止。1836 年，太常少卿许乃济公开鼓吹弛禁，提倡内地种鸦片，以减少鸦片的进口。道光帝对许乃济之言未明确表态，对是否弛禁态度犹豫，将此奏折交两广官员议复。许乃济的观点代表了相当一部分官员的意见，尤其是广东官员的意见。如邓廷桢等会奏：今则禁令愈严，私贩愈巧，每年所耗内地银两，为数愈益不可计量。他们支持弛禁，还具体提出“弛禁变通办法”九条，核心是“杜绝纹银出洋”。鸦片输入增加，使中国在中英贸易中迅速由年出超白银 700 余万两转为入超数千万两。白银外流引起朝野上下的焦虑。

1838 年 6 月 2 日，鸿胪寺卿黄爵滋上奏，请严塞漏卮以培国本，坚决反对弛禁主张。他指出自道光十四年至十八年（1834—1838 年）岁漏银 6000 万两之多，并认为应将禁烟的目标直接对准“瘾”君子，主张对吸食者限期一年戒绝，过期犯禁的处以极刑。道光帝当天即朱批，要各省将军、督抚“各抒所见，妥议章程，迅速具奏”。各地大多数官员在奏折中同意漏银在于鸦片的看法，但对以极刑示警的办法多有异议。朝廷上多数官员不直接反对禁烟，他们以直隶总督琦善为代表，他们不像许乃济那样鼓吹弛禁，而是攻击“吸食者死”的办法。他们的主张是：民命不可视为草菅，民心不可使之涣散，国宝不可使之透漏，外夷不可久与通商。认为不准通商，就没有鸦片输入。只有林则徐等 8 人同意对吸食者处以死刑，但他们多认为应同时严惩贩烟者。这场争论表明，“鸦片战争，实为堵塞纹银漏卮，反对英国鸦片侵略的战争”。在禁烟与弛禁的争论中，道光帝和所有的大清官员忽略了一个极为重要的问题：禁烟有可能引发中英战争。

1836 年，林则徐署两江总督，著有政绩。林一贯主张禁烟，黄爵滋提出严办吸食者后，林立即予以支持，并提出具体章程六条。随即发布禁烟布告，至六、七月间，禁烟效果甚为显著。8 月，林又上一折，剀切陈奏：如鸦片流毒天下，“是使数十年后，中原几无可用之兵，且无可以充饷之银”。道光帝览奏震动，1938 年 11 月，林奉召进京，道光帝 8 天之内召见 8 次，密商禁毒方案。不久，清政府颁布了《钦定严禁鸦片烟条例》，并特派林则徐“查办海口事件，并颁给钦差大臣关防，令该省水师兼管节制”。林于 1839 年 3 月 10 日（正月二十五日）以禁烟钦差抵粤。他的上任，标志着禁烟问题从争论阶段转入行动阶段，也预示着鸦片战争为期不远了。

4. 鸦片战争中的主要事件

多数史学家认为应以 1840 年 6 月，即英国远征军到达广东海面，封锁珠江口，作为第一次鸦片战争的正式开始。鸦片战争本身可以分为三个阶段，但要认识鸦片战争必须从战前英国武力推销鸦片及虎门销烟说起，即从战前阶段说起。

战前阶段

1839 年 3 月 10 日，林则徐抵粤任钦差大臣，主持禁烟。

1839 年 6 月 3 日至 25 日，虎门销烟。

1839 年 9 月 4 日，九龙之战。

1839 年 10 月 1 日，英国决定派遣舰队，并于次年 3 月来华，发动侵华战争。

1839 年 11 月 3 日，穿鼻之战。

1839 年 11 月 3 日至 13 日，官涌之战。

1839 年 12 月 13 日，道光帝下令停止中英贸易，并驱逐所有英船。

1840 年 4 月 7 日，英国议会表决，通过对华作战政策。

战争第一阶段（双方未发生大规模交战）

1840 年 6 月，英国远征军到达广州海面，封锁珠江口。

1840 年 7 月，英舰队北上，犯厦门，占定海。

1840 年 8 月 9 日，英舰队抵大沽口，大沽口会谈。

1840 年 9 月 15 日，英方同意回广东谈判。

1840 年 11 月 6 日，伊里布与英军达成《（浙江）休战协议》。

1840 年 12 月，广州谈判，破裂。

战争第二阶段（双方局限在广州开战）

1941 年 1 月 7 日，大角炮台、沙角炮台之战。

1841 年 1 月至 2 月，谈判《穿鼻条约》，达成协议但未签字。

1841 年 2 月 26 日，清廷对英宣战。虎门之战。

1841 年 3 月 20 日，义律与杨芳达成《（广州）临时休战与贸易协议》。

1841 年 5 月 21 日，清军广州反攻，失败。

1841 年 5 月 24 日，英军进攻广州；27 日，签订《广州和约》。

1841 年 5 月 30 日，三元里人民严惩英军。

1841 年 6 月 1 日，据广州和约，英军撤离广州。

战争第三阶段（战争规模扩大，战场移至福建、浙江、长江中下游地区）

1841 年 8 月 26 日，厦门之战。

1841 年 10 月 1 日，第二次定海之战。

1841 年 10 月 10 日，镇海之战。

1841 年 10 月至 11 月，台湾基隆之战。

1842 年 3 月 10 日，清军浙东反击，失败。

1842 年 5 月 18 日，英军增加兵力，发起乍浦之战。

1842 年 6 月 16 日，吴淞之战。

1842 年 7 月 21 日，镇江之战。

1842 年 8 月 29 日，签订《江宁条约》（《南京条约》）。

二、战前阶段

1. 林则徐禁烟

林则徐于1839年3月10日以禁烟钦差身份抵粤，立即与广东官员会商禁烟办法，整顿海防，严拿烟贩，惩处受贿官员。林则徐在广州的禁烟活动主要是四件事：缴烟、销烟、要求外商具结、加强战备。林则徐把先重治吸食的方针修正为先重治走私，以断绝鸦片来源。林则徐先捕斩了出入英商馆之华商数名于馆前以示威，随后把矛头指向走私鸦片的外商。3月18日林则徐、邓廷桢、怡良“同坐堂，传讯洋商”，令公行商人在三天内向外商取得永不夹带鸦片的保证。另一方面，责令外国鸦片商人“将趸船鸦片尽数交官”，并要外商以中英文具结（写保证书）：“嗣后来船永不敢夹带鸦片，如有带来，一经查出，货尽没官，人即正法。”

3月19日，外商代表在公所大厅会见了伍绍荣等行商，商讨林则徐要他们将鸦片全部交出并具结的谕令。当时外商未做出具体答复，拖到21日，即林则徐规定的最后期限，外商总会连夜开会，决定凑1037箱鸦片呈交，以期蒙混过关。林则徐等认为外商是在敷衍，于3月24日宣布“将各夷往泊黄埔之货船，暂行封仓，停其贸易。又夷馆之买办工人亦令暂行撤退，并将前派之兵役酌量加添，不许夷人出入往来”。3月27日，即在断水断食三天后，义律情愿呈交鸦片，共有20283箱。同一天义律向英国商人发出公告：“以英国女王陛下政府的名义并代表英国女王陛下政府，命令并要求目前在广州的英国商人，立刻把他们所有的鸦片全部交给我，以便交给中国政府……关于按照本公告交给我的英国财产的证明和所有鸦片的价值，将根据以后由女王陛下政府规定的原则和方法予以解决。”义律不让英商把鸦片直接交给中国政府，要先交给义律，再由他以英国政府代表的资格交上去。他的做法被英国史学家认为是越权的。他的做法使鸦片纠纷由鸦片商人和中国政府间的问题转化为两国政府间的问题。这也表明，他已经蓄意挑动侵略战争，勒索赔款，掠夺中国。随后，义律于 4 月 3 日即致函外交大臣巴麦尊，污蔑中国的禁烟是“不可饶恕的暴行”，是“侵犯英国的生命财产，侵犯女王尊严”的行为。他建议对中国宣战，给予迅速而沉重的打击。

2. 虎门销烟

林则徐奏请将收缴的烟土押解进京销毁，道光帝命令就地销毁，这样可以“使沿海居民及在粤夷人共见共闻”。林则徐与邓廷桢、关天培等商议，决定采用“开池化烟”的方法：于海滩高处，挑挖两池，轮流浸化，其池平铺石底，纵横各十五丈余尺，四旁栏桩钉板，不令少有渗漏，前面设一涵洞，后面通一水沟。其浸化之法，先由沟道车水入池，撒盐成卤，所有箱内烟土，逐个切成四瓣，投入卤中，泡浸半日，再将整块烧透石灰，纷纷抛下，顷刻便如汤沸，不爨自燃。复雇人夫多名，各执铁锄木耙，立于跳板之上，往来翻弄，务使颗粒悉化，俟退潮时，起放涵洞，随浪送出大洋。

1839 年 6 月 3 日，林则徐与广东巡抚怡良、海关监督豫堃登上观礼台，鸣响礼炮，开始销烟。到 6 月 25 日才将烟土全部销毁，共销毁 19179 箱又 2119 袋，除去箱袋皮重，实际销毁鸦片 2376275 斤。按当时价格，英商损失 1000 余万元。英商不甘，准备与中国一战。但中英战争的导火线却是林维喜被杀一事。

1839 年 7 月 7 日，“尖沙村中，由民人林维喜被夷人酒醉行凶，棍殴毙命”。所有见证乡邻都称，“系英吉利船上英人所殴”。林则徐要求义律交出正凶，听中国法律裁判。义律一面假意悬赏 2000 银圆缉拿凶手，一面妄图以 1500 银圆贿赂死者家属，嘱其承认斗殴纯因误会，企图逃脱“杀人偿命”的法网。林则徐以英人在中国领土以内杀害中国人而不假中国以裁判权，殊属有伤国体，坚决索要凶手。义律绝不交出主犯。在具结问题上，义律只愿写“如有鸦片，将货物尽行没官”，而于“人即正法”字样仍不肯写。于是林则徐“禁绝英夷柴米食物，撤其买办工人”。义律率其家眷及其他英人等共 57 家，暂时“寄往尖沙咀货船及潭仔空趸上”，一面等候英国舰队到达，同时派人驰报英印总督奥克兰，请求派兵舰来华，准备同中国作战。

林则徐抵粤后，一面严厉禁烟，一面着手整顿沿海防务。他认为虎门海口是中路扼要之地，决定在尖沙咀南麓和官涌偏南的石排各添一座炮台，安置大炮 56 门；并购入西洋大炮 200

门，以加强各炮台之火力。林则徐先后增调水陆兵丁8000名，招募壮丁5000名，大多来自沿海枭徒或疍户，骁勇善战。林则徐十分重视对西方国家的情报收集。他聘用人员翻译西文书报，了解外国情况，特别是英国的动向。

3. 九龙之战

1839年8月31日，英舰“窝拉尼号”抵达广东海域。处于困境中的义律见有英舰来援，决心开战。9月4日午刻，“义律忽带大小夷船五只赴彼，先遣一只拢上师船，递禀求为买食，该将正遣弁兵传谕开导间，夷人出其不意，将五船火炮一齐点放。……该将赖恩爵见其来势凶猛，亟挥令各船及炮台弁兵，施放大炮对敌，击翻双桅飞船一只，夷人纷纷落水，各船始退。……迨至戌刻，夷船始遁回尖沙咀”。九龙之战是中英之间的第一战，历时5小时，林则徐以《会奏九龙洋面轰击夷船情形折》上报朝廷。部分史书中主张把1939年9月4日作为第一次鸦片战争开始之日。

4. 英国政府决定发动对华战争

1839年8月初，虎门销烟的消息和义律的报告传到伦敦，伦敦茶丝价格猛增，皇家证券交易所股票暴跌，立即在英国引起了一片发动对华战争喧嚣。

林则徐在广州收缴鸦片后，鸦片商人按每家所缴鸦片的数量，以每箱一元摊派，共集资2万元，交给原在香港的大毒枭查顿作为活动经费。查顿展开了一场巧妙的宣传战。他们在10月26日会见了外交大臣巴麦尊，希望通过战争以达到：封锁中国港口以索取赔款；签订“公平的”贸易协定；开放四个新港口；占领香港等岛屿。

1839年10月1日，英国内阁召开会议，专门讨论中国问题。经长时间讨论，决定派遣一支舰队前来中国海域，发动侵华战争。准备在翌年3月份，即本季商务结束后，开始进攻中国。

5. 穿鼻之战

当时大批英国商船被义律强迫长期停在尖沙咀一带，船中装运的大米、洋布、棉花潮湿霉烂，致使英商对义律怨声载道。有些英商不顾义律的命令，自己向林则徐具结进口，进行贸易。11月3日，“皇家萨克逊号”（船主当啷）正准备入口，时有英国军舰两艘驶来，硬将已具结之当啷货船，追令折回，不得进口。关天培深感诧异，正在查问间，英舰首先开炮，进行攻击，关天培即令弁兵开炮还击。关天培亲身挺立桅前，执刀督阵，厉声喝称后退者立斩，复取银锭置于案上，宣布有击中英船一炮者，立即赏银两锭。接仗约有一时之久，英舰上帆斜旗落，且战且逃。清军本欲追蹑，无奈有三船渐见进水，势难远驶。此战，英舰先退出战场，清军伤亡较大，双方各报胜仗。

6. 官涌之战

11月3日，从穿鼻之战中逃窜的“窝拉尼号”和“海阿新号”两舰去澳门，把在澳门的英人一起运回尖沙咀，并在该处修整船舶，准备继续参战。碰巧，“夷船脊背之上”有山梁一座，名曰官涌，山上有清兵。英军见山上有动静，派人上坡窥探，被清兵打伤二人，夺枪一杆，余众逃走。11 月 4 日，英军在海面向官涌营盘开炮，官兵放炮还击，打退英舰。11 月 8 日，英舰之大船在正面开炮，小船抄赴侧面，有百余人抢上山冈，被清兵迎击，砍死打伤数十名。11 月 9 日，英舰又至官涌稍东之胡椒角开炮，清军以大炮回击，英舰中弹而退。林则徐添调官兵 200 名、大炮 6 门以加强前线兵力。11 月 11 日，清军在营盘商定，清军火炮按山梁地形分为五路，前后策应。起更时双方开始炮击，起初英舰予以回击，“迨一二时后，竟无回击之暇，各船灯火，一时灭息，弃椗潜逃”。11 月 13 日，英舰两船在前，后船十几只相随行驶，渐近官涌，清军约计炮力可到，即齐放大炮，注定头船攻击。有两发炮弹击中英舰，击倒数人，英舰仓皇遁去。此后，英军及其船只，只得离开尖沙咀，不得不在外洋“四散寄泊”。

7. 中英断绝贸易

12 月 13 日，清廷以英商既受其商务监督阻止，拒不具结，又不肯交出凶犯，更以军舰及武装商船不时向尖沙咀开炮轰击，企图继续走私鸦片，侵犯中国主权，乃下诏宣布停止中英贸易。诏书提出：“所有该国船只，尽行驱逐出口，不必取具甘结”。对于林则徐提出的区别对待正常贸易的英商，道光帝的态度是：

“恭顺抗拒，情虽不同，究系是一国之人，办理两歧，未免自相矛盾”。

林则徐不能违抗朝廷旨意，于1840年1月5日，正式宣告断绝通商。道光帝这道停止贸易的命令，正中义律下怀。他在向英国政府的报告中，把这场战争的起因，由“禁绝鸦片”而改为“禁绝通商”，因而，“鸦片战争”在英国被称为“通商战争”。此时，离中英战争仅咫尺之遥了。林则徐原想禁绝鸦片，鼓励合法通商。如果不是道光帝的愚昧、狂妄，停止了中英贸易，英政府对华军费案未必能在国会通过，因为正当工商业者的利益与鸦片贸易并不一致，以致我国著名历史学家范文澜先生认为：但就鸦片战争本身来说，确实是道光帝促成的。

8. 英国派遣远征军

自任商务总监以来，义律多次请求政府训令，以求增加权威。而英政府始终没有明确表态。1838年6月15日，巴麦尊致函义律，明确表示鸦片商人“可能遭受的任何损失，必须由那些因他们自己的行动造成该损失的人士承担”。1838年12月8日，义律仍对英商发布警告：“从事非法鸦片贸易的英国臣民，如果中国政府认为适于捕获并没收那些船只，女王陛下政府绝不进行干涉”。自1839年后，英国政府的政策逐步改变。1839年11月4日，巴麦尊训令义律，英政府决定将派遣一支远征军前往中国，用炮舰政策迫使清政府屈服。1840年2月2日，英政府任命好望角海军司令海军少将乔治·懿律和驻香港商务监督查理・义律为正、副代表，并由懿律任远征军统帅。同一天，巴麦尊向中国政府发出最后通牒，即《巴麦尊子爵致中国皇帝钦命宰相书》，此信由军舰带到中国。

4 月 7 日至 9 日，英国议会下院讨论对华用兵之军费，议场中争辩激烈，多有责难政府不重视道义，协助奸商作不正当之走私贩毒，自损国际尊严者。但最终的投票结果是 271：262，以 9 票的微弱多数获得通过，决定对中国发动鸦片战争。

1840 年初，远征军基本组成：海军舰队以驻印度海军司令伯麦为司令，海军兵力约 3000 人，由 16 艘军舰、4 艘武装轮船、20 余艘运输船组成。侵华陆军共 4000 名，由布尔利上校统率。随着战争的扩大，英军不断增派来华兵力，最高时战舰达 25 艘，其他船只 60 余艘，总兵力 2 万余人。

9. 清政府的海防战备

清政府对于中英战争缺乏准备，对收缴鸦片后是否可能爆发战争等问题，从未进行过廷议，也未提出过相应的政治军事对策，仅靠道光帝和军机大臣们看奏报、发谕令。全国没人了解英国的政治、经济、军事情况，不了解英军的目的、兵力、装备及其战略战术。道光帝既昏庸无能又狂妄自大，清朝当时已与各国通商近 200 年，但道光帝对欧美资本主义的发展及其政治经济制度竟茫然无知。在这种骄妄无知、盲目轻敌思想的支配下，清廷逐渐形成了如下的战略性方针：先威后德；大张挞伐，聚而歼之；沿海一体，严密防范。实际执行中，就是分兵把守。东南沿海是清朝海防的重点之一，其中广东驻军 7 万、福建 6 万、浙江 4 万、江苏 5 万，但武器装备不足以对抗英军，指挥能力与近代战争的经验更不能与英军相比。中国军队在数量上占有绝对优势，但清军对抗击英军入侵准备不足，更缺乏一种明确的、适应近代战争的战略指导。因此，鸦片战争中清军始终处于消极应付、被动挨打的地位。

1834 年 9 月，两艘英舰闯入虎门并进抵黄埔的严重事件发生后，清廷任命关天培为广东水师提督。关到任后，查看要塞，整顿水师，加筑炮台，使广东防务尤其是虎门防务得到了加强。以炮台言之，沙角山、大角山于 1801 年、1802 年分别筑有炮台。关天培发现两炮台间不能形成交叉火力，无法封锁海面，将其改成信号台，担负瞭望警报任务。上横岛早在 1717 年即修筑了炮台，其东岸之南山修筑了威远炮台，1815 年又在威远炮台北侧修筑了镇远炮台。关天培到任后，于威远炮台和镇远炮台之间添筑了靖远炮台，于上横岛西端添筑了永安炮台，西岸南沙山添筑了巩固炮台。到鸦片战争时，横档地区共有 6 座炮台安置新旧大炮 212 门。此外，还在横档岛和南山之间建造了两条铁链，以防敌舰闯入。其他沿海省份的战备则无法与广东相比。

清朝官吏中了解“夷务”者甚少，即使林则徐对敌情的了解也很有限，有时做出的判断不够正确。他认为英方有可能扩大武装走私的规模，而对大规模的中英战争认识不足。1840 年 6 月，已有英舰陆续到达广东海面，林仍向道光帝奏称：“英夷近日来船，所配兵械较多，实乃载运鸦片。……奸夷遂借以扬言恫吓，冀可准其贸易之术。”现在各船“只在外洋游弋，此东彼西，总无定处。……此外别无动静，诚如圣谕，（该夷）实无能为”。但在实践中，林还是做了比较充分的战备。自九龙之战起，林则徐即下令自虎门至横档山江面上，准备铁锁木筏，随时可以封锁江面，并增购西洋大炮，合旧有各炮，共300余门，列置粤江之两岸。又准备战船66艘、大舟20艘、小舟百余艘，特募渔民疍户之壮丁5000人，组成突击队，以备水中防守之需。由于林则徐、关天培等人的严密防守，直到1840年秋，英国侵略者在广东始终未占到便宜。因此，英国远征军到达广东海面后，未在广东开战，而是直接北上。

三、战争第一阶段

1. 英国远征军抵华

1840年6月21日，英国远征军由舰队司令伯麦率领，率舰30艘，载陆军4000人，陆续到达广东海面，与先期到达的舰船会合。6月25日，英军颁发封锁广州河道和港口的公告。6月28日，英军4艘军舰和1艘武装轮船开始封锁珠江口，宣布所有内地船只不准出入广东省城门口。中英两国遂之进入争战状态，鸦片战争正式爆发。

6月28日，英军总司令懿律率3艘军舰由英国本土赶到广东，他还带有英国外交大臣致中国宰相之宣战书三份。因林则徐岸上防守严密，将原拟投在广州的宣战书，改到厦门投递。据此，英军除继续封锁珠江口外，大军立即北上。6 月 30 日，懿律和义律率军舰 12 艘、武装轮船 3 艘、运输船 28 艘，离开广东海面，开始了第一次北犯。而此时，清政府对于强敌入侵竟毫无准备。林则徐曾致书沿海各省官员，但“江浙大吏，以事出过虑，未尽信也”。

2. 厦门投书

厦门是福建重要门户，厦门及附近各岛驻有清军水师 850 名、陆军 800 名，另有水勇 300 余名，在新筑炮敦及旧炮台内共安装火炮 280 余门。1840 年 7 月 2 日，英舰队驶至厦门海面，懿律为递送英国对中国的宣战书，派舰长包诅率“布朗底号”军舰驶入厦门港，投递其外相巴麦尊致中国宰相书。包诅派少尉翻译官陶姆乘小舟悬白旗登岸投递照会副本，中国水兵不知悬白旗之意，呼噪以拒之。次日，陶姆与 30 名水兵改乘较大船只，上悬大字中文通告投文之意，水勇及兵民数百人群集岸边，扬刀待之，陶姆仍不能投书。英船遭守军射击，英船亦炮火不断，其势甚猛，清兵被炮击毙 9 名，受伤 14 名。厦门炮台和民房数处受损，然后陶姆登岸，系书滩头而回。英军留下 1 艘军舰、1 艘运输舰封锁厦门港，其余军舰即北上追赶主力。

英军来犯时，福建水师主力不在厦门，而事后水师提督等赶到，竟谎报战绩，称打死英军多名，击退英军。英军派军舰在厦门投书之时，其主力已北上直隶白河口投书。因得知舟山群岛无甚防备，可为其舰队之基地，乃谋夺舟山群岛。英舰于1840年7月3日驶抵舟山海域后，立即对有关港口、海域进行测量和侦察。

3. 定海之战

舟山群岛共有岛屿200多处，其中最大的岛屿是南部的定海。定海县城东、西、北三面环山，只有南面濒临大海。舟山岛与镇海县隔海相望，扼海上通道，战略地位十分重要。清军在定海设有水师镇，有水陆兵勇2800余人。城东南设有炮台1座，安设火炮8门，配兵50名防守。

1840年7月4日，伯麦率英舰队闯入定海水域，清军水师竟毫无准备，以为是商船未予拦击。后见大小轮船20余艘，“轮烟蔽天”，且英舰测量水势，才由县令姚怀祥和游击罗建功登英舰，英方拿出汉字照会，文内称：“启定海县主，速将所属海岛堡台一切投献，唯候半个时辰，即开炮轰击。”姚怀祥回县与总兵张朝发共商对策，两人意见不合，只好水陆分守，张率水师齐集港口防堵，姚率千余兵守城。7月5日下午2时，伯麦见清军无献城投降的迹象，便开始进攻。清军总兵张朝发率水师抵抗。由于清军舰小炮少，射程又近，交战不久，清军损失惨重，向镇海方向败退。英军在舰炮掩护下顺利登陆，攻占了定海城东南的关山炮台，并在山上架起4门大炮，连夜炮击定海县城。7月6日，英军攻占县城。定海之战不足1小时，清军即彻底溃败，是当时清朝政治腐败、军事无能的明证。比武器装备差距更严重的是：战争之前，毫无准备；兵临城下，竟无知觉；有利地形，不知利用；战事发生，军政首脑意见分歧，致使此战一败涂地，一触即溃。

英军攻陷定海，以定海为基地，并立即任命陆军司令布尔利管理定海军务，传教士郭士立为伪知县治理定海民政，设立殖民统治机构，准备长期占领。同时派出军舰、轮船各 1 艘，封锁甬江口；另以舰船 5 艘，窥钱塘，袭乍浦，前往长江口进行测量侦察。其余舰船进行北犯渤海湾的准备工作。

清廷升平日久，人不知兵，诸文武大臣惧祸怕事，定海失陷、英军北上的消息引起清廷极大震动，清政府根本无法应付这种猝然而来的事变。在满朝惊慌的气氛中，弛禁派又抬头了，他们不悦林则徐所为，纷纷指责林则徐处置不当，酿成今日被动局面。道光帝的禁烟决心产生动摇，8 月 6 日任命一贯反对禁烟的两江总督伊里布为钦差大臣，驶赴浙江查办和主持军务，并秘密搜罗林则徐的罪状。

4. 大沽口交涉

1840 年 7 月 28 日，英军由定海启程北上，8 月 9 日泊大沽口外。道光帝开始时对英态度还是比较强硬的，但当他于 8 月 9 日接到琦善的复奏，得知天津炮位陈旧、兵力不足时，立即转变态度，改谕琦善：如英人投递文书，“即将原禀进呈”。8 月 14 日，义律至大沽口炮台下投递文书副本。8 月 17 日，琦善派千总白章含至大沽口，登英舰，会见英军统帅懿律。懿律交给白章含一函，即《巴麦尊子爵致中国皇帝钦命宰相书》（简称《巴麦尊照会》）之正本，另附汉译文。《巴麦尊照会》首先说明英国出兵原因，然后责备林则徐“虐待”英侨，最后为勒索恐吓之词。

道光帝阅《巴麦尊照会》后，对外慑于英军的威胁，对内偏信琦善的谗言，迁怒于林则徐，恨他禁烟起衅，惹起兵祸。他以为若查办林则徐、邓廷桢二人，即可使英人就范，从此息兵。

1840 年 8 月 27 日，英方接受琦善到岸上进行会谈的建议。8 月 30 日，琦善与英方代表义律在海滩帐篷中举行会谈。据英方的资料：“琦善的主要论点是，就是我们莫若提出一部分的要求，否则我们可能丧失全部。……他即未经授权来签订明确的条约，他还需要 12 天来与朝廷联络。我方答应这个期限。”琦善据道光帝谕旨，对英方各款予以婉拒，同时要求英军“应即返棹南还”。9 月 13 日，琦善照会英方，他已被任命为赴粤钦差大臣，即日南下，并再次要求英舰南下，到广州继续谈判。

9 月 15 日，懿律复函琦善，同意将谈判地点改为广州，并于即日启碇南返。英军南返的主要原因是西北季风的到来，以及英军中流行疾病等，使懿律认为在春季到来之前，不宜采取任何军事行动。道光帝从此对琦善更加信任，并将林则徐、邓廷桢革职处分，谕令各督抚酌量裁撤防兵，以节饷糈。在大战前夕，道光帝的愚蠢行为，无异于开门揖盗。

5. 伊里布“休战协议”

英军于 9 月 28 日驶抵定海。10 月 2 日义律与翻译马礼逊到镇海，在东岳庙与两江总督伊里布、浙江提督祝廷彪、福建提督余步云等会见，就交还定海和释放英俘问题进行谈判。英方坚持释放英俘后，再从缓商讨交还定海，伊布里等坚持以归还定海作为释俘条件。伊里布见不能以人易地，复转而谋求英舰早日离浙南驶，以维持浙江方面相安无事。英方见伊布里将释俘与归还定海两事扯在一起，正中下怀。

1840 年 11 月 6 日，双方达成《浙江停战协定》，其主要内容为：中央双方停止军事行动：浙江官府不禁止人民向定海英军提供物资；英军不得逾越舟山及附近岛屿；英方撤退定海守军之半，浙江释俘一半。根据《浙江停战协定》精神，英军可以抽调大量兵力前去广东，以便进行武力讹诈，定海仍在英军手中，英方达到了战略目的。1840 年 11 月 20 日，英军抵达澳门。不久，懿律因病回国，由义律接任全权代表，远征军司令由伯麦接任。

关于浙江休战，伊里布与懿律、义律进行了多次会谈和照会，但它并不是一项双方签字画押的条约文件，而是由伊里布和懿律间多次照会等文件组成。其中最重要的是伊里布的《晓瑜定海市民通告》和懿律的《停战通告》。

目前史学界对这个协议有不同看法，分歧主要有两点：伊里布是否是私订协议，即是否及时、全面地向道光帝汇报；协议的签订是否是对敌投降。

6. 广州议和

1840 年 12 月 7 日，中英开始进行谈判。英方在虎门口集结了 20 余艘军舰，对中方进行武力威胁；而琦善对禁烟一贯消极，以为此次议和必成，到达广州后，在军事上实行撤防，将舵工、水勇全部遣散，尽废一切守备，将水师船只撤裁三分之二，又拆除江底暗桩等障碍物。琦善撤裁壮丁数千，于是水勇失业，英人抚而用之，变为汉奸，成为清军对手。

谈判中，义律向琦善提出 14 条要求，琦善接到英方照会，既不敢同意，又不敢报告朝廷，只能与英方讨价还价，拖延时日。英方开始要求赔款白银 2000 万元，后降至 1200 万元，琦善答应赔偿烟价 500 万元。12 月 12 日，义律同意赔烟价降至 700 万元。12 月 15 日，琦善提出赔款 600 万元。12 月 17 日，义律照会琦善："酌赔洋银 600 万元之数，亦尚可允照行，然必说定即时先还洋银 100 万元，其余分作五年陆续缴清。"双方还就"以广州、厦门、福州、宁波、上海五处开港"，达成协议。义律在 12 月 29 日照会中要求中国给予英国外洋寄居一处，英人可以竖旗自治，并宣称所提条件决不让步。琦善对于英方的领土要求不敢答应。1841 年 1 月 2 日，琦善照会义律，驳斥其领土要求。1 月 5 日，义律和伯麦分别向琦善发出最后通牒，声言自即日起，与中国刀兵相见，一切问题战后再谈。

谈判之际，英军一直在备战，增派援军来华。英军知广东实质无军备，乃以先战后谈方式，乘隙再度用兵，以巩固其谈判中的地位。1840 年 12 月，英舰 20 余艘驶抵虎门外，进行武力威胁。琦善见事出紧急，不得不把义律要求割让香港等事上报朝廷。道光帝得知英方的领土要求后，才下令进行战备，令琦善及沿海督抚严密防范；令四川备兵 2000 人，湖南、贵州各备兵 1000 人，听候调遣；令伊里布准备收复定海。1841 年 1 月 5 日，英军悍然进攻虎门。

四、战争第二阶段

1. 虎门口之战（又称第二次穿鼻之战）

虎门口有沙角炮台，又称穿鼻炮台，置炮 42 门，有坚固的工事。另有大角炮台，置旧式铁炮 17 门。琦善到任后，撤裁兵丁，守军减少，两台均仅驻兵数十名。虎门形势紧张后，才由陆军三江协副将陈连升率兵 600 余名，临时加强了防御。

1841 年 1 月 7 日上午 8 时，1461 名英军及临时招募的汉奸几百人，共约 2000 人，约为防守兵力的 3 倍，分左、右两路，同时向沙角、大角炮台进攻。右支队 1400 余人为主攻，进攻沙角炮台，有 3 艘军舰、4 艘运输船。当 3 艘军舰驶抵预定水域后，立即对沙角炮台进行炮击，与此同时登陆部队在穿鼻湾海岸登陆，以收买的汉奸为向导，爬上后山，抄袭炮台侧后。2 小时后英军抵达山顶，先在制高点安好野战炮，俯击沙角炮台，同时英军俯冲。清军进行了顽强的抵抗，战斗从 8 时到下午 4 时，终因敌众我寡，火药用竭，没有后援，无力退敌。老将陈连升年过七旬，奋力拼搏，以身殉职。

英军左支队由4艘军舰组成，进攻大角炮台，英舰锚泊在距炮台很近的地方，用舷侧炮压制炮台火力，同时派部分兵力由南、北两侧登陆包抄，与英舰前后夹击炮台。清军突围撤退，大角炮台随即陷落。

虎门口之战，两炮台于半日内相继失陷。战争中清军顽强抵抗，伤亡惨重，计阵亡官兵288名，受伤官兵443名，英军受伤几十人，无死亡。

2.《穿鼻条约》与英军霸占香港

虎门口之战后琦善与英方再次谈判，英方提出进一步条件。1841年1月11日，琦善照会义律，表示愿意“代为奏恳”在尖沙咀或香港地方择一处供英人寄居。1月13日，琦善上奏，汇报虎门口之战情形，极力渲染英军强大，请求道光帝允准“给地寄居”。1月14日，义律照会琦善，提出“割让”香港，同时表示将归还定海。琦善见义律同意从定海撤军，喜出望外，1月15日照会义律：“尖沙咀和香港系两处地方，本大学士经再三考虑如何筹划安排后，认为贵全权大臣所要求的领土虽然只是很小的地方，但实际上很难用这种方式将贵大臣的要求奏报皇帝。鉴于贵大臣心地明白，又通晓事理，本大学士认为，贵大臣必能体谅内心的这个为难之处。”这段妙文反映出清朝大吏处理涉外事件的本领。琦善主张暗割香港，就是允许英国自由占领，自己当作毫无闻知，日后被人揭发，不过得失察处分，清政府也必然承认既成事实。可是义律一定要清政府公开割让，这使琦善陷入窘境，不得不正式奏请。1月16日，义律照会琦善："一面以香港一岛接受，为英国寄居贸易之所，一面以定海及此间沙角、大角等处统行交还贵国也"。琦善表示同意，并立即向道光帝上奏。

1月20日，义律迫不及待地于澳门发布公告：《给英国女王陛下臣民的通知》，诡称"和中国钦差大臣已经达成初步协定"，"香港本岛及其港口割让与英王"。1月26日，英军抢占了香港。1月27日，琦善与义律会于番禺县莲花山，义律出示他拟定的《穿鼻条约》，共7款。2月1口，义律发布占领香港公告。义律还逼迫琦善签约。琦善接受《穿鼻条约》的基本内容，但对割让香港一项提出异议，并说明此事必须先得到道光帝批准。琦善虽未与义律签订《穿鼻条约》，但他对英妥协，遵照义律要求，从尖沙咀撤出清军，默认了英军占领香港的事实。他本人也由此沦为鸦片战争中丧权辱国的第一人。

关于义律和琦善会谈的《穿鼻条约》中对香港问题的措辞，是"寄居"还是"割让"，琦善是全面接受英方条款，还是对有关香港条款提出异议，中英双方的史料有一定出入。但以下事实是确定的：《穿鼻条约》并未签订，没有签字画押，仅为双方谈判的条约草案。这个条约草案报请审批时，两国政府都不愿接受。

1841年1月20日，英军宣布占领香港。1月23日，英军下令自舟山撤退。1月26日，英军占领香港全岛。2月10日，撤军命令到达舟山。2 月 24 日，伊里布命张喜（家人、谋士）将英俘送交英方。下午 2 时，英军撤出定海。

3. 清廷对英宣战

就在琦善与义律和谈之际，清廷对英态度发生变化，道光帝逐渐明白，对英一味妥协，未必能化解双方之争端。1841 年 1 月 6 日，道光帝连颁谕旨，命琦善停止对英交涉，整饬兵威，要他同林则徐等妥办剿英事宜，表示“朕意已决，断无游移”。1 月 27 日，道光帝发布诏书，决定对英宣战。这道《英人贪求无厌已在广东开战　着伊里布琦善分别进歼敌事上谕》就是所谓的“宣战诏书”。虽然下了宣战诏书，道光帝并未决心战斗，其主要目的是对英示以声威，以便谈判中取消割地与赔款条款。

1 月 30 日，道光帝命御前大臣奕山为靖逆将军，户部尚书隆文和湖南提督杨芳为参赞大臣，前往广东主持军务，并命林则徐、邓廷桢协助办理。又调两江总督裕谦为钦差大臣赴浙江，增防沿海。除催促原调湖南、四川、贵州、江西各省所派之兵 6000 名迅速赴粤外，又增调四川兵 1000 名，湖北和贵州兵各 1500 名，云南和湖南兵各 500 名，兼程开赴广东。

4. 虎门之战

当时义律没想到英国内阁会拒绝《穿鼻条约》，而与伯麦计划进攻虎门，想以武力逼迫中国接受《穿鼻条约》。

1841 年 2 月，义律获悉清廷向广东调兵遣将和对英宣战的消息后，立即命令英军备战，准备进攻虎门和广州，先发制人。2 月 24 日，义律宣布中英谈判破裂。同一天伯麦向关天培发出最后通牒，要求清军投降，遭关天培严词拒绝。2 月 25 日，英军完成了进攻虎门的临战准备，并派出炮兵分队登陆下横档岛，安设炮位。2 月 26 日，占据下横档岛的英国炮兵，猛烈炮击上横档岛，压制横档、永安两炮台的火力。同时派军舰阻断清军增援上横档岛的水道，对上横档岛形成半月形包围。清军奋勇抗击，一个小时后，英军在永安炮台附近登陆。经激战，清军阵亡 300 余人，1000 余人被俘，仅少数突围，上横档岛遂被英军占领。半小时后，亚娘鞋岛也沦陷。下午 4 时，西边的巩固炮台陷落。

早在 1 月 27 日，道光帝听信谗言，颁旨："关天培身任提督，统辖水师……着先行革去顶戴，仍令戴罪立功。"当英军猛攻时，关天培督率威远、靖远、镇远三炮台守军坚持抗击一个半小时，遍体鳞伤之时，仍不愿撤出阵地，直至以身殉国。关天培是第一次鸦片战争中清军牺牲的又一位高级将领。

2 月 27 日，英军攻破横档地区的留作炮台后，再进攻距广州仅 60 里的乌涌。该处由署理湖南提督祥福率湖南兵 900 名驻守，他们于 2 月 22 日才赶到广州，另有广东兵 700 名驻守。英舰驶至，即向炮台开炮，清军开炮还击。英军乘舢板登陆，直扑炮台。清军奋勇抗击，毙伤英军多人，英军乘势猛攻，占领乌涌炮台。2 月 28 日，英军决定向广州挺进，一面积极增援，一面继续肃清内河障碍物。3月1日，伯麦率援兵赶到。3月3日，英军未遇抵抗，又攻占琶洲炮台，虎门失陷。上年林则徐所购西洋炮380门，全被英军缴获。

林则徐在任时，广东的防务是坚固的，人心齐，士气旺，曾打退敌人多次挑衅，取得一些小胜。琦善到广东后，撤减兵勇，拆撤防务，任敌刺探军情，使虎门保卫战归于失败。当然清军武器装备落后也是作战失败的原因之一。

5. 杨芳议和

虎门之战后，义律考虑到中英贸易的重要性，决心以武力迫使广东当局与英方贸易。此时英军已兵临广州城下，于是知府余保纯于3月3日登英舰，与义律议和。义律提出了比《穿鼻条约》更苛刻的条件，双方议定5日午后由义律和琦善签字画押。

3月5日，杨芳到达广州，随后对广州防务进行部署。3月6日，英军又攻陷二沙尾和腊德炮台，广州已在英舰炮火威胁之下。杨芳既不敢接受英方通商要求，忤逆道光帝；又不敢拒绝恢复通商，致战端重开。左右为难之下他宣布恢复中美贸易。义律获知中美恢复通商的消息后，立即宣布，若不恢复中英贸易，英军将封锁广州，禁止中外通商。3月13日，义律亲率英舰连陷磨刀炮台、飞舒阁炮台、上闸炮台、洪后新炮台等，并将澳门至紫泥间的105门火炮尽数摧毁。3月18日，英舰7艘直入省河，先陷凤凰炮台，再连破永靖、沙面西、海珠三炮台，再破东炮台、红炮台，共夺取大炮 120 余尊。

在英军的武力威胁下，中英再次接洽，3 月 19 日义律向中方提出，只要发告示优待外国人和恢复通商，英军将撤退，并停止军事行动。杨芳与怡良、林则徐讨论后，于 3 月 20 日照会义律，同意上述两个条件。

广州的休战维持了不到两个月。由于休战以及贸易恢复，已经解放了原在封舱中的 2 万吨货物，并使 3000 万磅茶能运到英国，这就使英国财政部可收到关税 300 万镑。

4 月 3 日杨芳上奏：似拟先准贸易，暂作羁縻，以便从容布置，可计出万全。道光帝大加斥责，“是复蹈琦善故辙”，并命奕山到粤后把英军彻底赶出去。

6. 清军广州地区反攻

1841 年 4 月 14 日，奕山抵达广州。义律表面上维持与广州当局开舱贸易的和平局面，同时加紧战备。5 月 11 日，义律到广州与余保纯会谈，而广州之行使义律认定，奕山必定开战。5 月 13 日，他密令英军做好准备，5 月 17 日命令海军出动，19 日英军进入珠江，21 日下令外侨全部离开广州，入夜 11 时，清军发起进攻。

4 月 15 日，奕山主持高级官员会议，并对广州兵力作了部署。当时奕山拥有兵力为 12000 余人，另有招募的水勇二三千人。奕山认为广东军民都“通夷”，因此“患在内而不在外”。大战前夕，他还坚持“防民甚于防寇”。奕山等人的这种想法是鸦片战争期间满汉矛盾的反映。少部分汉族百姓对战争漠不关心，甚至是冷眼旁观，清廷极为恼怒，在各地大力搜捕汉奸，不断激化满汉矛盾，这也是第一次鸦片战争失败的原因之一。

当时广州外围要害尽失，而中国各地调往广州之军队尚未全部集结。道光帝在鸦片战争中和战不定，左右摇摆，宣战之后幻想速胜，不断严催奕山赶快进剿。奕山本人也想一战成名，邀功请赏。奕山计划5月10日以后择月黑潮顺之夜，对广州附近的英军发起一次反攻，企图以夜袭取胜，进而收复各处炮台。由于连日大雨，河水暴涨，清军未能“克期进剿”。而此时英方将义律罢官，任命璞鼎查为新任商务监督。5月20日，奕山获悉义律已下令要进攻广州，不敢坐失机宜，遂决计先发制人。5月21日，清军在没有充分准备的情况下，举火夜袭英军。对当夜的战事，双方的文献记载差别很大。

清军派熟悉水性之湖南、四川兵1700余名，分三路突袭英舰队：“一伏西炮台外为中路；一伏东炮台为左路；一由泥城出，为右路。”战斗主要目标是停泊在商馆外的英舰，清军采用火攻办法，派遣火筏顺流而下，同时派遣水勇伏水中，乘夜驾小舟靠近敌船，用长钩将其钩住，抛掷火箭、火弹，火攻英军舰船，两岸炮台轰炮响应。当夜11时许，清军发起攻击，英军立即发炮还击，由于英舰较高，火炮死角较大，打不到附近的清军小舟上。清军西炮台、东炮台也向英舰射击，给英军造成一定杀伤。次日黎明，英军援兵到达，形势逆转，英舰直逼炮台。至23日，乘势攻克西炮台，再绕道城西直插城北的越秀山，夺取山上炮台，控制全城制高点。

5 月 23 日下午，海军司令辛好士、陆军司令卧乌古率前锋舰队到达。英军商讨后，决定第二天开始进攻。5 月 24 日中午，英军分左、右两路进攻广州。

7. 广州之战与《广州和约》

攻城英军共 2753 人，以第 26 团 361 人为右纵队，由伯拉特少校指挥。其任务是进攻商馆区，同时牵制清军，从侧翼配合左翼登陆部队。24 日下午 3 时，右纵队开始在商馆区登陆，未遇任何阻击就占领了商馆区。左纵队 2393 人，由第 49 团、第 18 团、水兵、炮兵等组成，由卧乌古指挥。左纵队在广州城西北的泥城、缯步一带登陆，担任主攻。24 日下午 4 时，英军溯江而上，下午 6 时到达登陆地点。当晚，步兵大队和炮兵大队先后登岸，25 日凌晨，英军全部上岸，经由西村、流花桥直扑北门外各炮台。城北的越秀山一带筑有 6 座炮台，自西向东分别为拱极、保极、耆定、永康（“四方炮台”）和东西得胜炮台，由 4100 名贵州、湖北兵防守。上午 8 时，英军炮兵开始轰击最西端的拱极、保极炮台，9 时半步兵开始攻击。开始阶段，英军受到清军顽强抵抗，尤其是城西北的清军和城内驻军的炮火给英军造成很大的打击。一小时以后，城北高地的野外防御工事都被英军占领，驻城北各炮台的清军纷纷退入城内。英军占领四方炮台后，即从南、西、北三面包围了广州，并居高临下，能俯瞰广州全城。因当时英军人数太少，武器弹药不足，故未立即攻城。英军用架在山上的炮火，击毁城内两个大火药库，又击中将军行辕。25 日，奕山召集高官会议，决定投降求和。

5 月 26 日，奕山在城墙最显著位置悬白旗，27 日派知府余保纯与英军议和。余与英方商定了《广州和约》：（1）清军务必于 6 日内撤至城外 60 里以外；（2）于一星期内付款 600 万元，当天付清 100 万元；（3）逾期增加付款；（4）一星期内赔偿毁坏商馆及西班牙船只的损失；（5）广州知府须有全权代表的授权证书，证书上须有三位钦差、总督等的官印。奕山接受全部条件，从藩库中预支银两，连夜送交英方。

6 月 1 日，英军在取得赔款后，撤离广州地区；6 月 5 日，奕山等率清军赴广州西北 60 里之金山驻扎；6 月 7 日，在清方缴清赎城费后，英军交还各炮台，全部撤至珠江口外；当天，义律宣布香港为“自由港”。

奕山等在奏折中编造谎言，诡称英军乞和。道光帝明知打了败仗，只好接受条约，以求尽早退兵。他自欺欺人地下谕：“该夷性等犬羊，不值与之计较”，“朕谅汝等不得已之苦衷，准令通商”。《广州和约》对烟价及香港问题，只字未提，足见此约仅为一临时性质之协议。7 月 29 日，《广州和约》刚签订，道光帝以为万事大吉，批准赴广东之援军“凯旋”，并谕令沿海各省酌量裁撤兵勇。道光帝此举不啻自毁长城，客观上为英军的增兵北上提供了有利条件。

8. 三元里人民群众抗英

三元里抗英是人民自发的战斗，没有正式的组织，甚至没有正式的名称。过去有人用“平英团”的称呼，缺乏文献依据。5 月 28 日，英军到三元里骚扰，英兵调戏菜农韦绍光妻子，韦手刃英军数人。韦绍光等村民请求恩洲社学援助抗英。5 月 29 日，北郊各社学、各乡的义勇头人齐集南海、番禺交界之牛栏岗，歃血为盟，制订了歼敌计划。会议确定以三元古庙供奉北帝神的三星旗为号，旗进人进，旗退人退，吹螺壳、打鼓进兵，打锣收兵。战斗的对象是占据北门外四方炮台的英军，战斗地点是牛栏岗。

5 月 30 日清早，各乡义勇万余人（有说数千人，有说数万人）集合于英军营地附近，不久义军先头部队就出现在英军前面。然后，大队义军跑下平原，鸣锣打鼓，摇旗呐喊。约下午 2 时，卧乌古布置英军行动，参战部队近千人，分左、右两翼扑向稻田里的义军。义军诱敌深入，敌人前进一步，义军就后退一步。当英军停止进攻时，则吹号击鼓，向敌人进逼。英军复进，义军复退，最后将英军引入牛栏岗。这时英军发觉义军可能进行伏击，开始向回折。但当时雷电交加，大雨倾盆，许多火药枪都被淋湿了，英军穿皮鞋，泥泞中寸步难行，义军抓住战机，紧追不舍，英军不得不下令撤退。但也正是雷电交加，大雨倾盆，给了英军逃脱的机会。至晚上 9 点牛栏岗战斗结束。对于英军伤亡人数，不同的记述出入很大。“水勇杀夷兵 12 名，乡民杀得夷兵 200 余名。”英方记载：“英军共 15 名阵亡，120 名受伤。”

郭富向印度总督报告："英军死 5 人，伤 23 人。"

义军乘胜追击，当夜包围了四方炮台，英军急于台上高插白旗，义军头领命乡勇"终夜严守，将待天明，而后捉生"。31 日，各地义勇来者益众，竟至数万人。义律急忙从商馆赶到四方炮台，派奸细混出重围，找到余保纯。余保纯马上赶到四方炮台，向英方表示，农民群众的"敌对行为，中国当局是完全不知道的"。然后，走向三元里绅民揖劝，代夷乞免，几小时后，先是"绅士潜避"，群众队伍亦逐渐退散，三元里战斗就此结束。

五、战争第三阶段

1. 英军换帅增兵

1941 年 4 月，英政府收到义律关于签订所谓《穿鼻条约》的报告，认为义律勒索太少，"同意了极其不够的条件"。经议会辩论，决定不承认《穿鼻条约》并召回义律，任命璞鼎查任商务总监督和香港第一任总督，海军部大臣巴加为东方远征军司令。璞鼎查离英时，巴麦尊要求他抵达中国后尽快重新占领舟山，并占领内陆交通线的一个据点，以切断运河漕运和长江航道，从而切断京城的粮食供应，迫使清政府求和。

8 月 10 日，璞鼎查抵澳门，21 日率军舰 10 艘、汽船 4 艘、测量船 1 艘、运输船 21 艘，载兵 2500 余人驶离香港北上；留 1300 人驻守香港。

2. 厦门之战

厦门是福建的重要海上门户，全省咽喉所在。当时颜伯涛接替邓廷桢任闽浙总督，到任后大力整顿军务，增加了炮位和兵力，还制定了水师与岸炮协同配合，夹击敌舰，歼敌于近海的作战方案。但此次实战中，福建水师正出巡外洋，未参加厦门之战。

8 月 26 日，英军先对鼓浪屿和厦门进行火力侦察，发现清军弱点后，英军采取各个击破办法，集中几艘军舰二三百门大炮，对一个炮台猛轰，一台破，再攻一台。鼓浪屿于下午 3 时陷落。下午 4 时左右，英军由南普渡登陆，此后英军延伸火力，轰击厦门城，官署街市尽毁，守城清军向虎山退却，傍晚厦门被英军占领。

8 月 27 日，英军入城，在厦门大肆抢劫后，于 9 月 5 日撤出厦门，留 500 人驻守鼓浪屿，其余舰船北上。英军退后，颜伯涛带兵至厦门，以收复厦门奏闻。此时道光帝还在下谕，要各省“酌量裁撤”兵员，接到厦门失守的奏报后，才感到战争没有结束，下令各省“悉心筹划，以固疆圉”。

3. 第二次定海之战

早在 1841 年 2 月，清廷即以裕谦接替伊里布为钦差大臣，办理浙江军务。裕谦一贯主战，到任后加强了防务，于东岳山顶增设关山炮台，有大炮 90 门，又在青垒山、晓峰岭等处设炮位。战前定海县城得到修复，总兵王锡朋、郑国鸿、葛云飞以 5000

兵驻定海，另募水勇1200名。裕谦令浙江各地于炮台四周挖壕，以备守兵防御之用，并增设铁蒺藜、木栅等障碍物，甚至建议起用林则徐参与浙江战事。

9月23日，璞鼎查、巴加、卧乌古等率英舰7艘，载2100余名官兵，到达舟山海面。9月25日，陆军司令郭富到达。9月26日，有火轮船3只、三桅船1只驶进竹山门，被葛云飞等率兵击退。9月28日，英舰炮击晓峰岭，发炮三四百发，并派兵登陆，被王锡朋率兵击退。9月30日，英舰连续侵犯东浦港、晓峰岭、竹山等处，皆被清军击退，10月1日拂晓，英舰乘大雾驶入定海城南海域，炮击定海前沿阵地，大小五奎山上的英军也发炮配合。陆路英军分成三路：一向五奎山迎面攻打，一向东面之东浦港，一向西面之晓峰岭。晓峰岭上的清军顽强抵抗，击退敌人数次进攻，伤亡重大，竹山、晓峰岭即为英军占领。守卫东浦港、关山炮台的清军也进行了英勇的抵抗。到10月1日下午2时，定海城已被英军包围，英军在晓峰岭的制高点上架炮，轰击县城。然后，登云梯攻城，定海再次被英军侵占。中英开战以来，定海抵抗最力，鏖战四日，英军伤亡不小，把鼓浪屿的军队也调来增援。

4. 台湾基隆之战

鸦片战争中，台湾最高军事指挥官为总兵达洪阿，总兵力为12000人，壮勇2000余人。在定海之战的同时，1841年9月30日，璞鼎查派3艘兵船骚扰台湾，因遇风浪，只有运输船

"纳尔不达号"载有274人，驶入基隆口外万人堆洋面。"卯刻，该夷船驶近口门，对二沙湾炮台，连发两炮。"清军发炮还击，"立见夷船桅折索断，船即随水退出口外，海涌骤起，冲礁击碎，英人纷纷落水"。该船仅有34人乘救生艇回到广东。清军在各荒岛搜索，前后共计斩杀"白夷5人、红夷5人、黑夷22人，生擒黑夷133人"。

1842年3月11日，英船"阿纳号"载57人，到淡水附近大安港外窥视，找渔民指路，被爱国渔民周梓计诱从大安港北之土地公港入口。结果，"阿纳号"搁浅在暗礁上而中计遭擒。"生擒白夷18人、红夷1人、黑夷30人、广东汉奸5名"。

达洪阿等上奏战情，朝廷以为大扬国威。达洪阿等气益锐，谓俘虏久羁非善策，请速诛之以绝内患。闽督怡良恐酿大祸，即令将所获敌人汉奸，悉数解往内地。达洪阿等不从命令，"将百六十余名黑人尽处死刑"。此事一直拖到《南京条约》签订后。英方强调这些人为非战斗人员，不应正法。道光帝批驳："两军交战之时，明攻暗袭，势所必然，又何能知其为难民不加诛戮耶？……即使实有其事，亦当另有处置。"最后，折中处理，奉旨逮交刑部，会同军机处议拟奏闻。"清廷终鉴其枉，仅予革职不深咎。至咸丰元年特旨昭雪。"

5. 镇海之战

镇海位于甬江入海口西岸，东濒甬江，北临大海。裕谦任钦差大臣即驻节于此。英军进犯前，镇海以招宝、金鸡两山为门户，周围各炮台有大小86门炮，共有防兵5000余人，临时又抽调江宁八旗兵800名、寿春镇标兵1000名，镇海的防卫相当坚固，士气很高。但裕谦与浙江提督余步云“久有宿怨”，埋下镇海之战失败的重要祸根。

10月9日，英舰进泊镇海口外，完成了临战准备。总兵力2400人，分左、中、右三个纵队，左纵队为主力，由1060人组成。10月10日晨开始交战：英军中央纵队440人在金鸡山东北登陆，占领竹山，随即直扑金鸡山。左纵队千余人乘舢板驶入小浃江，绕攻金鸡山侧后。清军腹背受敌，顽强抵抗，多次与英军肉搏，金鸡山终被英军占领。与此同时，英军以200余门舰炮，轰击招宝山，摧毁了招宝山一带的清军炮台和工事。右纵队登陆部队700余人由招宝山外侧登陆，很快就占领了招宝山。上午11时，英军在招宝山顶架炮，轰击县城，掩护英军进攻县城。清军登城抗击，中午前后，兵民自西门退出，城陷。裕谦“自沉泮池死之”。他是第一次鸦片战争中牺牲的职务最高的清政府大吏。浙江提督余步云，贪生怕死，战争中多次提议投降，又临阵脱逃，事后多次上奏，“以裕谦先走为词”。《南京条约》签订后，清政府追究责任，将奕山、奕经、文蔚、余步云交刑部治罪，唯余步云于冬伏法。他是鸦片战争中唯一被执行死刑的高官。

英军占领镇海后，又骚扰、抢劫周边的宁波、慈溪、余姚、奉化等地，实现了以战养战的目标。

6. 清军浙东反击

英军第二次北犯以后，道光帝只好重整旗鼓，被迫应战，并决定再实行一次大反攻。1841 年 10 月，道光帝任命礼部尚书奕经为扬威将军，前往浙江办理军务；任命广东巡抚怡良为钦差大臣，驰赴福建；晋升河南巡抚牛鉴为两江总督。

1841 年 10 月 30 日，奕经启程离京，一路游山玩水，12 月 2 日才到达苏州，1842 年 1 月 21 日才到达嘉兴。当时，浙江各处已有兵丁 4 万余人，另有义勇 9 万余人。奕经和奕山一样，不信任当地群众，把当地人民都当作汉奸，拒绝武装民众抗击英军。3 月 6 日，奕经向清廷上了一道长篇奏折："征调兵丁，招募勇壮，均已到齐，炮火军械尽数应用，提标各兵已饬换防，克期进剿。"并详述了其反攻浙江三城的计划：各地兵丁 11000 余名，招募的义勇、水勇、乡勇亦有 2 万余名，均已先后到齐，人人思奋，同仇敌忾，尽可一鼓战胜。他认为反攻的时机已成熟，清军兵强马壮，计划同时收复宁波、镇海、定海。其具体部署为：水路攻定海，由海州知府王永宾指挥，率甘陕兵 1000 名，义勇、水勇 2000 名，潜赴舟山各岛及定海城内外，预为埋伏，候期举动。陆路攻宁波者，攻宁波西门者共三队，提督段永福指挥，总兵力 1700 人；攻南门者三队，提督余步云指挥，总兵力 1900 人。攻镇海者三队，副将朱贵指挥，总兵力 1500 人；攻招宝山威远炮台者两队，总兵力 900 人。宁镇二城间设两路人员接应，兵力分别为 700 人和 1200 人，在长溪岭设总预备队，兵力 2000 人。奕经的计划相当周密，但英军收买了汉奸陆心兰，混入张庆云幕中，参与军事机密，将清军反攻计划出卖给英军。

3 月 5 日，清军誓师出发。3 月 7 日，英舰驶往岱山，3 月 8 日英军登岸，与在此潜伏的义勇、水勇交战，清兵伤亡 50 余人，被英军击溃。反攻定海，完全失败。奕经仍决心于 3 月 10 日夜发起对宁波、镇海的反攻。

进攻宁波的总兵力有 3600 人，为三路反攻中最主要一路，战斗也最激烈。进攻西门的清兵头队由阿木穰带领，见“城门洞口，佯若无人”，清兵按队而进。入城以后，英军机动炮发，而街巷狭窄，清军不能退避，遂多伤亡。当段永福率兵增援时，英军已将城门紧闭，清兵沿街进攻，英军从沿街楼房向下射击，清军拥挤在街道上，难以展开，可谓完败。攻南门者，头队由黄泰带兵 500 人，进入南门后，遇英军于紫薇街，相持两小时，奈无后援，死亡渐多，只得退出南门。宁波一战，清军伤亡五六百人，英军仅伤数人，死 1 人。

进攻镇海的头队，由都司刘天保率 500 人，抵镇海西门外，见城楼起火，知是内应，即冲门而入 。英军“按队而出，枪炮齐发，我兵唯长矛及双手带刀接战”。清军三次冲锋，均未能攻入城内，时天色已明。刘天保即撤出战斗。指挥官朱贵竟“昏夜不辨路径，误入风浦岙”，没有参加战斗。进攻招宝山威远炮台者由金川土守备哈克里带 300 名屯兵为头队，屯兵登山最矫捷，奋勇抢入威远炮台，眼看英军已经不支，“适一夷船剪江而至，用炮仰攻，哈克里遂不支，退下山麓”。

浙东之战是清政府在第一次鸦片战争中主动进攻英军的最大战役，有全国的支援，征兵 11500 人，义勇、乡勇 22000 人，耗银 164 万余两，筹划一年，仍是完败。奕经等在奏折中除强调英军“船坚炮利”外，捏造英军登陆 17000 人，实际为 2000 人。为推卸战败责任，谎称浙江“到处汉奸充斥，商民十有七八，孰奸孰忠，竟莫能辨”，夸大敌势，污蔑百姓，掩饰自己溃逃的责任。道光帝鉴于两次反击均为完败，又怕人民起来推翻其封建统治，由过去的争取局部胜利以体面讲和的方针改变为妥协投降方针。

此时英方的态度是，训令英军再打一场“决定性的战役”，以达到其战略目标：获得战争赔款；在中国沿海地区开放四五个商业口岸；尽早结束战争。英军经过研究，认为：一、清政府的物资钱财主要来自南方各省，并经由运河输送；二、清政府在北京地区拥有重兵，如进攻北京，必然阻力巨大，不能迅速结束战争；三、清政府对长江防务未予重视；四、只要沿长江攻入江苏，占领镇江等地，控制大运河，扼住主要航道，并占领上海，清政府就无法拒绝英国的各种要求。

英军继续增兵，此次增调来华的英军有军舰 7 艘，陆军约 7 个团，从而使侵华英军拥有“军舰 25 艘载炮 668 门，轮船 14 艘载炮 56 门，医院船、测量船及其他船舰共 9 艘，运输舰未计在内。地面部队，除炮兵外，有步兵万余人”。

7. 乍浦之战

1842 年 5 月，英军首先进攻杭州湾以北、与舟山隔海相望的乍浦。乍浦是海防重镇，浙东之战时增建了炮台，增加了兵力。英军来犯前，乍浦守军有 8000 人，其中 1700 人是长期驻防该处的满洲旗兵。

5 月 18 日，英军对乍浦发起进攻，以大型军舰对乍浦附近进行炮击，步兵以三路纵队登陆，右纵队 900 余人，攻击城外各炮台；中央纵队 300 余人，目标是切断守军与乍浦城之间的联系，协同左纵队夺取乍浦城。清军抗击了 2 小时，阵地失守。接着英军向城外天尊庙进攻。天尊庙由 300 名旗兵守卫，他们给英军沉重的打击，汤林森上校与其他几位士兵在此阵亡。最后，英军用火箭射击这个地方，用火药袋将它毁坏。占领天尊庙后，英军各队会合，占领了乍浦城。

乍浦一役守军英勇抗击，伤亡惨重，副都统长喜以下 17 名军官殉国，兵勇阵亡 629 名。英军在乍浦之战中付出的代价远超在厦门、定海、镇海的战斗，共战死 9 人，其中军官 1 人；伤 55 人，其中军官 6 人。天尊庙一战英军死 7 人，伤 44 人。英军在乍浦休整 10 日，将乍浦城焚掠一空，并进行了野蛮的报复。天尊庙达真和尚及其徒弟王林惨遭英军肢解。

乍浦的陷落使清政府更惊慌失措，投降政策更为坚定。但在清政府没有全面接受英方的投降条款前，英军按计划进兵长江中下游地区。

8. 吴淞保卫战

吴淞位于黄浦江和长江汇合处，是长江第一门户。自鸦片战争以来，江苏的最高军政长官亲自坐镇于此。吴淞镇沿海两岸，筑有土塘，高约两丈，顶宽一丈七八尺，土塘上安有火炮 154 门，统称西炮台。隔海相望，在吴淞口东岸有东炮台，安炮 27 门。其南为蕴藻浜，岸边的新月堰炮台安炮 10 门。三者互为掎角，拱卫长江口。吴淞口由江南提督陈化成率兵 2400 名驻守，宝山县城由两江总督牛鉴率 2800 余名兵勇驻守。宝山知县带乡勇 2000 名接应。

牛鉴作为前敌主将竟认为："该逆夷断不敢冒险入江"，"逆夷不犯内河，竟属确有把握"。他的轻敌、他的无知、他的狂妄使后来长江中下游的防御战一败涂地。

6 月 16 日晨，英军向吴淞发起攻击，英军同时进攻三处炮台。牛鉴见英军轮烟蔽天，惊疑失措。陈化成在西炮台督军拒敌，双方激烈炮战约两个半小时。牛鉴临阵脱逃，先逃回宝山，继而率兵西逃嘉定。与此同时，英军攻占了新月堰炮台，并从吴淞镇向西炮台侧后袭击。西炮台正面也被英军突破，陈化成在敌人前后夹击下，坚持战斗，多次击退英军冲锋，最后大部阵亡。东炮台同时被英军占领，随即宝山县城失陷。

6 月 16 日，从印度来的 2500 名援军到达吴淞口外。6 月 19 日，英军分水、陆两路向上海进犯。当时上海已是一个相当繁华的商业城镇，但清军守备极为有限，上海道与知县二人，早在 16 日吴淞、宝山失守当天夜里，先后自西门潜逃，守军随之离散，英军未遇抵抗即占领了上海。因惧怕中国的反攻，又需要参加后续的战斗，英军在大肆抢掠后，又向上海绅民勒索了 50 万元“赎城费”，于 6 月 23 日退出上海，扬言北上京津，并拒绝了清方停战、谈判的要求。

9. 镇江保卫战

镇江地处长江和运河的交汇处，为当时中国交通的咽喉。当英军扬言北犯时，清政府一面命耆英、牛鉴、伊里布等加紧向英方求和，一面加强天津地区防务，防止英军北犯，而对于长江下游的防务仍未予足够的重视。6 月 22 日，璞鼎查从广东赶到吴淞口。7 月 6 日，璞鼎查、巴加和卧乌古率领 11 艘军舰、9 艘轮船、4 艘运兵船、48 艘运输船载陆军 1 万余人，驶离吴淞口，前往镇江。所有舰船编组成先锋舰队和 5 个纵队，先锋舰队由 7 艘战舰和 5 艘轮船组成，其余每个纵队由 8—13 艘运输船，由 1 艘战舰率领，并接受该战舰舰长指挥。7 月 17 日，英军舰船进入镇江江面，派出一支舰队封锁了大运河入口，从而切断了与北京之间的全部商贸。20 日，英军全部舰船到达镇江江面集中。

守卫镇江的清军首领为副都统海龄，率蒙古兵 1600 名，青州绿营兵 400 名。7 月 13 日江西援兵千余人，7 月 16 日湖北援兵千余人相继赶到，镇江守军共 4000 余人。海龄坚决抗英，最后为国捐躯。但他指挥不当，尤其是他视镇江满城皆汉奸，大开杀戮，草菅人命，引起极大民愤。与关天培、陈化成等殉国将领相反，海龄的名声很不好，这也是第一次鸦片战争时满汉矛盾的写照。

7月21日，英军开始进攻镇江，参与攻城的陆军共6915人，编为3个步兵旅、1个炮兵旅。第一旅2318人，进攻城外阳彭山之清军；第二旅1832人，担任助攻；第三旅2155人，担任主攻，进攻镇江西门。另有海军官兵5100人，英军总兵力远远超过清军。

第一旅直指阳彭山，经数小时激战，清军不支，来自江西、湖北的援军退往新丰镇。第三旅猛攻镇江西门，遭受清军顽强抵抗。英军付出惨重伤亡后，登上城墙，"在这里，满兵作了一次最顽强的抵抗，他们寸土必争"，最后西门守军几乎全部牺牲。此时，第二旅在北固山一带登陆，直扑城下，蜂拥登城。海龄部八旗兵誓死抵抗，激战中，打死英军上校卓弗尔。上午10时许，北门被打开，英军入城后，即向西门包抄。第三旅用三个火药包，将瓮城炸开。在两路英军夹击下，西门被打开，大队英军蜂拥而入。清军与英军展开巷战和肉搏战，400名青州兵尤为英勇。海龄督战到最后时刻，与家人一起自杀殉国，城内士兵全部战死，镇江陷落。此战清军阵亡246名，受伤263名，失踪156名。英军官兵"损失了185人"，相当于虎门、厦门、定海、镇海、吴淞诸战役伤亡的总和。镇江之战是第一次鸦片战争的最后一战，此后双方进入停战协定的谈判阶段。

7月15日，扬州官绅令大盐商颜崇礼等携带两船食品，在码头迎接英军，要求英军不入扬州城。英军提出扬州支付100万元“赎城费”，经双方讨价还价，议定扬州给洋银50万元，英军则不入扬州，直抵南京。

六、中英《南京条约》

1842年7月23日，耆英、伊里布奉道光帝谕，紧急照会璞鼎查，乞求双方谈判。璞鼎查拒绝中方要求，决心占领南京，逼签城下之盟。8月4日，英军先头部队到达南京下关，途中未遇抵抗。8月5日，英军要求南京缴纳300万元“赎城费”，可不进入南京城内。8月8日，伊里布到达江宁，立即派私人顾问张喜，带上伊里布的照会，去英舰与英方翻译马礼逊进行初步会谈。英方的要求是：“赎城费”、烟价、战费共3000万元，开放码头，“其余小事，均好商议，否则即便攻城”。8月11日，耆英也到江宁。8月12日，耆英派塔布芬，伊里布派张喜和陈志刚为代表，赴英舰谈判，英方代表为璞鼎查秘书麻恭少校和翻译马礼逊。因天气炎热，谈判地点移至静海寺。中方代表提出3000万元赔款“开银数过多，恐难照准”。英方同意减去900万元，减为2100万元。8月13日，双方继续会谈，谈判中中方代表几乎无发言权，甚至连条约的汉文本也由马礼逊一手包办。8月14日，双方在静海寺会谈，首先由英方代表出示英国女王的委任状，然后中方代表举行了一个隆重的仪式，才出示了道光帝上谕：“有应便宜行事之处，即着从权办理，朕亦不为遥控，勉之，钦此！”当天双方议定了条约草案。8月17日，英方将条约草案交予中方。接获耆英奏报后，道光帝对开放福州为口岸不予同意，理由是：“闽省既有厦门通市，自不得复求福州。”8月20日，耆英、伊里布、牛鉴三全权代表赴英舰“皋华丽号”与璞鼎查相见，璞鼎查安排耆英等参观军舰，借以炫耀武力。8月24日，再次会谈，中方提出道光帝不批准开放福州，被英方拒绝。8月26日，璞鼎查入江宁城，与耆英等会于上江考棚。会谈中，璞鼎查不准对草案条文再做任何变动。8月31日，上谕：“于万无可奈之中，一切不能不勉允所请者。”8月29日，耆英、伊里布、牛鉴等在英舰“皋华丽号”上，与璞鼎查签订了《南京条约》，或称《江宁条约》。签约后，英军舰船于10月初撤往定海一带，第一次鸦片战争结束。

《南京条约》规定了一系列不平等条款：中国割让香港给英国；中国开放广州、厦门、福州、宁波、上海五个口岸；中方赔款2100万元洋银；中国海关进出口货物的税率必须与英国共同议定；中国政府必须对汉奸全部免罪，抓住的汉奸必须全部释放；领事裁判权等。《南京条约》是列强强加给中国的第一个不平等条约，标志着中国从独立自主的封建专制社会开始走向半殖民地半封建社会。

《南京条约》签订后，中英双方在香港继续谈判，1843年7月27日，签订《五口通商章程》；1843年10月8日，签订《五口通商附粘善后条款》（又称《虎门条约》）。

中英《南京条约》的签订在欧美引起轰动，美国、法国和其他西方列强十分垂涎英国的既得利益，他们以机会均等为借口向清政府进行勒索。1844年7月3日，中美签订《望厦条约》；1844年10月24日，中法签订《黄埔条约》。与清政府先后订约的国家有葡萄牙、比利时、瑞士、挪威、荷兰、西班牙、普鲁士、丹麦、俄国等。他们都获得了英、美、法所享有的特权。

第七章

第二次鸦片战争

一、概述

第一次鸦片战争后的十几年，清王朝社会生产遭受破坏，洋货泛滥市场，加上巨额赔款，白银大量外流，社会矛盾不断激化，导致1851年发生太平军起义。而起义促使社会矛盾更尖锐，生产受到破坏，整个国家千疮百孔，国库空虚，民不聊生。第一次鸦片战争后，清政府对沿海一些重点地区的防务进行了修复和加强，增加了兵力。但从皇帝到各级政府部门都没有考虑过，有朝一日会再一次发生与列强之间的涉外战争，没有战备意识。总体上，清军装备上仍以冷兵器为主，与西方列强的差距有所扩大，将领腐败无能，士兵装备落后，军无斗志，军事思想保守落后，几十万大军只是一个只会镇压农民起义的纸老虎。

西方列强在1830—1870年的40年内没发生大规模的国际战争，英法两国乘此机会，向海外发展。英法两国经过工业革命后，商品生产过剩，工人失业众多，必须向外推销其剩余产品，同时寻求其国内所需的原料。军事方面，武器装备有明显改进，参谋制度日臻完善。步兵装备了线膛枪，提高了射速、射程、命中率；炮兵装备由滑膛炮改为线膛炮，炮弹由实心弹改为榴霰弹；英国军舰的 1/3 采用蒸汽动力，航速 10 节以上。

当时中外关系中存在几个问题。

贸易问题　鸦片战争后，鸦片走私迅速发展，19 世纪 50 年代末，鸦片输出量约为 1842 年的二倍。但总体贸易情况并不乐观。1850 年英国输华产品与 1844 年相比减少了 75 万镑。相反，中国的输出大大增加了，仅生丝输出一项，即足以抵偿全部进口货物而有余。

中英贸易增长缓慢的原因有以下几点。（1）中国自给自足的自然经济对外国商品有顽强的抵抗作用。（2）西方的近代工业尚未达到能摧垮中国自然经济的水平。（3）增加鸦片贸易和发展合法贸易有矛盾。马克思说：中国人不能同时购买商品又购买毒品，在目前条件下，增加鸦片贸易是和发展合法贸易互不相容的。（4）太平军席卷长江两岸，使中英贸易受到影响。英国认为，五个通商口岸实在太少，必须增加通商口岸才能扩大对华贸易。基于鸦片战争的经验，他们决心再次武力侵华，挑起战争。

广州入城问题　《南京条约》规定开放五口通商，但没有规定外国人是否能入城居住。其他 4 个城市，外人均能入城居住，与华人相安无事。只有广州，城内无人肯租屋给外国人居住。

英国人不服此等歧视，坚持必须进城居住。广州官员不希望外人入城，他们暗中支持绅士名流组织民众，反对外人入城；同时又向外人表示，他们服从皇上旨意，无意阻止外人入城。史料表明，广州历任主官的两面手法是广州入城问题的根源所在，本质上是闭关锁国思想的反映。至于广州民众坚决反对英人进城，实为反侵略、反投降的一种方法，具有某种历史的合理性。

1846 年 1 月 13 日，耆英告示，准许英人入城，15 日群众直闯署内，打毁器物，焚烧房屋，耆英被迫收回成命，英人入城问题暂时搁置。1847 年 4 月 1 日，达科拉少校率 900 英兵，进攻并占据了虎门和珠江的主要炮台。4 日上午，耆英与英国驻华公使德庇时会谈三小时，确定“入城一事，约在两年以后”。1849 年正月，英人要求践约，准英人入城。继任两广总督徐广缙、广东巡抚叶名琛以广东民情彪悍，允英人入城居住必多事端，严拒之，一面密召诸乡团练以为拒绝入城之后盾。英人以武力示威，欲以舰船“闯入省河，连樯相接，烟轮蔽天”，广州官员则动员“两岸义勇，呼声震天”，入城一事再次搁置。

1852 年，升徐广缙为湖广总督，叶名琛为两广总督。叶名琛无涉外知识，对外人不予接见，对外人要求一概拒绝，从而给予英人发动战争的借口。

列强在清朝内战中的虚伪中立 在太平军取得初步胜利时，清朝的一些地方官已要求西方列强的帮助，被英、美、法拒绝。当时清政府还不认为有必要求助于外国，而列强也需要继续观望。英美法三国公使在 1853 年、1854 年先后访问天京，直接与太平军领袖接触。公使们考察太平天国后认为：（1）太平军的力量是强大的；（2）太平军警告外国“如帮助满人，真是大错”，对不平等条约无直接答复；（3）太平天国领导人有“唯我独尊，统治世界之心理”；（4）太平天国完全不懂得政府的真正机能，他们仅仅为权力而奋斗；（5）拜上帝会是“一种新宗教，可称为一种伪造的启示”；（6）太平军严禁鸦片，这将严重影响对华贸易。他们的方针是，不抛弃也不轻易帮助清政府，而是表示“中立”，甚至还做出可能支持太平军的姿态，迫使清政府向列强出卖更多的利益。在这种方针指导下，围绕着上海海关领导权的争夺，英美于 1854 年 4 月 4 日对清军发起“泥城之战”。

1853 年 9 月 7 日，小刀会占领上海县城时，苏松太道兼江南海关吴健彰被活捉，海关官吏逃离一空。9 月 9 日，英美领事公布了上海《海关行政停顿期间船舶临时结关规则》。他们通知英美商人：海关虽不存在，但条约义务仍旧保留，并颁布了临时征税办法，要求英美商人和海关正常工作时一样，或用现银或用期票，向英国领事馆缴纳。从此，中国政府实际上已无法在上海征收关税，而由外国人取而代之。这一天，他们救出了吴健彰，但于 9 月 25 日，以吴留在外国人居住区有碍中立为词，把他送回清营。此后，吴健彰多次设法，仍由他开征税收，均被英美阻拦。为了胁迫清政府地方当局就范，勒索更多侵略特权，英美挑起“泥城之战”。

1854 年 4 月 4 日下午 4 时，英美出动 380 人，发起进攻，把近万清兵打得溃不成军，并烧毁营盘三座。6 月 21 日，美国公使麦莲会见两江总督怡良，提出如能采用外国人帮助管理海关的办法，清方不但可立即获得可靠的财政收入，而且过去 9 个月的欠税问题也能解决。怡良接受了外方条件，授权吴健彰与三国领事签订了出卖上海海关主权的《八条协议》。7 月 2 日，外人组成的“海关管理委员会”正式成立，英、美、法三国各指派一人为委员，由道台任命，称作“税务司”。名义上税务司是海关监督的助手，但协议却赋予他们总揽海关事务的大权。从此，列强牢牢地控制了上海海关的行政权，并逐步夺取了全中国海关控制权。

列强取得了海关领导权后，与清政府相勾结，镇压了上海小刀会起义，暴露了其“中立”政策的虚伪性和侵略性。

修约问题 所谓“修约”，就是要求修改《南京条约》《黄埔条约》《望厦条约》，扩充侵略要求，夺取更多更大的殖民利益。中英《南京条约》中没有修约条款，但中美《望厦条约》中规定：“所有贸易及海面各款不无稍有变通之处，应俟十二年后，两国派员公平酌办。”英国援引最惠国待遇，首先提出修约。

1854 年 5 月，英美两国都更换了驻华公使。英国外交大臣克拉兰敦训令新任驻华公使包令，重提修约问题，并提出十条修约的具体项目。这十条内容表明，英国根本不是对旧约提出若干修订，而是要与清政府签订一个新的、远比《南京条约》更为屈辱的不平等条约。包令与美国公使麦莲、法国公使布尔布隆商议后，以三国公使名义于 1854 年 4 月 25 日，给叶名琛发出长篇照会，要求在两广总督官邸会晤，讨论修约问题。叶名琛拒绝在两广总督官邸会晤，并派官员传话，他并未奉有谕旨办理修约事宜。

三国代表知与叶名琛交涉无益，遂于6月去上海，由美国驻华公使麦莲出面。6月20日，麦莲在苏松太道吴健彰陪同下到达昆山，6月21日与两江总督怡良会晤，麦莲强调："如蒙奏准，自当襄助中华，削平反侧，否则奏明本国，自行设法办理。"怡良用太极之法，推托应付，强调外交问题由广东钦差大臣处理，并把麦莲打发回上海。

7月28日，包令和麦莲在上海分别给江苏巡抚吉尔杭阿递送照会，声明如准予修约，他们可以协助清廷打击太平军，且"期于必胜"，否则，即去京师交涉。直到吉尔杭阿保证"叶名琛已接奉上谕，饬令承办外国公使们的建议"，他们才分别离沪返粤。折回广东后，他们于8月22日、24日分别给叶名琛送照会，叶回复：倘旧约中"稍有更易之处，一切均应奏明请旨，非敢擅专"。三国公使在香港会商后，决定直接去北京与清政府打交道。9月下旬他们到达上海，10月15日到达大沽口外，此行有军舰5艘，官兵300多人。

清政府根本不愿在京畿附近和外国进行谈判，先后派出低级官员与外方进行接触，10月21日加派前长芦盐政崇纶为专使，31日崇纶到达大沽。11月3日双方在大沽炮台前的凉棚会谈，各国使节交出了各自的变通条约清折。英使提出了18条要求，其最重要者为公使驻京、英人得在内地居住、购买土地、开放天津、修改税制、准许鸦片进口、废除厘金、使用各式洋钱等。清廷不许，中方代表声明，他们没有资格进行谈判，他们只是来听取公使们的意见；旧约“稍有变通之处”，不能扩大到公使们像现在所提的那样大修改。公使们认识到不通过武力示威或战争是不可能修约的。他们不得不回到南方的另一个原因是当时英美法的武力不足以发动一场战争，而白河又即将冰冻。

1855 年 9 月 5 日，伯驾接替麦莲职务，于 12 月 31 日到广州。1856 年 1 月 19 日，伯驾照会叶名琛，要求在广州衙门会见并呈递国书，叶以“刻无暇晷”作复，辞不见面。3 月 8 日，伯驾再次照会叶名琛，叶仍不予会见。5 月 2 日，再次照会，只说 7 月初启程赴京。叶复照，除同意转奏外，主要劝阻他的北京之行。伯驾曾计划组成三国舰队到大沽口示威，促成修约，但英法没有军舰予以配合，计划落空。伯驾于 8 月 1 日到达上海，9 月份与兰蔚雯、吴健彰、怡良、赵德辙（江苏巡抚）等官员会谈，会议接着会议，谈判接着谈判，拖了近 4 个月，没有任何成果。到 10 月下旬，因军事力量不足，白河即将封冻，伯驾不得不照会怡良，明年春天启程北驶。11 月 11 日，伯驾回到澳门，这时第二次鸦片战争已经爆发。英法两国更相信，只有通过战争才能实现修约。

第二次鸦片战争的主要事件

1856 年 10 月 8 日，“亚罗号”事件。

1856 年 10 月 23 日，英军进犯广州，第二次鸦片战争开始。

1857 年 2 月 28 日，英法联军再次攻占广州。

1858 年 5 月 20 日，第一次大沽之战。

1858 年 6 月 26 日，签订中英《天津条约》。

1859 年 6 月 25 日，第二次大沽之战。

1860 年 8 月 1 日，第三次大沽之战。

1860 年 9 月，天津议和和通州议和。

1860 年 9 月 18 日、21 日，张家湾之战、八里桥之战。

1860 年 9 月 22 日，咸丰帝出逃。

1860 年 10 月，八国联军两次抢劫、火烧圆明园。

1860 年 10 月 24 日、25 日，签订中英、中法《北京条约》。

1860 年 11 月 9 日，英法联军撤出北京，第二次鸦片战争结束。

二、“亚罗号”事件和马神甫事件

“亚罗号”事件　1856 年 10 月 8 日，广州水师营千总梁国定据人举报，探得有奸商假借英旗掩护，为非作歹，即登上“亚罗号”划艇检查并逮捕海盗，将 12 名水手捆绑带走。英国驻广州领事巴夏礼听从“亚罗号”船长肯尼迪之言，立即与水师交涉。他以“亚罗号”曾在香港注册，领有航行执照为由，应由英国保护。“亚罗号”是内地人苏亚成于 1854 年建造的商船，为方便走私，弄到一张港英执照，并雇用了英国人亚罗为船长。1855 年 6 月，该船转卖给中国商人方亚明。方又领了一张自当年 9 月 27 日起有效期为 1 年的执照，并雇用爱尔兰人肯尼迪为船长。这样中国船主可以获得《南京条约》赋予英国船只的特权。该船一贯从事鸦片走私和抢劫等犯罪活动。该船的航行执照已于 1856 年 9 月 26 日到期。也就是说，“亚罗号”的船主是中国人，船员是中国人，中国政府在中国土地上，到中国的船上，逮捕中国的海盗，纯属中国的主权和内政。据此清军拒绝了巴夏礼的要求，巴夏礼恼羞成怒，蓄意挑起事端。这就是“亚罗号”事件的由来。

巴夏礼当晚分别给包令公使、叶名琛和英国海军写信，企图扩大事态。10 月 10 日，叶名琛复信拒绝了巴夏礼的要求，并说明“亚罗号”根本不是港英船只，但放回 9 名被捕水手。英方拒绝接受，蓄意扩大事态，决计挑起战争。

10 月 21 日，英方向叶名琛发出最后通牒，要求广东当局道歉、礼还全部 12 名被捕水手，限于 24 小时内答复。叶名琛对外只会推诿、延宕之术，收到最后通牒即惊慌失措。22 日，他接受英方全部条件。但英方仍寻找借口，拒绝收受叶名琛照会，于 10 月 23 日进攻广州。

对于当时“亚罗号”是不是中国船，船上是否悬挂英国旗，中英各执一词。“亚罗号”事件的焦点，就是“擅捕”和“扯旗”两个问题，这样一件小小的纠纷无论如何不应该演变为中英两国持续几年的大战，事情后来的发展，完全是英法蓄意挑起战争。

“马神甫事件” 1857 年 10 月，法国与英国组成联军，正式参加第二次鸦片战争。法国参战的借口就是“马神甫事件”。

根据中法《黄埔条约》，清政府被迫于 1846 年 2 月 20 日明诏弛禁传教，并发还康熙年间封闭的天主教堂址等。但诏谕规定外国人不得赴内地传教。1853 年，法国传教士马赖由广州潜入贵州，再潜赴广西西林县传教。在西林县他们广收无赖之徒入教，胡作非为，激起民愤。乡民将马赖告至县衙，知县黄德明劝其离境。马赖离开西林仅几月，再入西林，1855 年冬，新任知县张鸣凤处死多名教徒，限令马赖离境，马赖不予理会。1856 年 2 月 24 日，马赖及其 25 名教徒同时被捕，3 月 5 日被处死。这就是“马神甫事件”。

当时法皇拿破仑三世野心勃勃，欲借保护教会之名向东方扩展势力。英国趁机拉拢法国，法国积极响应，派兵参与侵华战争。

三、英军广州首战

面对英国人的挑衅，叶名琛无动于衷，不进行任何反侵略战争准备。1856 年 10 月 23 日，英舰 3 艘、划艇 10 余只、海军陆战队约 2000 人，向虎门开进，第二次鸦片战争开始。英舰未受任何抵抗即顺利通过虎门要塞，进入内河。10 月 24 日，英军攻占凤凰岗炮台。25 日，攻占海珠炮台，珠江内河一带主要炮台均被英军占领。27 日，英军除集中 3 艘军舰的炮火外，还利用海珠炮台缴获的 50 门大炮轰击广州外城，企图胁迫叶名琛屈服。29 日，约 300 名英军攻城，两小时后，清军退入内城，当天城陷。由于英军入城者数量太少，“见街道纷歧，未敢深入”，即于当晚撤退。11月12日，英军为打通广州与香港的联系，进攻安有200门大炮的横档炮台，守台兵400余人与敌展开激战，一小时后英军占领炮台，缴获全部大炮。翌日，英军又占领威远、镇远、靖远炮台。

战争期间，广大人民和部分爱国官兵采取不同形式打击敌人。1856年12月4日，广东商民满怀义愤，焚烧西关洋楼，延及英法居屋，英使馆及十三行皆成灰烬。12月22日，英国游艇拖着一只满载从广州抢劫来的珍宝的划艇，企图经虎门口驶往香港，被上百只中国划艇拦击。1857年1月4日，中国水师向英舰发起了进攻。在爱国军民的打击下，英军于1857年1月20日退出珠江内河，撤往虎门口外，等待援军到来。英军撤退的另一主要原因是，此次战争“未奉本国攻城训令”。现在事情扩大，不得不报告本国政府，请求派兵增援。

四、英法联军占领广州之战

包令、巴夏礼在广州的军事行动，并未得到英国政府的授权。英国首相巴麦尊主张开战，但在1857年2月的上院表决中，以110票比146票被否决。于是巴麦尊宣布解散议会。重选后，巴麦尊一派在议会获得多数。1857年3月，巴麦尊内阁通过了一项增加军费和增援远东英军的提案。4月20日，任命额尔金及其弟布鲁斯为正副全权专使来华，同时组织远征军开赴中国。

英国照会西方列强约其联合出兵。拿破仑三世正计划向远东扩展势力，欣然接受英国的邀约，任命葛罗男爵为特命全权专使，率法国远征军开赴中国。美国政府因本国政局不稳，不能出兵，但表示愿意与英法代表一致行动。1857 年 4 月 20 日，英国外交大臣克拉兰敦给额尔金训令，详细列出 27 条行动方针。1857 年 7 月，额尔金到达中国。因印度人民发生起义，额尔金率其远征军的一部赶到加尔各答，直到 9 月下旬才返回香港，进攻广州的计划推迟了一些日子。

10 月中旬，法国特使葛罗抵达香港。10 月底，美国新任驻华公使列卫廉到达香港。11 月初，俄国公使普提雅廷到达香港，与英军共同策划对华战争。11 月 20 日，英军完成了对广州的包围。此战由英国陆军司令格拉德、海军司令贺布率兵 18000 人，法国陆军司令蒙地班、海军司令沙纳率兵 7200 人，两国兵舰及运输船只 200 艘。12 月 10 日，英法联军封锁了广州河道。

咸丰帝的方针是“息兵为要”。叶名琛则是毫无战备，把所有团练乡勇赶出省城，原已聚集在广州周围的 3 万余兵勇，凡非坚守要隘者，全部被裁；陆路壮勇原有万余人，被裁 8000 人。1857 年 12 月 12 日，英法公使分别向叶名琛发出最后通牒，限 10 日内答复。叶仍茫然无知，无法应对，且认定英国不会开战。

随即英法联军进犯虎门，12 月 15 日即占领了广州外围要地，为攻打广州夺得了立足点。1857 年 12 月 28 日晨 6 时，英舰 25 艘、法舰 7 艘的几百门大炮轰击广州城，第二次鸦片战争进入新的阶段。炮击开始后不久，联军 4000 登陆，中路约 2000 人进攻东固炮台，部分清军进行了顽强抵抗，清军于日暮撤出东固炮台。当晚，联军以舰炮和东固炮台的大炮，继续轰击广州城。12 月 29 日晨，联军在炮火掩护下向城东北运动。防守城北炮台的清兵死守炮台，奋勇还击，联军转而进攻小北门与大北门，清军纷纷溃散，联军迅速占领观音山，控制了城内制高点。接着联军相继攻破大北门和东门。清军退入城内，与敌展开巷战，下午“2 点钟交火已停止”。

12 月 30 日，广州将军穆克德纳下令，西北城墙上插白旗。随后，广州驻防军被全部解除武装，押送出广州。英法联军占领广州后，并不扶植或建立反清政权，也不成立殖民政府，而是恢复柏贵和穆克德纳的原来职位，以此起到诱降作用。英法联军发布公告：广州城已在联军武力管制之下，但政府仍交给柏贵管理。由英国领事巴夏礼、哈洛威上校，法国人修莱海军大校组成一个广州外人委员会，驻在巡抚衙门里实行管制。柏贵和穆克德纳仍继续向清政府递送报告，并交纳税收。清政府明知柏贵已是傀儡，但并没对柏贵作任何谴责，仍承认他是广东巡抚。咸丰帝谴责叶名琛：“实属刚愎自用，办理乖谬，大负委任，着即革职。”

1858 年 1 月 5 日，叶名琛被联军俘获，押送观音山，当晚送上轮船去香港。2 月 22 日，由香港转往印度，押往加尔各答，禁囚于孟加拉湾之镇海楼。叶名琛以不办外交为其外交方针，被后世讽为“不战、不和、不守；不死、不降、不走”，最终落得客死异乡。

五、第一次大沽之战与《天津条约》

第一次大沽之战　英法联军俘虏叶名琛后，见在广州缔约无望，便重新策划。于 1858 年 2 月率联合舰队随四国使臣来上海。英、美、法、俄四国公使分别照会清政府，要求公使驻京、增开商埠、改订税则以及传教自由。四国照会内容大体一致，英法措辞强硬，美俄尚较缓和。当时咸丰帝并没有认识到事态的严重性，清政府由大学士裕诚咨复两江总督何桂清转致各使，要各使节“应往广东听候办理，钦差向无赴上海督办之事”。四国公使对此答复极为不满，决定对清廷直接施加压力，于是率英舰 10 余艘、法舰 6 艘、美舰 3 艘、俄舰 1 艘，由上海向天津进发。

1858 年 4 月 20 日，四国公使在白河口外会齐，24 日即分别照会清政府，“请派钦差大臣前往会议”，美、俄之意皆欲从中调停。联军舰队抵大沽口后，立即进行战争准备与侦察。当时联军情况如下：英国有大船和巡洋舰各 1 艘，炮 124 门；轮船和炮艇 13 艘，炮 61 门；人员 2050 名。法国有巡洋舰 2 艘，炮 100 门；轮船和炮艇 9 艘，炮 64 门；人员 600 名。美国有巡洋舰 2 艘，炮 100 门；轮船 1 艘。俄国有轮船 1 艘，炮 6 门。

清军在大沽口防御设施有前路海口两岸炮台和后路炮台及营盘两部分组成。前路海口炮台共 4 座，有炮 200 门，驻军 3000 人。前路驻军由直隶提督张殿元节制，后路由副都统富勒敦泰节制，为援应之师，全部兵马由直隶总督潭廷襄节制。前路炮台和后路各营，相距几里，互相联络。海口防御工事和军队装备相当陈旧，较广州海口设施相去很远。潭廷襄提出：“设防仍以水路为主，兼备炮台后陆路”的方针。但他根本没有对敌决战的决心，认为备战“不过摆列军器以威吓之耳”。

4 月 24 日，联军到大沽口，又投书请潭廷襄转达清廷，派钦差大臣会商。清廷派仓场侍郎崇绮与议，英法以非权臣不足当全权代表，不肯开议。4 月 28 日，清廷加派潭廷襄为钦差大臣，要求公使返回广东。4 月 30 日，联军派火轮船进行侦察。5 月 3 日，中方官员会见俄美官员，对于全权资格问题，答以“天朝法制，从无全权大臣便宜行事”。5 月 8 日，英使额尔金照会，仍要求派遣奉旨从权便宜行事大臣参加会谈，同时进行战备。

5 月 20 日上午 8 时，英法两使发出最后通牒，要求赴北京与全权大臣商议，限令大沽炮台守军两小时内交出炮台。上午 10 时，联军舰炮同时攻击南北两岸炮台；然后一支由 457 人组成的登陆部队，攻打北岸炮台；另一支由 721 人组成的登陆部队，攻打南岸炮台。面对敌人的进攻，各台守兵奋起还击，双方炮击近二时之久，毙敌近百名。11 时，联军的两支陆战队，乘舢板强行登陆，向炮台接近，守军冲出炮台，与敌人白刃格斗。正当两军鏖战之际，潭廷襄等竟从大沽村逃跑，致使士气大挫。后路清军不及时增援，反而讹传前军失利，以致兵勇惊溃。前路炮台守兵孤军奋战，各炮台遂相继失守。

5月24日，潭廷襄逃回天津，潭在大沽炮台失陷后奏称：细察夷清，有不能战、不易守而不得不抚者。认为唯一的出路是妥协投降。5月26日，联军兵临天津城下，潭廷襄借口“天津郡城残破，内无一日之水，又无隔宿之粮”，自动放弃天津，退到离城很远的地方。在清政府的默许下，潭廷襄把天津变成不设防城市，使联军得以自由出入，任意横行。联军并未占领天津，一则兵力有限；二则把不占天津作为诱和手段；三则乐于通过地方官员勒索给养。

天津条约 钦差大臣桂良、花沙纳于6月2日到天津，于4日、6日、7日分别会见四国公使。与英使额尔金会谈时，额仰面朝天，趾高气扬，怒立中堂云：“既无钦差关防，何以议事？”扬长而去。把谈判的事情交给翻译李泰国和威妥玛去办理。谈判中李泰国出示英方所拟新约56条，声明一字不能改，要桂良立即画押允行，并动辄以进犯北京相威胁。法国所提之新约42条，与英国之56条内容概同，并要求惩办广西西林知县，以报杀害其传教士之仇，赔偿军费200万两。美俄所提之新约，虽不如英法两国之残苛狠毒，但均有利益均沾之条。

6月6日，李泰国与卞宝书会谈，除了公使驻京和内地通商两项，中国答应了英国的全部要求。此后，公使驻京成为每次会议的主题。在联军的压力下，谈判终于达成协议，定于6月26日签约。1858年6月26日晚上6时，中英《天津条约》在海光寺签字。6月27日，中法《天津条约》在海光寺签字。早在6月13日，签订了中俄《天津条约》。6月18日签订了中美《天津条约》。《天津条约》的主要内容为：

1. 两国可互派大使，准许外国公使及其眷属可在北京长期居住，与清政府外交往来用平等礼；

2. 增开牛庄、烟台、台南、淡水、汕头、琼州、汉口、南京、镇江等处为通商口岸；

3. 外国传教士得入内地自由传教；

4. 外国人得往内地游历、通商，执照由领事官发给，由地方官盖章；

5. 外国兵船、商船得自由驶入长江和各通商口岸；

6. 进一步明确了领事裁判权的规定；

7. 修改税则，减轻商船吨税；

8. 对英赔款 400 万两，对法赔款 200 万两，赔款付清后，英法归还广州；

9. 片面最惠国待遇；

10. 日后彼此两国再欲重修，以十年为期；

11. 一年之内，在北京交换条约批准书。

据《天津条约》规定，清政府派桂良、花沙纳到上海会同修改税则，与外国代表继续谈判。

《天津条约》签订后，尤其是 7 月联军南下以后，清廷内部在是否全部接受侵略者的要求方面出现分歧。咸丰帝也想推翻部分成议，他对《天津条约》的态度是“原不过为缓兵之计”。桂良竟向咸丰帝奏折：“此时英法两国和约，万不可作为真凭实据，不过假此数纸，暂且退却海口兵船；将来倘欲背盟弃好，只须将奴才等治以办理不善之罪，即可作为废纸。”大清君臣都将涉外条约视同儿戏，尚未交换条约批准书，即准备毁约。11 月 17 日，桂良等奏，外使驻京一节，略有转机，即“能不常驻京师，而随时往来四字未肯改去，且必择一与彼有益之处，始可相抵”。经谈判，用开放长江换取英国使节驻京。1858 年 11 月 8 日、24 日桂良等先后与英、美、法、俄签订了《通商章程善后条约：海关税则》，主要内容为：

1. 洋药（鸦片）准其进口，每百斤纳税银 30 两；

2. 第二款免税商品细目；

3. 除例外（指丝、茶、鸦片）和免税（指外国人用品）两项外，一般进出口货物，海关一律按时价值百抽五征税，洋货运到内地，或从内地运出土货，除一律按时价抽 2.5% 的子口税外，免征一切税项；

4. 一切军械等类及内地食盐，概属违禁不准贩运进出口；

5. 邀请英人帮办海关税务，并严查偷漏。

六、第二次大沽之战

《天津条约》签订后，咸丰帝总想加以挽救，甚至想用武力推翻部分成约。广大的中国人民极为愤慨，其中包括清军中的部分爱国官兵。而英法侵略者更加轻视清政府，不惜再次发动战争，以迫使清廷履行《天津条约》。1859 年 5 月，英法公使进京换约时，发生了第二次大沽口之战。

1859年年初，英、法政府分别派遣额尔金之弟布鲁斯和布尔布隆为驻华公使，接替额尔金和葛罗。英国政府给布鲁斯训令，他到中国后应坚持在北京换约，必要时可以使用武力。

英法联军南撤后，咸丰帝令科尔沁亲王僧格林沁前往天津一带，加强大沽口及双港防御工事。大沽口炮台由4座增建至6座，派驻水师兵3000名。双港营盘安设12000斤重炮2门，10000斤重炮4门。海口设12000斤重炮2门，10000斤重炮6门。收到捐输洋铁炮25门，安设双港6门，运至海口19门。调吉林、黑龙江官兵各1000名，哲理木、昭乌达官兵各1000名，察哈尔官兵1000名，共马队5000人，并酌带京旗兵2000名，以资调拨。双港距天津30余里，地势较高，便于拦击敌人。僧格林沁在此设兵营9座，驻兵6000人，修炮台13座，安设火炮81门。在僧格林沁的指挥下，津沽地区清军的作战能力迅速提高。咸丰帝命令加强海防，等来年外国使臣来京换约时，乘其不备予以痛击，两江总督何桂清认为不妥，上奏："以时势观之，内寇方炽，民困未苏，水师尤为不练，似应待时而动，方出万全。"咸丰帝不听，决心进行第二次大沽口之战。

1859年6月6日，英国公使布鲁斯到达上海，与法国公使布尔布隆密谋，拒绝同等候在上海的清政府全权大臣会晤，坚持进京换约。6月20日，英、法、美三国公使到达大沽口外，与17日已到达的英法联合舰队会合。联合舰队由贺布少将率领，共计舰船21艘，载英国海军陆战队1200人，法国海军陆战队百人。联军到达大沽后，即告知大沽守军：速将河内障碍撤除，三日后联军要进入内河。

6 月 19 日，守军见联军舰队到达大沽口外，先和平地提出换约步骤，并告诉联军，“现在大沽海口，已节节设备，如轻易入口，恐致误伤”，令其在拦江沙外静候换约专使。联军明知中国守军一定会反抗，却迷信自己的武力，轻视清军实力，悍然发动第二次大沽口之战。

6 月 23 日，贺布率联军进攻大沽，先派 1 艘护卫舰进入大沽口侦察。僧格林沁率军以待，不露声色。联军未曾仔细侦察，贺布即下令于 24 日夜，“以小舢板驶入铁戗内，用炸炮轰断拦河大铁链二根，大棕缆一根……25 日辰刻，该夷火轮船十余只，排列铁戗门外，一二时之久，拉倒铁戗十余架，立意启衅用武”。见通道已开辟，贺布下令“负鼠号”导航，旗舰“鸻鸟号”及其余舰只跟进。下午 3 时，海军陆战队登陆，排列壕墙以外。清军加派抬枪、鸟枪各队前往策应，联军均向芦苇地藏伏。贺布命舰炮轰击陆上炮台，清军一直隐忍静待，此时僧格林沁命令各炮还击，所有本来掩护着大炮的草席都卷了起来，顷刻之间全部大炮一起开火，“各炮台口门，适当夷船，与之相对轰击”，清军炮火得以充分发挥火力。联军的船只紧缩在第一道木栅和第二道木栅之间狭窄的水面上，完全成了炮火的靶子，但对躲在城墙后面的清军却无法进行回击。清军炮弹多数命中，联军损失惨重，英舰 6 艘重伤，4 艘被击沉。旗舰“鸻鸟号”被击中，贺布腿被打断。

美国表面上宣布中立，当贺布受伤，联军陷入困境后，美国海军准将塔特纳尔立即乘汽船，率他的“托伊汉号”装载200名水兵到达战场。他命令美国水兵登上英国炮艇参加作战，从而彻底撕下了“调停人”的假面具。

贺布仍不服输，下午5时，再次下达登陆和攻击命令，英军勒蒙上校率联军陆战队千人，分乘帆船、舢板20余只，在舰炮掩护下，向海口南岸强行登陆，企图夺取南岸的三座炮台。南岸炮台外围一片泥泞地，并有三道水壕，不利于联军登陆、展开。千把人的登陆部队，只有百来人到达第一道水壕，只有五十多人冲到第三道水壕最边远的地方，但由于许多枪支塞满了泥浆，无法战斗。这时僧格林沁立即调集部队前往攻击，北岸炮台也发炮支援。联军登陆部队伤亡过半，不得不停止前进，潜伏于沟壕中和土堆后面。直到半夜，联军陆战队余部才陆续爬上舰艇，撤出战场。此次参战的13艘英舰中，被击沉4艘，重伤6艘；参战英军1200人，死亡430人，受伤148人。参战法军约60人，伤亡16人。清军阵亡直隶提督史荣椿等将领6人，兵弁阵亡32人。这是自第一次鸦片战争以来，中国军队抵抗外国列强所取得的最大的一次胜利。

英法联军在大沽败退后，美国公使华若翰亦乘军舰到大沽，遵约改道由北塘行走，进京换约。因不愿行跪拜礼，由桂良接受国书，再返回北塘，于8月16日与直隶总督恒福互换批准的条约文本。鉴于英法将来获得的特权美国亦可援例均沾，加之国内南北战争正在激烈进行，因此华若翰在换约后即经由上海回国。

七、第三次大沽之战

联军惨败的消息传到伦敦，英国朝野立刻叫嚷要对中国实行“大规模报复”。1859 年 9 月，英国政府举行了四次紧急内阁会议，并通过了总体指导方针：决定再次扩大侵华战争，但不要大打，不推翻清政府。巴黎也掀起了战争狂热。英法再度联合侵华。1859 年 11 月，英、法分别再次任命额尔金和葛罗为特命全权代表，英国任命格兰特中将为陆军司令，贺布为海军司令。法国任命孟托班中将为陆军司令，沙纳为海军司令。英国出兵 18000 人，出动军舰 79 艘，雇用运输船 126 艘；法国出兵 7600 人，出动军舰 40 艘。

1860 年 3 月 8 日，英法舰队驶抵上海，即照会两江总督何桂清，提出三点要求：对去年白河进行的侮辱作正式道歉；互换《天津条约》；对两国政府支付 6000 万法郎赔款。何桂清据以入奏，清廷批复：“此时兵威既振，岂能将前议之五十六款悉行照办。……果使该夷悔罪，诚心求和，前定之五十六款内凡不行之事，悉听何桂清裁减，于上海议定，以后或照美夷成例，简从来京换约，尚属可行。”从第二次大沽之战到第三次大沽之战，其间有将近一年时间，清廷既不收集敌方情报，也不认真加强防务，只顾致力于镇压太平军。

1860 年春，太平军向太湖流域发动猛烈进攻，连续攻克杭州、常州、苏州等主要城市。江南官僚士绅主张向外国侵略者妥协，以便“分津防之兵，移津防之饷，尽力以定江南”，有的甚至主张借用洋兵镇压太平军。咸丰帝反对此议，表示：速就和局，原属正办，若借资夷力，后患无穷。

1860 年 7 月 9 日和 11 日，额尔金和葛罗分别乘军舰抵大连和烟台。美使华若翰和新任俄使伊格纳切夫随同北上，再一次打出“调停者”的旗号，企图从中渔利。7 月 19 日，英法公使与陆海军司令召开军事会议，决定作战方案。7 月 26 日，英法舰队向北塘开进。英军出动各种舰船 173 艘，兵力 10500 人；法国出动舰船 33 艘，兵力 6300 人。7 月 29 日，联合舰队在大沽口与北塘口之间的海面集结，并完成了对北塘海口的侦察以及登陆地点的选择。

咸丰帝认为，联军去年失败，“未必不心存畏忌”，此次再来，“实则以兵胁和”。僧格林沁也是骄傲轻敌，听从咸丰帝谕令，放弃了北塘防御，专守大沽口，致使后来的战局一败涂地。第三次大沽之战包括以下事件：大沽口之战、天津议和、通州谈判、张家湾之战、八里桥之战。

大沽口之战 1860 年 8 月 1 日，联军舰艇 30 余艘，陆战队 5000 余人，用小火轮拔除北塘海口所设巨桩数百根，驶抵北塘口登陆，发现河口堡垒内均无守兵。8 月 2 日，进占北塘市街。清军至此方知大敌当前，准备迎战。8 月 4 日，联合舰队由北塘驶进内港，“适值潮退，船不能动，惧为我军所袭也，高悬白旗，示欲议和状，我军信之，不敢纵击，比涨潮，洋兵出，不意薄我师，我师被挫”。北塘被占，清方要求谈判，被英法拒绝。

8 月 12 日，英军 10000 人，法军 6300 人，并所雇潮勇

2500 人，分两路向新河和新河以北的军粮城进攻。联军以 700 人为前卫，将抵新河时，僧格林沁以骑兵 3000 冲击，联军随即改变队形，将步兵主力展开，由两翼包围，而以骑兵为预备队，逐步缩小包围，清军骑兵高大遂为联军枪炮之目标。开战不久，骑兵迅速伤亡，“我马队三千……出者七人而已”，可谓全军覆没。联军占领新河及军粮城，清军退保塘沽。

8 月 14 日晨 4 时，联军四五千人由新河向塘沽逼近。塘沽与大沽相距 8 里，仅一河之隔，是大沽口北岸炮台侧后的重要屏障。塘沽守军兵力约 3000 人。晨 6 时，联军进抵塘沽近郊，白河上的清军水师船开炮拒敌。双方炮战半小时，清军水师败走。7 时半，联军炮击塘沽要塞，随后发起总攻。9 时半，联军分兵一部迂回到塘沽侧后，守军腹背受敌，伤亡惨重，塘沽遂为联军攻占。

联军攻占新河、塘沽后，其舰队集结于大沽海口，准备夺取大沽。而此前一贯主战的僧格林沁由轻敌变为畏敌，毫无斗志。咸丰帝则要僧格林沁放弃大沽海口，回防天津、通州，并派特使请英法进京换约，遭对方拒绝。8 月 18 日，军机处再次照会英法，应允“天津条约既经定议在先，自应进京互换和约，以敦和好”，仍遭英法拒绝。

8 月 21 日卯刻，联军万余人，全力攻扑石缝炮台。石缝炮台是大沽北炮台唯一的后路屏障。提督乐善督带官兵，奋力攻击，击退联军。但联军炮火击中清军火药库，至 8 时，炮战结束。联军向石缝炮台发起冲锋，双方肉搏，展开混战。10 时许，提督乐善与大部守军战死，石缝炮台陷落。僧格林沁致函英将，请求休战，巴夏礼将来函撕毁。下午 3 时又开始进攻其他两座炮台，其守军也“寸土必争地进行防御”，直到炮台陷落为止。

随后巴夏礼等前来大沽村与直隶总督恒福会面，要求立即交出南炮台，并说明须占领天津后方肯罢兵。清政府决定放弃抵抗，把天津炮台的大炮运回北京，小炮及绿营官兵撤至通州。8 月 22 日，恒福在南岸炮台挂起白旗，把南岸三座炮台拱手交给敌人，联军在各炮台共掠获了 500 门炮及大批军火物资。8 月 23 日，联军到达天津东门外十余里的土城地方。8 月 24 日，贺布率领的 5 艘炮艇顺利到达天津海河。接着，联军后续部队陆续到达，联军不费一枪一弹占领天津，英军占领河北市区，法军占领河南市区。联军仿照广州模式，文官仍留原任，但由巴夏礼监督政务。地方官员与卖国绅士依 1858 年成例，为英法联军采办供应。

天津议和 8 月 24 日，咸丰帝授桂良、恒福为钦差大臣与英法联军议和。8 月 31 日，桂良等抵天津，再次谈判，英法公使提出必须全盘接受其条件，方可议和。主要条件是：赔偿军费；撤走通州守军，以便两国公使各带四五百兵进京换约，并由巴夏礼随带数十人先行进京，查看沿途及京中住房；增辟天津为通商口岸等。9 月 4 日，桂良等奏：不得已，对英法条件概为允许，以解目前危急。

咸丰帝认为英法的条件过于苛刻，断然拒绝，并明确指示，各条款在未奏明请旨以前，“不准与该夷盖印画押”。9 月 6 日，额尔金、葛罗与桂良等晤面，外方索阅全权证书，桂良没有全权证书。外方以其未奉有便宜行事全权之旨，不能与之定约，于是天津谈判破裂。当天，咸丰帝谕桂良等："勿为该夷所慑，此时莫顾决裂。"9月7日，朱批军机处，再次表示要与英法决战，并提出："决战宜早不宜迟。"

通州谈判　天津谈判破裂后，咸丰帝得悉联军自天津向通州前进，"决战"的决心又动摇，改派怡亲王戴垣、兵部尚书穆荫为钦差大臣，赴天津议和。额尔金等考虑联军进攻北京，须做充分准备，正好利用这段时间建立河西务兵站，故同意进行谈判，并把谈判地点定在通州。9月14日，双方在通州东岳庙进行了8小时的讨价还价，清方完全屈服。"除咸丰八年原定条约无更改外，该夷呈出在天津时与桂良等议定增续条约八款，当即给予照会，俟额尔金到通，即行盖印画押，再进京画押。"咸丰帝批准了条约内容。

眼看达成协议，谁知9月17日巴夏礼提出，互换和约时，须亲呈大皇帝御览。咸丰帝坚持，如亲递国书，须"拜跪如仪"。双方争执不下，戴垣等对巴夏礼的傲慢极度气愤，竟根据咸丰帝以前的命令，让僧格林沁"羁留"了巴夏礼一行39人，其中英方26人、法方13人，并将他们全部押送京师。此时咸丰帝又想"决战"，朝廷内外再次一派主战气氛。

张家湾之战　当时清军在通州一带的部署是：僧格林沁统领马步兵17000人，驻扎在张家湾至八里桥一带。礼部尚书瑞麟所统京营10000人及副都统伊勒东阿统带的马步队4000人防守八里桥，作为僧军的后援。副都统胜保率京营 5000 人，驻齐化门（今朝阳门）以东的定福庄，以声援僧、瑞两军。

9 月 18 日，联军 4000 人向张家湾阵地发起进攻。僧格林沁挥军抵抗，给敌人重大杀伤，但他调派马队抄袭敌军时，“该夷火箭数百支齐发，马匹惊骇回奔，冲动步队，纷纷后退”。僧格林沁率所部退守八里桥，联军占领张家湾，并乘胜追击，一举占领郭家坟和通州城。联军在张家湾休整两天，于 9 月 23 日进犯八里桥。

八里桥之战 八里桥位于通州以西 8 里，北京东 20 余里，是由通州入京的咽喉要地。1860 年 9 月 21 日凌晨 4 时，联军向八里桥推进，参战英军 3500 人、法军 1500 人，联军分东、西、中三路对清军阵地发起攻击，由蒙托班任总指挥。清军总兵力 3 万人，其中马队近万人。清军的方案是：胜保部迎击中路联军；瑞林部迎击东路联军；僧部迎击西路联军。上午 7 时，战斗打响。清军马队立刻行动，激战 1 小时，毙伤敌军千人。但清军马队遭联军步兵密集火力的阻击，伤亡惨重，被迫退却。中路的法军第二旅与胜保部激战，在八里桥上下双方僵持了两小时，互相搏斗，造成了重大伤亡。胜保头戴亮红顶，身穿黄马褂，英勇杀敌，乘马往来督战，因目标过于显著，被炮火击中，登时落马，遂为其弁兵扶至阵后。士兵见胜保负伤，人无斗志，纷纷退撤。应该迎击东路联军的瑞林部，“于未阵之前，先已溃散”。剩下僧部难以实现原来的战略意图，只能和西路联军展开激战，双方伤亡甚众。上午 9 时，联军分出一部向于家卫进攻，企图抄袭僧军后路。僧格林沁甚为惊恐，“撤队而逃，以致军心动摇”。中午时分，战斗结束。联军因兵员不足，弹药军需急需补充，不能马上向北京进攻，因此联军在通州一直停留到 10 月 5 日。八里桥之战是第二次鸦片战争的最后一战。蒙托班因此次战功，当上法国参议员，并被封为八里桥伯爵。

联军孤军深入，战线拉长，后勤供应困难，加之人地生疏，又失去舰炮优势，存在许多不利因素。清军在兵力上占较大优势，且地形熟悉，通州平原便于马队冲杀，又有人民和团练乡勇支持，有战胜敌人的有利条件，但结果是清军的完败。咸丰帝时而不准清军“衅自我开”，时而要清军“相机进剿”，和战不定，朝令夕改，出尔反尔，使前线将士无所适从，严重影响清军战斗力。八里桥之战后，咸丰帝由和战不定而变为一心求和，全盘接受英法的议和条件。

八、中英、中法《北京条约》

咸丰帝“北狩”　咸丰帝得知张家湾、八里桥连续完败，“深知禁兵之不足恃……遂定北狩之计”。9 月 22 日上午，咸丰帝离京“北狩”。咸丰离京前指定其弟恭亲王奕䜣负责对联军的谈判。9 月 30 日咸丰帝一行到达热河行宫。此时咸丰帝下诏，命南征太平军诸将起勤王之师，以救朝廷之危。当时清军与太平军作战的部队达 40 余万人，而前后投入第二次鸦片战争的部队不足 20 万人，直到经张家湾、八里桥之败，咸丰帝才下决心征调南师，但败局已定，为时已晚。

火烧圆明园 奕䜣主持和谈，他初定的方针是：先退兵、次签约、再释俘。咸丰赞同此方案，但英法坚持先放人，再议和。9月25日，英法发出最后通牒，限三日内释俘。9月29日，奕䜣做出让步，由以前要求“退出大沽海口”，改为“退至张家湾一带”。额尔金和葛罗一方面做出准备进攻的姿态，并在9月30日和10月2日照会中宣布中止交涉。

双方谈判近半个月，毫无结果，联军却得到了休整时间。10月3日，法军4000人从天津赶来增援。10月5日，弹药军需亦从天津运到，联军立即准备进攻北京。5日，联军先头部队向城北安定门、德胜门逼近。10月6日凌晨，联军近1000人抄至德胜门、安定门，至午间已抄至德胜门土城外，暗袭僧格林沁、瑞林之后，清军不战自溃，败兵纷纷退至圆明园，联军亦衔尾而来，占据园庭，焚烧附近街市，令人发指。

额尔金得悉在通州被清方所俘的39人中，已有20人被处死，即刻下令焚烧圆明园各建筑物以为报复。圆明园位于北京西北郊，是清朝皇帝的一座别宫，历经雍正、乾隆、嘉庆、道光百余年扩建，总耗银2亿两白银。圆明园实由圆明园、长春园、万春园三园组成，合计面积5000余亩。它不仅汇集了江南若干名园胜景，还移植了西方园林建筑，集当时古今中外造园艺术之大成，被称为万园之园。园内珍藏各种各样无价之宝、历代典籍和丰富珍贵的古代文物，堪称人类文化宝库之一。第一次焚烧是10月6日至9日，主要焚烧圆明三园。10月14日，奕䜣下令将俘虏或其尸体送回，其中英俘 26 人，生还 13 人；法俘 13 人，生还 6 人。英法联军继续进行破坏与报复，10 月 18 日、19 日第二次焚烧，烧了香山、玉泉山、万寿山等处。“凡御园内陈设珍宝书籍字画，御用服物，尽被搜刮全空，人扛车载，送往天津夷船。夷人先之，土匪继之，遂使一丝半缕无遗。”

签订《北京条约》 英法联军火烧圆明园后，又提出新的条款，声称如不接受，将以同样方式焚烧北京城内宫殿。联军要求 10 月 13 日带兵进城，恭亲王唯命是从。10 月 13 日，额尔金和葛罗各率兵 600 人，安然进入北京城，并在城墙上“安设夷炮 46 位，”炮口对准紫禁城。

奕䜣等不敢与英法公使谈判，乞求俄使从中斡旋。伊格纳切夫提出先决条件：清政府与英法媾和后，就与俄国签约，解决俄中边界问题，清政府要接受《瑷珲条约》。他威胁说：“在当前情况下，要提出异议是不可能的，他只能劝说英法在次要问题上做些让步，不管清政府是否愿意，对英法提出的大多数要求都必须接受。”他从英法那里获得以下保证：中国赔款可以关税作抵，暂为缓付；和议一成，英法联军立即撤军；不毁坏北京皇宫。奕䜣在英法的武力威胁和沙俄的诱逼下只得全面接受英法的条件。

1860 年 10 月 24 日下午 4 时，额尔金乘 16 人抬之金顶绿围肩舆至，鼓乐前导，带马步兵千人各持械列队至。为了“使中国感到，英国所签的不是一个和约，而是一个被征服的条约”，额尔金对中国亲王“表现得傲慢、严厉和过分的放肆”。双方代表签字画押后，英人摄影留念。

10月25日，与葛罗签署《北京条约》，并互换《天津条约》。等清政府将条约由热河送回到北京，英军于11月8日开始撤退，11月9日全部撤出北京。同一天法军全部撤退，第二次鸦片战争结束。

1860年11月14日，沙俄逼迫清政府签订了中俄《北京条约》。

九、中俄《瑷珲条约》《北京条约》

中俄《瑷珲条约》 俄国当局乘清政府忙于应付太平军和第二次鸦片战争之际，趁火打劫，先以武装入侵，达到非法占领，继以逼签条约，强迫清政府法律承认，鲸吞了中国黑龙江以北、乌苏里江以东100多万平方千米和西北巴尔喀什湖以东、以南44万平方千米的土地。可以说，俄国是第二次鸦片战争最大的受益者。

当桂良与英法代表谈判时，美、俄公使扮演了“调停者”的角色，玩弄阴谋诡计，抢在英法之前，诱骗清廷分别于6月13日、18日签订了中俄《天津条约》和中美《天津条约》。在中俄《天津条约》签订前半个月，黑龙江将军奕山在沙俄武力威胁下，与东西伯利亚总督穆拉维约夫签订了《瑷珲条约》。

1847年，沙皇尼古拉一世任命穆拉维约夫为东西伯利亚总督，1849年2月，俄国成立以侵占中国黑龙江地区为目标的“阿穆尔特别委员会”，并对有关海域进行考察。1850 年 8 月 13 日，俄国人侵占了黑龙江口的庙街，设立哨所屯守。1853 年，沙俄完全霸占了中国黑龙江口地区，这年 4 月 23 日，尼古拉一世下令，侵占了中国的库页岛。至此，自明代以来即属于中国的库页岛及鞑靼海峡、黑龙江下游地区，全为俄国人窃取。

清政府明知沙俄居心叵测，仍不认真加强边境防务，反而因当时太平军迅速发展，从东北抽调大批兵力入关作战，自 1853 年至 1856 年初，从黑龙江抽调了 7000 余人，从吉林抽调了 6000 余人，从而造成了边防空虚，只好听任俄国人在黑龙江下游为所欲为了。

1854 年 5 月到 1857 年 6 月，穆拉维约夫不顾清政府抗议，先后 4 次派遣大批船只，运载大量军人与移民，非法闯入黑龙江。1856 年 10 月，英法挑起第二次鸦片战争。俄国则趁火打劫，在外交上派出普提雅廷为使者到北京活动；军事上密令穆拉维约夫加快侵略步伐。1857 年 6 月，穆拉维约夫等率领大批军人及其家属、俄国商人和科学家共 6000 余人，第四次武装航行黑龙江。到 1857 年底，俄国在黑龙江左岸建立了许多“军人村屯”，派兵驻守，并由俄国移民屯垦。俄国向占领区迁移的平民已达 6000 余人，其中 1000 名是释放的囚犯。穆拉维约夫向清朝官员宣布，从 1858 年航季开始，凡留在左岸的居民，均属俄国管辖；凡不愿接受者，必须迁至右岸。

1858 年 5 月 11 日，黑龙江将军奕山与东西伯利亚总督穆拉维约夫开始谈判。穆氏出示的俄方条约草案，将黑龙江、乌苏里江为两国界河。奕山拒绝此方案。第二天，穆氏称病，由其助手彼罗夫斯基进行谈判。5月14日午刻，“穆酋带夷目数人忽到寓所，奴才照前款待，接阅夷文，并未删减。……议论未终，穆酋勃然大怒，举止猖狂，向通事大声喧嚷，将夷文收起，不辞而别。……自穆酋愤怒回船后，夜间瞭望夷船，火光明亮，枪炮声音不断”。“巳刻，穆拉维约夫使通事前来，呈递清字夷文”，内写乌苏里江至海，为中国、俄国共管之地。5月16日奕山和穆拉维约夫签订了《瑷珲条约》。将黑龙江以北，外兴安岭以南60多万平方千米的中国领土拱手送给俄国，乌苏里江以东直到海边的40多万平方千米的中国领土实行中俄共管，只有精奇里江以南至豁尔莫勒津屯的地区，即江东六十四屯地区的中国人，仍在原地“永久居住”，由中方管辖，俄国人不得侵犯。黑龙江、乌苏里江成了俄国可以自由通行的航道。

条约签订后，穆拉维约夫马上率领兵船离开瑷珲，沿江东下，占领了乌苏里江以东地区。1858年9月7日，沙皇破格提拔穆拉维约夫为陆军上将，晋升为阿穆尔斯基伯爵。

中俄《北京条约》 1860年10月13日，英法联军占领北京，奕䜣请伊格纳切夫出面调处。伊氏提出三点要求，其中包括，清政府与英法媾和后，就与俄国签约，解决中俄边界问题，奕䜣对这些要求全部接受。

10月24日、25日，中英、中法《北京条约》签订后，俄国也要求另订新约。俄国向奕䜣提交了一份《中俄条约草案》和俄国单方面绘制的两国东部边界地图，逼迫奕䜣“一字不能更改”地接受。咸丰帝收到奕䜣奏折后，颁布上谕：“时势至此，不得不委屈将就。”

1860 年 11 月 4 日，奕䜣与伊格纳切夫签订了中俄《北京条约》。俄国通过中俄《北京条约》不仅侵占了黑龙江以北 60 多万平方千米的中国领土，同时又将《瑷珲条约》中规定的由中俄共管的乌苏里江以东 40 多万平方千米的中国领土划归俄国。条约规定中俄西段边界应沿着中国常设卡伦等划分，又为俄国日后侵占中国西北 40 多万平方千米的领土埋下了伏笔。所以说，俄国是第二次鸦片战争最大的得益者。

第八章

西北边陲之战

一、概述

“西北边陲之战”前后持续了 60 多年。它包括三个阶段：第一阶段自 1820 年至 1828 年的张格尔之乱；第二阶段有三次小的战争：1830 年浩罕入侵，1847 年七和卓之乱，1857 年倭里汗之乱；第三阶段自 1864 年至 1881 年，含阿古柏入侵与左宗棠西征，中间又穿插沙俄武装侵占伊犁及中俄关于收回伊犁的谈判。

清政府于 1762 年设伊犁将军，作为新疆的地方军事长官，管理军政。民政仍由各地民族头目自理。在蒙古部和哈密、吐鲁番等地保存盟旗制（札萨克制），设王公管理；在南疆维吾尔族地区实行伯克制；在汉、回族聚居的东部地区推行州县制，设镇迪道，虽由乌鲁木齐都统兼管，但隶属甘肃省。这种以军府制为主体的多元行政建制，职能偏重于军事和戍边，各地王公、伯克自行其是，政令难以统一，削弱了清政府在新疆的统治，当外来势力入侵时，或内部出现不稳定因素时，就容易出现分裂割据的严重危机。

聚居在天山南路的维吾尔族，清廷沿袭古译，称为回部，在明清史籍中又被称为畏吾儿。1757 年 5 月，小和卓霍集占唆使其兄大和卓波罗尼都起兵谋反。1759 年，清军平定了回部之乱，大小和卓均战死，波罗尼都的三岁幼子萨木萨克由部属及乳母携往浩罕汗国。

张格尔是萨木萨克之子，即大和卓波罗尼都之孙。张格尔虽是维吾尔族人，但张格尔势力是以浩罕汗国为依托，从境外进入新疆，企图割据新疆的外来势力。在得到浩罕统治者和英国殖民主义者帮助后，张格尔自 1820 年起，多次潜入南疆进行骚扰和叛乱。1830 年，浩罕汗国集结 3 万人重兵，直接入侵新疆。1847 年，张格尔的子侄们在浩罕政府的策划下，又从浩罕带领 1000 多人到南疆地区，挑动群众，发动七和卓之乱。1857 年，还是在浩罕政府的策划下，张格尔的侄儿倭里汗再次从浩罕侵入南疆，发动了倭里汗之乱。1864 年，阿古柏入侵新疆时又是受浩罕汗国的派遣，护送张格尔之子布素鲁克到新疆从事分裂活动。不久，阿古柏将“昏于酒色”的布素鲁克驱逐出去，从而使和卓后裔的复辟活动转化为英俄帝国主义支持下的阿古柏民族分裂活动。后来浩罕汗国被俄罗斯灭掉，阿古柏投靠沙俄，联络英国，割据称霸，危害地方。直至左宗棠西征，收复新疆，驱逐阿古柏势力。1876 年底，当阿古柏已是穷途末路之时，英使威妥玛通过外交途径，代阿古柏乞和，请求“称为喀王，俾作属国”。左宗棠据理驳斥，坚决用兵，彻底消灭了阿古柏势力。延续了60多年的战争中，每次都能看到“涉外”的因素。它充分体现了新疆地区涉外斗争的长期性和复杂性。

二、张格尔之乱

浩罕是清朝的属国，古称大宛国，国人信奉伊斯兰教。萨木萨克长大后，具有强烈的复仇思想，在中亚各地展开宣传与募捐活动，并用描述教友的苦难来煽起听众的狂热情绪。浩罕伯克那尔巴图发现萨木萨克有窜回喀什噶尔的企图后，警告他，并禁止他在浩罕从事分裂复辟活动。

萨木萨克有三子，为玉素普、张格尔、巴布顶。次子张格尔在其父亲的熏陶下，自幼怀有政治野心，妄图恢复其祖父昔日在新疆的世袭封建特权。得到浩罕统治者和英国殖民主义者的帮助后，张格尔自1820年起，多次潜入南疆进行骚扰和破坏。

1820年9月，张格尔召集了一支主要由柯尔克孜人组成的几百人的军队，打回祖先的六城地区，将图舒克塔什卡伦官兵杀伤，并将伊斯里克卡伦的马匹抢去。清军喀什噶尔帮办大臣色普征额带兵剿逐，很快击溃了入侵者，张格尔逃回浩罕时只剩下二三十人。因张格尔逃出境外，清军不再追剿。

1824年9月，张格尔与其弟巴布顶由浩罕出发，纠约多人，由英吉沙尔所属图木舒克、乌鲁克两处卡伦来抢喀什噶尔。清政府派出官兵堵截追剿，张格尔叛军先后被杀60余人，张又逃出卡外。张氏据那林河源，募集教民，集结内地民众，为之耳目，屡次扰掠边寨，引清兵出边则远遁，又或诡词乞降，变诈百出。

1825 年秋，张格尔第三次进犯，在布鲁特萨雅克部落驻地活动，地近边卡。喀什噶尔参赞大臣永芹派巴彦巴图领兵 200 人出卡捕拿。巴彦巴图深入敌后不见张格尔踪影，回归途中竟将萨雅克部落牧民妇孺百余人屠杀，企图谎报军功。萨雅克首领“汰劣克愤甚，率所部二千，追袭清兵山谷间，击杀殆尽，西四城回教徒闻之，一时尽变，敌遂猖獗”。清朝边境官员的胡作非为，使边境局势更加复杂。

当年 11 月，道光帝始知详情，改授长龄署伊犁将军，庆祥为喀什噶尔将军，往南疆西四城增调兵力。

1826 年 3 月，张格尔再犯边境，派兵偷进伊兰乌瓦斯卡伦，计划“六月十二日（7 月 16 日）回子过节，易于取事，带人进卡”。清军已获取情报，“逆夷勾结匪党分聚六处，约有三四千人之多，并敢于各要隘安设贼目、马匹，互为声援”。清兵立即调派伊犁及乌鲁木齐官兵 2500 名，分驻各卡适中之地。清政府的方针是：“如贼众竟敢近我卡伦即应统师迎剿，大加惩创。若随即远扬，断不可轻易出师。”

1826 年 7 月，张第五次进犯。此次张格尔竟“携英侵略者 20 人”。7 月 18 日夜，率安集延、布鲁特 500 余人，“驶至中不扑卡伦，经由开齐山路突进，五更到阿尔图什回庄，至回子称为玛杂之地（张格尔祖父波罗尼都之墓园）礼拜”。玛杂位于喀城北近百里，清军在黎明即将墓园包围，该处教徒已有千人，出庄迎拒。双方恶战，相持良久。至晚，张格尔部大败，退回墓园，大玛杂周围五里，墙垣三层，甚为坚固。7月20日，“夜三更，雷雨交加，天气昏暗，复有贼众六七百人分翼来扑，官兵枪炮齐施，分汛抵御，歼毙多人，屡退屡扑，墙内众逆又开门由东面冲出，官兵两面迎敌。……十七日（21日）贼守稍衰，我兵始破玛杂”，但张格尔在昨夜混战中逃脱。

张格尔败退途中，煽动各族教民，扩大乱军至万人，7月22日，进围喀什噶尔。至8月初，喀什噶尔、英吉沙尔、叶尔羌、和田等西四城均被叛军攻占。至9月，叛军向阿克苏进攻。

张格尔对喀什噶尔汉城久攻不下，又知清廷大军集结，遂向浩罕请求援兵。浩罕原来只图与清朝贸易，既不按清廷要求擒拿张格尔，也不助张格尔在浩罕与清朝的边卡滋事，所以张格尔的几次侵扰都是从布鲁特内犯。此时迈买底里继汗位（阿里汗），因张格尔许诺平分财物，并愿割让喀城酬谢，决计出兵。他还妄图取代张格尔，占据喀什噶尔地区。阿里汗亲自带领一支8000—10000人的骑兵到来，张格尔骑在马上和他会面，以表示拒绝承认浩罕统治者是他的汗。阿里汗对喀什噶尔城进行了几次不成功的攻击，经过12天的战斗，失去1000名士兵之后，阿里汗灰心丧气地撤走了。另一种说法是，阿里汗“将兵万人至，则张格尔已侦知喀什噶尔守兵甚寡，旦夕可得，悔背前约。浩罕王见张格尔中变，留数日引归，张格尔复遣人追袭其众，投归者二三千人，用为亲兵”。这件事虽然使张格尔的军事实力得到一定扩张，但使他与浩罕政权的关系彻底决裂，以致张格尔兵败后无法退回浩罕，最终被清军拿获。

9月26日，喀什噶尔汉城在坚守70天后被攻陷，喀什噶尔参赞大臣庆祥自缢殉职。1826年8月，清廷指派杨遇春为钦差大臣，与武隆阿、长龄组成指挥班子。9月、10月间，清军陆续向阿克苏集结了66000人大军，两军准备决战，清军志在必得。

1827年2月，杨遇春、武隆阿、长龄向清廷上奏他们的作战计划：武隆阿统领满汉马步官兵11300余名作为前敌，分两队，以便兜截抄击。长龄、杨遇春统领满汉马步官兵16000余名，亦分两队，在后接应。清军于3月3日出师，3月20日午刻，行至距阿尔巴特庄十余里地方，“遥见贼匪凭高排列，约计2万余人”。清军当即分兵三路，长龄督率官兵由中路迎击，杨遇春督率官兵由左手抄截，武隆阿督率官兵由右手抄截。“贼见官兵三路扑杀，突下沙冈分头迎拒。……臣等左右督催策应，官兵不避锋刃，一同抢上沙冈，抢箭所至，贼势披靡，一半窜入回庄，一半四散逃逸。”三路官兵统计杀敌万余名，生擒3200余名。

清军于3月22日仍分三队，行至距沙布都尔庄十余里，遥见张格尔部于庄外临渠排列，马步之众不下十余万，并将渠水放淹。长龄、杨遇春督兵居中，武隆阿督兵在左，杨芳督兵在右，各分五队，按队而行。“该匪先以骑贼数人直进队前，往来冲突，引诱我兵，贼众复据险施放枪炮，我兵用连环枪炮轰击，匪众纷嚣，仍敢扑至渠上，意欲下压。我兵刀矛弓箭抢上，不避渠水深浅，飞身渡越，与贼短兵相接。臣等即乘势派令马队由左右浅渠抄击，毙敌无数。”“逼至浑水河边，余众浮渡逃窜，官兵亦即追杀三四十里，残匪擒戮殆尽，始行撤回。”此战，擒戮张格尔部不下四五万人。

据侦察，前方50余里有阿瓦巴特回庄，张格尔派有十余万人在此迎拒。清军再次进攻，3月25日五鼓，先派哈朗阿、阿勒罕保带马队出发，配合正面进攻的步兵主力，前后夹击张格尔部。大队于辰刻行至距该庄八九里许，遥见张格尔部众排列冈上形同雁翅。清军杨芳等率步兵居中，马队分为两翼，横排齐进。“贼见兵至迎拒，我兵奋勇抢扑，枪炮齐施，贼众佯退，意图官兵抢上半冈，并力下压。臣等即令步兵以连环枪炮随放随进，并乘风施喷筒，烟眯贼目，贼骑冒烟冲压。臣等复令官兵舞藤牌直进砍杀，贼马惊阵。乱冈后突有红衣贼目率埋伏之贼抢上应援，正在支拒间，哈朗阿等带兵从庄后掩至，贼众势难兼顾，纷纷溃败。”此战清军完胜，毙敌二三万众，生擒2000余名。此时，清军距喀什噶尔仅80里。

清军于3月26日整队出发，行至距浑河十余里，侦知南岸张格尔部人多势众，准备充分。叛军见官兵到来，首先开炮，声焰腾空，子落如雨。清兵虽用连环大炮轰击，俱隔于土岗，不能毙敌，敌势益张，夹岸相持。时已薄暮，清兵就岸扎营。三鼓后，西南风陡起，撼木扬沙。清军认为，“贼众兵寡，骤难得手，唯有乘此风势，潜渡上游，使贼猝不及防，方能出奇制胜。将曙，先遣马队一千沿河下游作欲渡之势，牵制贼匪左队”。而大队官兵，潜赴上游，乘势涉水渡河，出其不意，并力突击叛军。“贼即率众死拒，枪炮震天，刀矛竞举。官兵奋勇冲压，尽力歼击，贼旋退旋拒。我兵勇气百倍，不避矢石，直前扑杀，贼始四散逃逸。” 申刻，清军直抵喀什噶尔城下。杨遇春带兵抢据回城东北要隘，武隆阿带兵先将汉城攻克，据其北面，长龄督催官兵并力围攻。时至戌刻，清军官兵尽力攻击回城，层层逼近。逾时，始将东门攻溃，步队官兵 2000 名入城剿捕，其余马步各队仍严密围堵，官兵内外剿杀，擒戮无数。此次战斗杀敌不下 6 万余众，生擒 4000 余名。但张格尔带领几十骑兵逃逸。

清军于 3 月 27 日收复喀什噶尔，随后很快收复西四城。道光帝下令大军班师，留杨遇春、杨芳率兵八千，出塞追捕张格尔。清军使人出塞扬言，清兵已撤去，喀什噶尔城中空虚，居民翘首以望和卓，而阴为严阵以待。张格尔果然中计，以五百骑来袭，于 1828 年 1 月 2 日潜由齐开山路入卡，长龄、杨芳分统将领，连夜剿捕，追及于喀尔铁盖山，两路并剿，贼众逃窜。张格尔仅存党羽十余人，情急将自绝，总兵胡起等奋力生擒之。

1828 年 2 月 16 日，张格尔被解到大营，3 月 1 日离开新疆，5 月到达北京。道光帝亲登午门，举行盛大受俘典礼。张格尔被判决寸磔。此次战事，前后历七年有余，十余名新疆大臣死于乱事，将士伤亡数千人，调运饷银 1100 余万两。

三、浩罕入侵与议和

张格尔之乱平定后，清廷以那彦成为钦差大臣，办理回疆善后事务。那彦成提出大量改革措施，清政府否定了他出卡对敌穷追猛打的计划，命令那彦成“不应妄图卡外之事”。但同意他提出的停止与浩罕贸易等措施。这些措施从根本上打击了浩罕经济，在浩罕引起物价飞涨。浩罕以清政府禁止商贸作为借口，侵略六城地区。

1830 年 9 月，浩罕汗国组织一支主要由柯尔克孜人组成的军队，侵入六城地区。跨过边境后，侵略者兵分三路，几乎同时包围和攻打喀什噶尔、英吉沙尔和叶尔羌三地。张格尔之兄玉素普为名义上的统帅，真正的指挥官是浩罕汗国的库里明巴希。当时的喀什噶尔参赞大臣札龙阿疏于战备，未做防御布置。浩罕入侵后，喀什噶尔帮办大臣塔斯哈立即率马队万余名抵御，竟中伏兵战死。札龙阿一面四处求援，一面放弃回城，将兵民撤入汉城坚守。道光帝立即调拨援兵，先从新疆调兵，咨调伊犁官兵 2000 名、乌鲁木齐满汉兵 2000 名、喀喇沙尔兵 200 名、土尔扈特和硕特兵 2000 名、库林兵 200 名，前来协防。还从全国调兵，四川兵 3000 名、吉林兵 1500 名、黑龙江兵 1500 名。10 月后，清廷调集的援兵约 4 万人，陆续到阿克苏集结。

10 月，浩罕主力围攻叶尔羌，叶尔羌办事大臣壁昌在城内只有清兵五六百人，还有四五千名本地民军，但他有较多时间，做了充分战争准备。他将汉城西北两门堵砌，于垛口多插旗帜，排列鸟枪、兵丁以壮声威。参将任贵邦带领守备等派拨矛手、抬炮、兵丁，于东门外分布列队。瞥见东北树林大路一带，骑步叛众有万余人，分路直扑回汉两城。清兵齐放枪炮，并力攻击，力毙叛匪 200 余名，生擒 30 余名。把总罗延带领兵丁商民遣犯等，于敌军窜赴南关时，剿毙 60 余名，余匪扑入回城西门抢掳，又被本城回众按名捕捉，殴毙无数，“擒获活贼二百余名，贼势溃散”。此次战斗，壁昌等带领军民于援军未到之先，即获全胜，足以破敌胆而张国威。

此时，清军胜券在握。浩罕见清兵云集，在叶尔羌败后不敢再战。突然传来消息说浩罕和布哈拉之间出现了风波，还说浩罕国内需要军队。安集延人因此抛弃了玉素普而转回浩罕。玉素普自知没有能力对抗清朝大军，也随之西去。在清朝援军从阿克苏到达叶尔羌以前，大约有 2 万名当地人被裹胁逃往安集延和塔什干。

浩罕与新疆毗连，可随时派兵冲入边卡骚扰。清军驻疆兵力不足，自他处调兵，劳师糜饷，所费甚巨。而且兵到贼遁，兵撤贼来，清廷去守两难，苦于应付。道光帝按朝臣议，拟弛禁通商，以靖边圉。同时加强了南疆的兵力部署，使“南部防区的总兵力达一万五千人”。

1831 年末，两国恢复贸易。1832 年浩罕使臣来访，禀文中自称伯克，不称汗。文中要求四件事。1. 将随从浩罕及张格尔作乱被清廷放逐的喀什噶尔回部人众赦免，准其回城。2. 将那彦成任职时没收的安集延穆斯林们的土地、房屋、茶叶等发还。3. 要求给予对卡外入回疆之人的管理权及商税征收权。4. 要求贸易免税。长龄奏报朝廷，道光帝谕：“照议先准。”1832 年末，清政府用银两赔偿了浩罕人被没收的茶叶和土地。

四、七和卓之乱与倭里汗之乱

七和卓之乱 七和卓是指七个张格尔家属成员：分别为玉素普之子卡塔汗、克西克汗，巴布顶之子倭里汗，张格尔之子布素鲁汗，卡塔汗之子艾克木汗、阿希木汗，以及布素鲁汗的一个堂兄弟，人称铁完库里和卓。

1846 年，浩罕向清政府要求：向巴达赫尚人、克什米尔人和所有拉达克商人征税；向一个主要居住在中国境内的柯尔克孜部落征收地租，遭清政府拒绝。1847 年，浩罕发动了白山派圣战，唆使卡塔汗（迈买的明）和倭里汗发起七和卓之乱。1847 年 9 月 6 日，七和卓纠集了 1000 名精壮骑兵，直抵喀什噶尔城下，开始了对六城地区的侵犯。当时驻守喀什噶尔的 3000 名清兵不敢出击，只能坐守待援。叛军先攻陷喀什噶尔回城，然后一面猛攻喀什噶尔汉城，一面分兵进攻英吉沙尔、叶尔羌、巴楚等地。

清政府收到前线奏报，立即调兵，不仅从哈密、乌鲁木齐、乌什、阿克苏等地区，且从甘肃等地调集兵力，还延留宁夏等处换防官兵，调集土尔扈特和硕特官兵。至 9 月 26 日，调集官兵已有 1 万余名。

11 月，清军开始组织反击。11 月 29 日，奕山从叶尔羌向英吉沙尔进军，行至科科热伊瓦特地方，“马步贼匪数万，蜂拥前来，枪炮并发，势甚凶猛。该参赞（奕山）将马步队分成三路，中路提督成玉率领步队，施放连环抬炮，贼匪不能前进，分左右来冲。复经左翼领队锡勒布等，右翼领队忠泰毓书等率领马队、抬炮，枪箭并发，贼匪披靡败走。我兵向前追赶，贼匪左右伏兵来冲，复分兵迎击，贼匪力不能支，随即窜逸。追至科科热伊瓦特地方，贼匪复整队来迎，我兵奋勇向击，自午至申，贼匪枪炮不继，又复溃散”。清兵一日三战，以少胜多。12 月 1 日，清兵进至距英吉沙尔 30 余里地方，遇到数千叛军阻击，清兵枪炮齐施，叛军伤毙不计其数，余众逃窜，清兵马队追赶，直至英吉沙尔城西沙梁，叛军向西窜逸，官兵进城。12 月 3 日，奕山带兵进入喀什噶尔，该城叛军闻风窜逸，尽数逃散出卡。

战争结束，道光帝立即善后。1. 命令清军不许出境作战。2. 追究喀什噶尔前线官员的渎职之罪，开明阿、丰伸泰解职。3. 免喀什噶尔被匪滋扰之民回各户正杂额赋逋款。

七和卓之乱只持续了三个月，但对当地维吾尔族人民造成了严重损失。卡塔汗带领约 2000 人逃出卡外，和卓们逃跑时，裹挟了 2 万户，即 10 万人，由喀什、叶尔羌、阿克苏等城外逃。外逃发生在 1848 年 1 月，天气严寒，大雪漫天，加上饥饿，逃亡者大多丧命。

倭里汗之乱　1857 年 5 月 11 日，倭里汗等自浩罕窜入边界内。叛军先攻占了喀什噶尔回城，又攻打喀什噶尔汉城、英吉沙尔、巴尔楚克、叶尔羌、和田等地，均被当地守军打退。7 月 13 日，叶尔羌参赞大臣庆英奏报，叛军已攻占了喀什噶尔和英吉沙尔回城。倭里汗入侵南疆后，盘踞在喀什噶尔至七里河沿官水磨一带，在当地建立了宗教农奴制统治。叛乱初期其气焰极为嚣张，对被占领区人民实行残酷统治。“没有哪一天不处决几十个人。”

清政府调派土尔扈特和硕特官兵3000人、伊犁官兵1500人，加上喀什噶尔已有官兵2000人，共同会剿叛军。将叶尔羌前调应援后路官兵，酌拨数百名，由草地驰赴和田，顺道迎击。喀喇沙尔、乌鲁木齐派往叶尔羌应援官兵已于7月28日后启程，不日均可行抵阿克苏。9月16日，伊犁参赞大臣法福礼收复英吉沙尔回城并奏：“法福礼在大桥获胜后，复在柳树泉遇贼数千，官军枪炮齐施，并用马队冲击贼众。奎英带同乌鲁木齐官兵、两翼马队，轰溃前后伏贼，乘胜追击，毙匪不计其数，夺获马匹、军械甚多。当将回城克复，其围攻汉城之贼，亦皆闻风逃窜。”

官军自克复英吉沙尔回城后，探知余匪逃往喀什噶尔糜聚回城，引水灌溉汉城。9月20日，法福礼督兵前进，行抵该城。该匪闻风逃散，官军分路进剿，即将回城收复，边境一律肃清。收复喀什噶尔过程中，没发生重大战斗。

倭里汗之乱经四个月遂告平息，倭里汗遁走卡外。咸丰帝谕旨：“至贼首倭里汗，……今既逃出卡外，毋庸深入穷追，唯当严防边卡，不使再行窜入，自可堵其窥视。”这一次又有15000户（另一说为15000多人），跟随和卓逃往浩罕。

清政府命令引渡倭里汗，作为恢复与浩罕贸易的一个条件。1858年1月，浩罕答复清朝：倭里汗闹事后，曾派人挡路，禁人附从，又将倭里汗拿获。如准其通商，即将逆首罪名照经典自行惩办。清政府承认它在新疆的地位软弱，认为立即重开贸易乃属妥善之举。因此，虽则安集延人是 1857 年入侵的幕后支持者，但他们未受到任何报复和损失。

五、阿古柏入侵新疆

1864 年，为了反对清政府的暴政及当地伯克的剥削、压迫，新疆各族人民爆发了大规模武装起义，并迅速占领了天山南北的广大地区，不久演变成以下几个封建割据政权：1. 以库车为中心的黄和卓政权；2. 以乌鲁木齐为中心的妥明（回族）政权；3. 以和田为中心的依比布拉汗政权；4. 以喀什为中心的司迪克（柯尔克孜族）政权；5. 以伊犁为中心的塔兰齐苏丹政权。

这些割据势力相互间不断混战。与此同时，俄国吞并了浩罕汗国和布哈拉汗国后，设立了土耳其斯坦总督统治那一地区，而英国势力也企图入侵新疆地区，使该地区形势极为复杂。

1865 年夏，割据喀什噶尔的司迪克久攻疏勒不下，便派人赴浩罕汗国，请求把在浩罕汗国的张格尔之子布素鲁克和卓遣回，做新疆的汗王。浩罕汗王派遣可能危及其地位的政敌、塔吉克族的阿古柏担任布素鲁克的军事首领入侵南疆。

阿古柏和布素鲁克到达喀什噶尔后，所有权力都在阿古柏手中，他使用贿买当地伯克或派人暗杀等手段，日益巩固了他的统治。在浩罕汗国被俄国吞并后，阿古柏招纳浩罕残兵 7000 人，极大地扩充了自己的实力，先后占领了英吉沙尔、疏勒、叶尔羌等地。次年又吞并了和田的割据政权，并开始向北进军。阿古柏强迫布素鲁克去圣地麦加朝觐，事实上把布素鲁克的势力驱逐出去。1867 年，阿古柏相继攻占了阿克苏、库车等地，宣布成立“哲德沙尔国”，又称“七城汗国”（包括喀什噶尔、阿克苏、库车、莎车、叶尔羌、和田、吐鲁番）。1870 年，阿古柏攻占了达坂城、吐鲁番和乌鲁木齐，又派兵攻取玛纳斯，从而控制了南疆的全部和北疆的一部分地区。1873 年 9 月，陕甘回民起义首领白彦虎，被左宗棠打败后逃到新疆，在吐鲁番投降了阿古柏，双方勾结一起在新疆作乱。

阿古柏依仗他的 6 万军队，对新疆各族人民实行残酷的殖民统治和民族压迫。阿古柏势力进犯北疆时，在哈密遇到清军强力阻击。阿古柏企图夺取哈密，进而把清军彻底赶出新疆。清军力图保住在新疆的最后几个据点，以便在将来进行反攻。1868 年 2 月，清军从关内派出第一批援军进入哈密地区，7 月又派出第二批援军，逐渐扭转了清军在哈密被动挨打的局面，进入激烈的拉锯战状态。

“六月初九日(7 月 28 日)探问南山口以东有贼匪四千余名，在河沿列队。凌祥督率兵勇枪炮齐施，毙贼八十余名，生擒缠头（维吾尔族）八名。凌祥等复督队前进，杀贼二百余名，追至哈密东北一带，连夺贼营数座，复杀贼三百余名。随即会同哈密伯克夏四林大队，齐攻回城东门，我军将城墙拆倒，立时攻进，分路截杀，毙贼六百余名，生擒一百余名，立将哈城收复。”阿古柏侵略军随后进行反扑，于 12 月 23 日再次占领哈密。清军决心再次收复哈密，援军于 1869 年 4 月 6 日“行抵哈密，即与贼匪接仗，我兵奋勇争先，贼众披靡，杀毙贼匪数百名，余匪窜至四五堡，随即克复哈密城池”。收复哈密为后来左宗棠收复新疆创造了有利条件。

阿古柏的“哲德沙尔”成立之初，沙俄就要求阿古柏给予贸易特权，并企图在军事上控制阿古柏政权。英国也积极笼络收买阿古柏，企图把南疆变成一个在英国控制下的英俄间的“缓冲国”。1869 年，英国派遣驻克什米尔专员沙傲到喀什噶尔多次会见阿古柏，并赠送了一批枪支。1870 年，英国派遣曾任旁遮普专员的福西特访问喀什噶尔，此行英方送给阿古柏 10000 支洋枪。1873 年 12 月，福西特率一支 300 人组成的使团，随行的还有 6746 名夫役。1874 年 2 月 2 日，福西特与阿古柏签订了《英阿条约》十二款。英国还通过其附庸国土耳其以加强对阿古柏的控制。“土耳其苏丹封阿古柏为‘埃米尔’，向阿古柏赠送 3000 支步枪，30 门大炮，并派遣军官训练阿古柏的军队。阿古柏则承认土耳其为宗主国，发行铸有土耳其苏丹头像的硬币。”

六、俄国武装侵占伊犁

俄国发现，最便捷的俄中贸易通道是从西伯利亚通过中国新疆准噶尔盆地和甘肃，进入中国腹地。其途中所需时间较之绕恰克图到北京，节省两个月时间。因此，在吞并了中亚三汗国的同时，伊犁地区就成为沙俄觊觎的目标。

1864 年 7 月，沙俄土尔克斯坦总督考夫曼，派军队占领了霍尔果斯河以西的博罗胡吉尔冬、夏两个卡伦，进而控制了伊犁河上游的特克斯河谷，把伊犁的出入要道掌握在手中。1869 年秋，阿古柏势力开始进犯北疆。沙俄怀疑他有攻占伊犁的意图，决定先发制人，借口保障边境安全和对抗阿古柏的意图，于 1870 年 8 月派兵进驻特克斯河上游，占领天山穆查尔特山口（冰岭），扼住了伊犁通往南疆的交通要道；同时占领了赛里木湖以西的博罗胡吉尔地区，在军事上对伊犁构成了夹击之势；并修筑通向伊犁的道路，开始集结部队，准备占领伊犁。1871 年 2 月 22 日，俄国政府在其特别会议上决议占领伊犁。

1871 年 5 月 15 日，考夫曼下达了进攻伊犁的命令，俄军兵分两路，一路由巴里斯基少校率 200 余人，于 5 月 19 日渡过霍尔果斯河，俄军受到伊犁军民不断袭击；5 月 21 日俄军退到中国废城霍尔果斯；5 月 22 日夜，伊犁军民向霍尔果斯的俄军营地发动夜袭；5 月 24 日，俄军被迫撤到阿克肯特。伊犁军民不断出击，几天后，俄军被迫撤回博罗胡吉尔。另一路俄军于 5 月 19 日进攻克特缅山口，双方的激战从 20 日上午 10 时持续到下午 3 时，俄军死伤十余人，迫使俄军于 21 日撤退。

俄军急忙从国内调集援军，集中兵力进攻克特缅。第二阶段的战争于 6 月 6 日开始，俄军仍分两路进攻。俄军付出高昂的代价，仍未能取得关键的进展。6 月 20 日，战斗进入第三阶段：俄军 2000 余人，携大炮 13 门，由七河省省长科尔帕科夫斯基亲任司令进犯伊犁。6 月 26 日，俄军侵入霍尔果斯一带，6 月 28 日，俄军渡过霍尔果斯河，向据守阿里马图村的伊犁军民进攻。6 月 30 日，俄军集中进攻果园阵地，迫使伊犁军民撤退。接着，俄军从东、南、西三面进攻，攻陷清水河子城。7 月 1 日，占领绥定（今霍城县城）。7 月 3 日，侵占会宁，伊犁苏丹艾拉汗向俄军投降。7 月 4 日，俄军占领伊犁苏丹政权所在地宁远城（今伊宁市）。

俄军经过 50 多天的苦战，侵占了伊犁九城，废撤了清政府设在此地的一切机构，扣押并驱逐清政府派驻伊犁的官员。在外交上为掩人耳目，7 月 17 日，俄驻京公使告知总理各国事务衙门，俄军已于 5 月 17 日克复伊犁城池，但俄国绝无久居伊犁之意，只以中国回乱未靖，代为收复，权宜派兵驻守。待关内肃清，乌鲁木齐、玛纳斯等城克复后，即当交还。

俄国攻占伊犁后，立即和阿古柏进行勾结，阿古柏也希望和俄国改善关系。俄国侵占伊犁后，曾想扶植一个傀儡政权，但最终选择了由俄军直接统治的方式，对当地人民实行军事殖民统治，将伊犁地区划归七河省管辖。从七河省省会阿拉木图直到伊犁设置了 17 个军事台站。1874 年至 1875 年，考夫曼曾集中了 2 万人在喀什噶尔边境，准备进攻阿古柏，只因 1875 年沙俄忙于镇压浩罕爆发的反抗斗争，并吞新疆的阴谋才暂时被搁置下来。1876 年 6 月，左宗棠西征大军围攻乌鲁木齐。考夫曼了解到阿古柏军事上和经济上异常困难，又想对阿古柏施加压力，企图在清军收复新疆之前，从阿古柏手中夺取天山山脉的一些重要据点。1877 年 1 月，阿古柏告诉库罗帕特金，他全部接受沙俄的要求，并答应派出使节与考夫曼商讨这些苛刻的条件。但由于清军进兵神速，节节胜利，沙俄炮制的“阿古柏界线”，始终未能得逞。

七、左宗棠西征之北疆之战

西北边陲形势紧急后，清廷就海防与塞防展开激烈辩论，最后采纳了以左宗棠为代表的意见，决定以武力收复新疆。1875 年，任命左宗棠为钦差大臣，率军入疆平叛，驱逐侵略者。左宗棠提出三点战略规划：1. 先灭阿古柏，后索伊犁；2. 收复新疆的步骤是“先北后南”；3. 对待具体的战役，采用“缓进急战”的方针。战争分为两个阶段：北疆之战和南疆之战。清军担任主攻的部队是刘锦棠部和金顺部。清军的作战部署是：刘锦棠部在乌鲁木齐以东 300 余里的济木萨集结，金顺部在济木萨以东 90 里的古城一带待命。为防止敌人北窜蒙古，由提督徐占彪率 5 营人马，驻守巴里坤到古城一线；令提督张曜率 12 营及勇丁 800 名驻守哈密一线，扼敌东窜青海；派重兵加强对乌鲁木齐以西和玛纳斯以北的沙山子、马桥一带防线，严防敌人经塔城逃窜科布多、乌里雅苏台等地。

北疆战役的目标是先收获乌鲁木齐，进而收获全部北疆地区。从地理上看，乌鲁木齐是控制全疆的总要之地。当时清军在北路仍控制着古城、哈密等战略要地，还有塔城等北线各点呼应，便于进军。北疆战役从1876年6月开始，到11月6日结束，历时近五个月。主要战斗有：黄田之战、古牧地之战、乌鲁木齐之战、玛纳斯之战。

黄田之战 从阜康到古牧地约100里。有两条路可通：一条是大路，但有50里长的戈壁阻挡，仅在甘泉堡有一口小水井。从这条路进军，部队饮水无法解决。另一条是小路，途中有充分的水源，但敌人在黄田设有卡栅，驻有重兵，易守难攻。敌人企图迫使清军从大路进攻，陷清军于人困马乏之境地，而后两军决战。刘锦堂将计就计，布下疑阵，迷惑敌人。六月二十一日（8月10日）刘锦堂潜师夜起，会金顺所部进袭黄田，近卡栅敌始惊觉。刘锦堂与金顺所部先据山冈，金顺饬所部由右路进。刘锦堂饬总兵余虎恩等各率马队由左路分道前进。“分布已定，余虎恩等先率马队分驶下山，贼骑且战且走，旋复会合步贼来拒。余虎恩等督马队张两翼，潭拔萃等率步队由中路冲出，阵毙悍贼甚多……贼遂大败，卡栅据逆弃辎重狂窜。刘锦堂饬各队紧追，径抵古牧地。”8月11日收复黄田，生擒敌21名，缴获马匹28匹，清军阵亡14人，伤38人。

古牧地（今米泉）之战 古牧地是乌鲁木齐外围的重要据点，叛军有重兵把守。8月12日，刘锦堂部驻扎古牧地城外。8月13日，“贼骑数千由红庙子来援”。清军一面对古牧地城合围，一面集中兵力打援。“援贼悉力扑冲数次，均经马队拦截。”刘锦堂见已经合围，饬各营分路急攻，连日用开花炮轰塌城东南、东北墙垛各数丈。“8月17日，刘锦堂所部中军等营，突由东南角一拥而入。金顺所部分攻东北，各营亦踊跃齐登，城中悍贼五六千人歼除净尽。”

古牧地之战历时 5 天，歼敌近 6000 人，生擒 250 人，缴获战马 200 余匹，清军阵亡官兵 358 人，伤 455 人。

乌鲁木齐之战 古牧地歼灭战打乱了叛军的部署，白彦虎、马人得见清军锐不可当，先遣妇孺辎重南逃，留精壮据守乌鲁木齐。刘锦堂获悉乌鲁木齐兵力空虚，当机立断，仅留两营兵力守古牧地，亲督全队于 8 月 18 日赴乌鲁木齐。清军行近乌城 10 里地方，探报敌千余人已出城里许，向南逃逸。刘锦堂命余虎恩率马队 3 个营由左路追击，潭拔萃等率步兵 4 个营随后跟进；令黄万鹏等率骑兵 5 个营，从右路包抄追击，潭上连等率步兵 4 个营随后跟进。刘自率其余兵力攻城，叛军不战而溃。白彦虎、马人得率残部仓皇逃窜，在距乌鲁木齐十余里处，向追击的清军反扑，展开激烈战斗，清军斩杀甚多。在乌鲁木齐之战中，毙敌 500 余名，生擒 26 名，缴获马匹 70 余匹。清军官兵死 130 余人，伤 47 人。

玛纳斯之战 玛纳斯位于乌鲁木齐西偏北，距乌市 252 里，为北疆重镇，扼南北疆之咽喉。玛纳斯之战分三步进行：第一步于 6 月歼灭了玛纳斯外围之敌，切断了玛纳斯与乌鲁木齐的联系；第二步在收复乌鲁木齐后，再集中兵力围歼玛纳斯守敌，于 8 月 18 日收复了玛纳斯北城；第三步收复玛纳斯南城。此次战斗非常艰苦，清军于 9 月 2 日包围玛纳斯南城，围城 60 多天，经重大伤亡，于 11 月 6 日才收复玛纳斯南城。

5月27日，二鼓传令拔营，“是夜星光朗彻，各勇衔枚疾趋，抵城西北三里许之干河之，乘夜畚锸奋施，挖壕树硐，天明垒成。贼大队蜂拥而至，各营洋炮、劈山炮连环施放，该逆裹伤而前，十荡九决，鏖战数时，轰毙逆贼无数，贼势不支，退入卡门”。29日，叛军大股复出，清军坚壁以待，俟叛军稍懈，突出冲击，大有斩获。30日，阿古柏军复列大队于距营里许之戈壁，往来诱战，孔才亲督各营出击，守备孔昭华等大呼陷阵，阿军大败奔窜。是役，清军鏖战三日，毙敌400余名，生擒伪总领马德明等14名并正法。

清军取得玛纳斯外围战斗的胜利后，切断了南疆之敌与北疆之敌的联系，形成关门打狗的有利局面。清军认为“余小虎等率党死拒，恃有城外积麦，非直逼城下焚其储积，不足以致其死命。遂带队伍薄城而垒，该逆蜂拥出犯，我军合击败之。复分兵攻杀守场之贼，焚其积麦，该逆不敢出拒。……孔才等见有隙可乘，遂约会各军并力齐攻，8月14日余小虎夜开东门逃窜”。

清军收复了玛纳斯北城后，于9月2日包围了玛纳斯南城。刘锦堂鉴于大量逃散残敌流窜于东南山谷之中，威胁前方作战，由他亲自领兵入山进剿。

9月7日，“金顺亲率总兵邓增、都司张玉林以后膛开花大炮轰塌城东北角楼丈余。……贼乘高死抗，炮石如雨，总兵李大洪等登时殒命”，清军未能得手。9月19日，清军“潜登西北角楼，斩守城之敌十余人，因贼有备乃退”。9月20日夜四鼓，马玉昆麾军攀堞而上，夺西北角楼，敌作殊死搏斗，楼中火药被炮火击中，城楼摧倒，压伤勇丁十余人，马玉昆亦被石伤。忽风作烟迷，随即收队。10 月 1 日，清军发起全面进攻，一路以大炮轰击城之西、南两面，一路由西北角缺口抢登，一路攻北门炮楼，一路攻西门炮楼，一路攻东北角楼，一路攻东南角楼。“各军肉搏而登，毙贼多名，城楼匿贼蜂出，败而复来，猛扑十余次”，再次无功而返。10 月 4 日，清军增援部队到达，在城周围高筑炮台，修掘长壕，又饬方春发由关厢内掘成地道，实以火药。10 月 17 日，清军于“午刻举发，轰塌墙身二丈有余，方春发挥队直入，贼凭短垣，密施枪炮，未能抢进”。10 月 18 日，清军“仍由缺口进攻，贼拼死抵拒，都司崔纬猛攻受伤，遂收队”。10 月 28 日夜，关厢内地道掘成，一支清军仍由缺口进攻，金顺率其余各军，由北城楼进攻。“天色向明，地雷举发，轰塌城墙二丈余，壮士奋登，毙贼无算……贼屡乘夜越壕，官军以枪炮击走之，敌终不支”。11 月 4 日夜，叛军首领海晏赴徐学功营乞抚。11 月 6 日，金顺知叛军的投降有诈，饬各军列队城南，严阵以待，又令马队分布隘口，以防窜逸。叛军在出城后，发生突变，被清军严厉镇压，彻底消灭。

玛纳斯南城攻坚战，历时两个多月，歼敌 3000 余人。西征军也付出重大代价，伤亡精锐甚多，牺牲近 1000 人，仅官弁阵亡者就有 115 人。

玛纳斯全城克复，标志了北疆战役取得了完胜，阿古柏的灭亡已成定局。北疆战役的胜利，使肃州到哈密到塔城一线的清军连成一片。它既扼制了俄军东进的企图，又有效地防止了阿古柏匪帮的北窜，并使左宗棠西征军有了可靠的后勤基地。

八、左宗棠西征之南疆之战

北疆之战结束后，进入冬季，新疆地区不宜行军打仗，加之玛纳斯之战打得很艰苦，清军需要休整，决定来年进军南疆。南疆之战包括吐鲁番之战、南疆东四城之战、南疆西四城之战共三个战役。

吐鲁番之战　在吐鲁番地区有达坂城、吐鲁番、托克逊三个据点。达坂城位于天山南麓，扼南疆门户，东南行约 200 里为吐鲁番，南行百余里为托克逊。阿古柏军的兵力部署是北轻南重，在这一带部署了约 2.7 万人和 27 门大炮，拥有相当强的作战能力。左宗棠的方针是，先兵分两路，攻下吐鲁番和达坂城，再合兵攻取托克逊。战前清军进行了四个月的休整和补充。

进攻达坂城的清军，于 1877 年 4 月 14 日出发。16 日抵柴窝铺，于是日黄昏，派总兵余虎恩等各率马步衔枚疾行，径取达坂，期以五鼓会集城下，立合重围。次日天明，“贼见官军环围，急施枪炮，轰声不绝”。阿古柏之子派出两批援军到达坂，均被清军击退。至 20 日，清军“修筑城东炮台已成，遂用开花大炮三尊连环轰击，城中炮台倾圮，城垣亦毁数处。一子飞坠城中子药房，延烧贼储药弹及开花子炮，万雷怒轰，死尸山积”。清军收复达坂城。

4 月 18 日，清军出发，向吐鲁番进攻。19 日夜，至张家卡，乘敌不备，由北面越垒墙而入，杀贼颇多。21 日，何玉超等进攻七克腾木，“贼夺门而出，向辟展狂奔……（清军）沿途毙贼百余名”。22 日，乘胜进攻辟展，“贼望风西遁”。25 日，徐占彪等行抵鲁克沁城，“贼出城迎战，我军奋勇冲击，贼即西遁”。26 日，清军行至距乌鲁木齐十余里，“守卡贼并东路败贼列阵抗拒，徐占彪击其左，孙金彪击其右，贼殊死战。马队从两旁抄其后，贼不能支，纷纷溃窜”。阿古柏所立阿奇木伪官马人得乞降，孙金彪受降。清军收复吐鲁番满汉两城。

4 月 24 日，清军潜师夜起，刘锦堂率 14 营清军，由西南进，直捣托克逊。“近城十余里，忽马步贼队从路旁空庄冲出，包抄官军，势甚猖獗，黄万鹏等即率所部纵横冲杀。正鏖战间，刘锦堂大队驰至……号鼓雷鸣，杀声震野，众贼惊溃。”清军追剿，杀敌无算，26 日收复托克逊。

吐鲁番会战在十几天内结束，阿古柏的主力被歼灭殆尽，清军胜利地打开了进入南疆的大门，阿古柏的完败已成定局。清军对战争的胜利充满信心，左宗棠奏言：“现在回部内乱，势成瓦解，八城中唯喀什噶尔尚烦兵力，余则师行所至当不敢再抗天戈，南疆戡定当在指顾间也。”

南疆东四城之战 在清军的强大攻势面前，由阿古柏残暴统治所造成的各种矛盾迅速激化。阿古柏兵败势穷，众叛亲离，“知人心已去，日夜犹泣”，于 5 月服毒自杀。

1877 年秋，清军进兵南疆，计划先取南疆东四城，即喀喇沙尔、库尔勒、库车、阿克苏等地。8 月 25 日清军出兵，9 月

3 日行抵曲惠，10 月 7 日刘锦堂入喀喇沙尔城。10 月 9 日，过哈尔哈阿满沟，“突遇骑贼百余，斩十余人，擒两人。是日余虎恩等亦从间道驶至，比入库尔勒则城已空也”。17 日，清军抵托和奈，白彦虎于当天逃往库车。18 日，进逼库车大城，数万敌军散布郊原，见官军至，结队力拒。“贼骑四五千分两路来拒，官军奋力迎击，罗长祜马队大至，横冲入阵，贼大溃。官军乘势蹙之追杀四十里，阵毙千余人，当将库车城收复。”19 日，清军拔队起营，向阿克苏进军，20 日，抵和色尔。21 日，清军由和色尔出发，“行八十里追击贼尾，总兵方友胜督队奋击，阵斩五十余名，生擒一名”。22 日，“饬各将领履冰而行，行八十里抵铜厂，侦知贼正率眷口渡河，我军趋之及贼于河岸，督队猛击，积尸坠水，水为不流。复率所部乱流而渡，行三十里又及贼于上铜厂，贼分两路来拒，我军亦分两路迎之……正相持间，夏辛酉跃马冲入贼阵，生擒貂衣贼目一名，贼骇溃。官军并力夹击，毙贼数千名。23 日官军度戈壁 140 里，至哈拉裕勒”。24 日，抵扎木台，兵临阿克苏城下，城内头目阿布都勒满谋率众投诚。东四城在短时间内顺利收复。两个月间，阿古柏军彻底瓦解，清军驰逐 3000 里，所到之处各族人民纷纷响应，大大加快了进军速度。

南疆西四城之战　西征军南疆东四城之捷，使敌人成丧家之犬。刘锦堂抓住这一有利时机，改变原拟先攻叶尔羌的作战计划，分兵三路，乘敌不备，先攻喀什噶尔，击敌之中央，截断敌人向俄境逃窜的去路，然后再打叶尔羌、英吉沙尔、和田三城。

12 月 17 日，余虎恩与黄万鹏两军至喀什噶尔，“因贼攻汉城甚急，乘夜赴之。余虎恩令提督肖元亨等趋左右，而自当中路。贼众仓皇弃垒而走，将士奋勇冲杀，歼毙甚多。忽有贼骑千余向中路猛扑，我军张两翼围而歼之……维时城西北遇骑步贼三四千人来援东面之贼，而黄万鹏、张俊亦由北路驶至，合队击之”。清军收复喀什噶尔，并分析当时形势，认为“伯克胡里已出边界，而白逆必由恰哈马克经过明要路，距恰哈马克三百余里，若横截而出或可擒获”，决定舍伯克胡里而追白彦虎。“20 日，黄万鹏至岌岌槽与贼之尾队相值……生擒伪元帅马元，并斩其副元帅白彦龙，此股尽灭。”清军侦知，白彦虎 19 日早晨过此地，遂于 21 日五鼓拔队，再行进 30 余里，突遇俄罗斯军人五六百人，讯知白彦虎已入俄境，遂止不追。沙俄别有用心地收容了白彦虎和伯克胡里，并支持他们多次从俄境骚扰南疆。

另一路清军于 12 月 21 日收复叶尔羌，24 日倍道至英吉沙尔收抚民众，乃即前进。于 26 日到达喀什噶尔，与余虎恩部会合。另派提督董福祥于 1 月 2 日抵和田，“据城安夷尚未尽窜，分兵追击……1 月 4 日探报安集延贼尚据城南五十里地方，董福祥驰往剿之，贼败走”，和田肃清。

此次克复西四城，廓清两千数百里，历时未逾一月，毙俘敌万余人，缴获战马万余匹，及开花大炮七座。至此，被阿古柏侵占 13 年之久的中国新疆领土除了伊犁地区尚被沙俄占领外，其余地方都重新回到祖国怀抱。清军收复新疆的胜利，在中国近代史上有深远的意义。它粉碎了英帝国主义借阿古柏反动政权在新疆扩张势力的阴谋，并使沙俄永久霸占伊犁地区的侵略野心彻底破产。

九、中俄收交伊犁谈判

沙俄政府原以为清政府没有能力打败阿古柏，收复新疆。清军西征后，沙俄政府很快发现阿古柏难以抵挡清军的进攻。阿古柏如被击败，清政府会根据他们曾许下的“诺言”，向俄国收回伊犁。俄国为此召开了一次特别会议，研究对策。最后决定：清政府如想收回伊犁，“除非达成一个协议，让特克斯河谷平原归入沙皇帝国，俄国商人获得商业特权，并赔偿俄国在中国叛乱事期所蒙受的损失”。

崇厚谈判《交收伊犁条约》　西征军击败阿古柏以后，清政府立即着手收回伊犁，于 1878 年 6 月 22 日，派盛京将军崇厚为全权大臣，赴俄交涉收回伊犁和引渡白彦虎等人。崇厚曾任三口通商大臣，总理各国事务大臣，自命精通洋务，实则只会奉迎洋人。

1878 年 11 月，代表团一行 30 人从上海启程，由海路经香港到法国马赛港登岸，换乘火车，于 12 月行抵彼得斯伯克。从 1879 年 1 月开始，中俄谈判历时 9 个月。

俄方代表格尔斯在会谈开始，即提出要求：“大致分通商、分界、补恤俄民三大端。复将商务、界务各分为三条。商务三条：曰中国西边省份准其贸易；曰天山南北各路妥协贸易章程；

曰西边省份及蒙古地方设领事馆。界务之三条：曰伊犁西南界；曰塔尔巴哈台界，均应稍加更改；曰天山以南两国应将未定边界划清。至补恤俄民银两，应再详议。”

崇厚在谈判中，一味讨好俄国，对俄国要求清政府必须做出重大让步的无理要求，不但没有进行斗争，反而为俄国说项开脱。清政府一再电示：“利害所关必当权其轻重，未可因急于索回伊犁，转贻后患。”尤其在分界问题上明确指出：沙俄“将同治三年经明谊议定之界，欲于西境、南境各划去地数百里，并伊犁通南八城之路隔断，至伊犁一隅，三面皆为俄境，弹丸孤注，势难据守，此万不可许之事”。崇厚对朝廷的指示，置若罔闻，在给总理衙门的回电中说：“条约已经缔结，文本业已誊清，改订或重新谈判已不可能。”1879 年 10 月 2 日，他在黑海边的里瓦机亚与俄国签订了《交收伊犁条约》共 18 条。10 月 11 日，崇厚未经朝廷批准擅自启程回国。

消息传回北京，舆论大哗。清政府饬下疆臣复议，迅图补救。朝臣文章弹劾，请斩崇厚以谢天下。李鸿章等少数官员认为应批准条约，提出如果在议定条约后不予批准，将“为各国所讪笑，则所失更多”，并把矛头指向左宗棠，“左相拥重兵巨饷，又当新疆人所不争之地，饰词欲战，不顾国家全局”。针对李鸿章的言论，左宗棠上《复陈李鸿章所奏各节折》称：“就现在局势而言，非用兵无以收复伊犁。先之议论尚是空谈，继之兵威乃有结果也。”不久左又上《复陈交收伊犁事务折》，对条约中的第七款、第八款、第十款、第十四款都提出质疑。

清廷于1880年1月16日上谕：“崇厚奉命出使，并不听候谕旨，擅自启程回京，情节甚重，仅予革职不足蔽辜崇厚，着先行革职拿问，交刑部治罪。”3月3日判处监斩候。2月19日清政府声明拒绝批准《交收伊犁条约》，改派驻英法公使曾纪泽为钦差大臣，赴俄重开谈判。

俄国对此极为不满，向清政府提出抗议，并在外交上恫吓。沙俄在这一地带边境线上部署了一支12800名步兵和6250名骑兵，配备有62门火炮的进攻部队。列强各国都反对清政府将崇厚逮捕治罪，因为这在国际外交史上是没有先例的。

当时俄国在欧洲舞台上陷于很孤立的地位，加上俄土战争的消耗，财殚力竭，年荒饷缺，考夫曼手下的士兵大多调到土耳其战场了，再发动侵华战争力不从心。面对左宗棠的十万雄兵，俄国实在没有胜利的把握。俄国政府不得不重开谈判。经英国人斡旋，清政府首先做出让步，免除崇厚的“监斩候”罪名，以换得俄国对曾纪泽入境的许可。

曾纪泽谈判《中俄伊犁条约》　1880年4月1日，总理衙门详细审议了崇厚所订的条约，并提出《中俄约章总论七条》作为给曾纪泽的训令。同时指示左宗棠统筹战守，积极准备收复伊犁。左宗棠计划兵分三路，武力收复伊犁，到1880年5月，左宗棠完成了进军伊犁的全部准备工作。

英法两国要求俄国吐出一部分利益，同时压迫清政府对俄妥协。清政府在国内外妥协势力的诱迫下，动摇了用武力收复伊犁的决心，于1880年8月召回左宗棠。

曾纪泽行前向清政府陈述了他的谈判策略：划界问题“自宜持以定力，百折不回”；通商各条“唯当即其太甚者酌加更易”；由于“界务稍有更改，则兵费不能不加”。

曾纪泽于1880年7月30日抵达圣彼得堡，8月4日第一次谈判。曾纪泽提出中方要求归还伊犁全境，中俄界址大体照旧，商务税务也要改议。8月25日，俄国召开特别会议，决定了有关谈判的三个原则：一、假如中国同意增加赔款，并愿意在其他边境线上进行调整以示补偿，俄国可以不坚持对特克斯河谷的控制；二、修改条约同样必须以不损害俄国的荣誉和声望为原则；三、与中国的争执长期拖下去是不利的，因此俄国必须以武力为手段，以求得谈判的迅速解决。

曾纪泽奏：俄国外交部于十一月二十六日（12月27日）送来照会两件，节略一件。第一件照会言此次允改各条，中国若再不允，则不得在俄再议。“第二件照会言收交伊犁办法三条。节略中历叙允改之事，约有七端。”第一端曰：“交还伊犁之事。查原约（指崇厚谈判的条约）中伊犁西南两境分归俄属。南境之特克斯川地当南面通衢，尤为险要，若任其割据，则俄有归地之名，我无得地之实。……遂舍西境不提，专争南境。”谈判结果是，“其西南隅允照前将军明谊所定之界”。第二端曰：喀什噶尔界务。谈判结果是：“各派大臣秉公勘定，不言根据崇厚所定之界也。”第三端曰：塔尔巴哈台界务。结果是：“允于崇厚、明谊所定两界之间，酌中勘定。”第四端曰：嘉峪关通商。谈判结果是：“将嘉峪关通商仿照天津办理，西安、汉中两路及汉口字样均删去不提。”第五端曰：松花江行船至伯都纳之事。谈判结果是：俄方“允将专条废去”。第六端曰：添设领事之事。谈判结果是：“将乌鲁木齐改为吐鲁番，余俟商务兴旺时再议添设。”第七端曰：天山南北路贸易纳税之事。谈判结果是：“将原约内均不纳税字样改为暂不纳税，俟商务兴旺再订税章。”

俄国代表在同意对崇厚所订条约进行上述七处修改的同时，提出增加赔款的要求。最后商定赔款总数由 500 万卢布增加为 900 万卢布，合白银 500 万两。这个数额符合总理衙门事先的授权范围。

双方进行了七个月的艰苦谈判，终于达成协议。1881 年 2 月 24 日签订了《中俄伊犁条约》，又称《圣彼得堡条约》，共十二条。条约收回了伊犁南境特克斯河流域 19000 余平方千米的土地，但霍尔果斯河以西地区仍被沙俄霸占。条约规定伊犁居民愿迁居俄国入俄国籍者，均听其便。

1881 年 5 月 15 日，清政府批准了《中俄伊犁条约》。9 月 2 日，清政府命令伊犁将军金顺督办交收伊犁事项。1882 年 3 月 22 日，塔尔巴哈台参赞大臣升泰代表清政府正式接受伊犁，金顺亦随即率兵进驻。

1877 年，左宗棠提出在新疆设行省的建议，1882 年 8 月，督办新疆军务钦差大臣刘锦堂提出了更实际的建省方案。1884 年 10 月，清廷发布新疆建省的上谕。1887 年，清政府将伯克全部裁汰，促进了郡县制的确立，并取消了内地人口移居新疆的限制，促进了新疆社会经济的发展。清末新疆人口已达 200 余万人。

第九章

甲戌之战

一、概述

台湾自古以来就是中国的领土。三国时期，孙权曾派将军卫温率一万官兵赴台。吴人沈莹在《临海水土志》中留下了关于台湾最早的文字记述。隋书合称台湾、琉球为“流求”，唐朝称为“流虬”。明洪武五年，开始出现“台湾”名称。

台湾物产丰富，战略地位重要，离祖国大陆最近处仅 150 海里，是中国东南沿海各省的天然屏障，是第一岛链的重要环节，也是我国直接面向太平洋的唯一门户。随着西方殖民主义的东来，19 世纪中期以后，英美法等列强及日本国一直在觊觎台湾。

1867 年发生了“罗妹号”事件。美国商船“罗妹号”于 3 月 12 日，行至台湾南部，“阁礁受伤打破”。船主夫妇及水手共 14 人至琅峤（恒春）尾龟仔登陆，遭遇当地科亚人。科亚人的祖先曾被海外漂来的白人杀戮，他们把白人看作世仇，故把这次登陆的美国人全部杀死，仅有一名华人水手幸存，逃到高雄报案。4 月 3 日香港《中国邮报》报道了这一事件，美驻香港领事何伦报告美国政府，主张乘此夺取台湾。美国驻厦门领事兼台湾领事李仙得获悉此事后，立即赶往福州，与闽浙总督及闽抚进行交涉，请求中方营救幸存人员，并严惩科亚人。按当时的国际惯例李的要求是正当的，但清朝官员推诿“番地为化外”，并不认真办理。李仙得于 4 月 8 日抵台湾府，照会台湾镇总兵刘明灯与台湾道吴大廷等，要求参与查办此案，遭婉拒。“该道始则允为办理，不必外国相帮；继则诿诸地非中国兼辖，为兵力所不及。”

1867 年 6 月 13 日，美国亚细亚舰队两艘舰只抵达台湾南端海湾，美军 181 人登陆，“被生番诈诱上山，带兵官受伤毙命，洋兵被伤者数人”。

清廷派刘明灯率兵前往查办，刘于 9 月 10 日率洋枪队 500 名出发，李仙得及翻译同行，于 12 日进驻龟鼻山。李仙得会汉语，他别有用心地提出，单独与科亚人会晤，10 月 10 日十八番总头目卓杞笃与李仙得达成和解协议。李仙得于 10 月 15 日照会刘明灯，略述其与卓杞笃的协议经过，并请撤兵，恳免深究。1868 年，李仙得再次潜入琅峤一带与部落首领联系。1872 年，琉球船员遇害事件发生，他第三次跑到龟仔荳社去“追究真相”。李多次深入部落地区，使他成为所谓的“台湾通”，并利用清朝官员的无知与无能，套取了番地为“无主之地”“化外之地”的口实，由此产生觊觎台湾的野心。

美国侵台受挫后，不再通过武力侵占台湾，而是推行利用日本对抗中朝两国，从中渔利的外交政策。

与英美法等列强相比，日本侵占台湾的决心最大，计划最缜密，工作最细致，准备最充分。日本觊觎中国和朝鲜之心由来已久，早在“明治维新”以前，日本的统治者就已积极准备侵犯中国领土。1868 年“明治维新”之后，随着日本资本主义的急剧发展，对外侵略扩张的野心更加膨胀，提倡进取朝鲜、中国东北及内地。日本从江户时代的文献中，即把台湾和中国区分开，将台湾列为中国的“属国”。日本真正实施占领台湾的步骤是从“琉球处分”开始的。

二、日本侵台的准备

1868 年，日本发生“明治维新”，它促使日本向资本主义方向发展。它建立的是地主、资产阶级和天皇贵族的联合专政，特别富有对外侵略性。明治维新后，日本逐步走上军国主义道路，积极推行“大陆政策”。控制乃至占领朝鲜、琉球、台湾是日本的既定国策，也是其大陆政策的第一个行动目标。

1870 年 8 月 25 日，日本政府派外务局大丞柳原前光等人来华，要求订约通商。总理衙门以为多一事不如少一事，答复“照常通商，不必议约”。李鸿章以日本的要求符合他“以夷制夷”的思想，主张与日本订约。

谈判中，日本企图将不平等条款订入条约，李鸿章坚决反对，激烈争辩。当时，日本还没有能力迫使清政府接受其要求，只得以中方的约稿为基础达成协议。9月13日，双方签订《中日修好条约》18款和《通商章程》33款。这是近代中日关系史上的第一部条约。学术界对此条约有不同看法。

1871年，发生“牡丹社事件”。12月11日，琉球贡船两艘遇风漂至台湾。其中八重山船在一小岛上获救，“44人登岸，原船冲礁击碎，该处民人将伊等带回，赴凤山县衙门，转送台湾县安顿公所”。另有太平山船一艘，在南部八瑶湾触礁沉没，船上载有69人，“淹毙同伴3人，伊等66人浮水上岸。十一月初七日（12月18日），误入牡丹社生番乡间内，初八日生番将伊等身上衣物剥去……被杀54人，只有伊等12人，因躲在土民杨友旺家，始得保全。二十一日，将伊等送到凤山县”。

此事属中国与琉球之间的事件，日本无权过问。但这批人回国后，日本朝野群情激愤，认为杀害琉球人就是杀害日本人，主张大兴问罪之师。其实清政府对这类事件有常规处理方式，态度友好，有案可查。这类事件在历史上曾多次发生，据学者研究，1701年至1876年间，琉球船只在台湾沿海失事共发生过53次，多数情况下受难船民都得到中国各地政府的救济；其间也发生过遭难船民被台湾少数民族杀害的事，琉球对中国从无抱怨，在中琉间也从未引起什么问题。

“牡丹社事件”发生后，日本开始考虑武装侵华。但台湾是中国领土，侵台就是侵华，日本当时还不能不深有顾忌。当时台湾东部地区尚未设置清政府机构，此处为“生番”居住地区。于是日本政府以此为突破口，企图论证台湾东部不是中国领土。

1872年10月16日，日本外务卿副岛种臣会见美国驻日公使德朗，通知美国日本强行设琉球藩进而夺取琉球的外交权的决定，并保证日本将继续维持1854年的美琉条约。德朗说台湾等于是无主土地，鼓励日本出兵台湾，并向副岛种臣推荐李仙得。日本给予李仙得每年12000银圆的高薪，李仙得自1872年11月开始，向副岛种臣提出了几十个备忘录，提供给日本政府有关侵台的军事、外交等方面种种具体建议，及中国政教不及番地的"理论根据"，鼓励日本将其收为领土。12月28日，天皇敕令任李仙得为日本外务省准二等官。

1872年12月18日，天皇任命副岛种臣为钦命总理全权大臣，表面上是为参加同治帝成婚与亲政庆典活动，同时负有与中国谈判琉球与台湾问题的使命。1873年3月31日，副岛种臣抵上海，4月20日抵天津，与李鸿章多次会谈。5月7日副岛种臣抵北京。他的工作重点在觐见同治皇帝上。副岛种臣要求比照各国一二等公使优先觐见皇帝，并拒绝跪拜。6月21日，副岛种臣派柳原前光与郑永宁至总署，日使先问有关澳门和朝鲜的问题，再绕到琉球人遇害问题上。柳原称："今谓贵国官吏对琉民曾加抚恤，请问对狂暴虐杀琉民之生番又曾作何处理？"毛昶熙答："该岛之民向有生熟两种，其已服我朝王化者为熟番，已设府县施治；其未服王化者为生番，故置之化外，尚未加以治理。"柳原扬言："我政府拟立即前往征伐。""贵大臣既谓生番之地为贵国政教不及之区，且有往例证明，（杀害琉民者）为化外孤立之番夷，则只能由我国独立加以处理。”

在清朝统治者用语中，“生”“熟”只是说明该少数民族经济、文化等开发及其与周围汉族交往状态的程度，其人皆中国人，其地皆中国地，根本不涉及领土主权问题。而日使看来，抓住清朝外交官这么一句话，就可以说成清政府自己承认了那些地方不在中国版图以内，从而掌握了台湾可以征讨的论据，他们就有理由向台湾出兵了。

21 日会谈后，李鸿章的幕僚孙士达当晚就到郑永宁处，探寻日方真意。郑的回答是：“即使副岛大使觐见成功，日本也要兴问罪之师。”23 日，副岛又对前来挽留的孙士达表示：“伐番一事,即使达成觐见,日本仍不可废止,贵道将此意转告中堂。”令人遗憾的是，满朝大臣都以为，日本是不满意觐见问题而故意发难。他们天真地认为，只要让日本如意觐见，则伐番一事将不了了之。

取得了中国外交官语言上的把柄后，日方认为侵台时机已经成熟，派出多名侦察人员赴台“实地调查”。1874 年 2 月 6 日，由大久保利通和大隈重信制定了《征台要略》，其主旨完全来自李仙得所提供的策略。《征台要略》以清政府官员所言，台湾番地是“化外之地”为借口，计划出兵征讨台湾。通过出兵台湾,从而明确琉球的归属问题,先与清政府在台湾画线而治,最后占领整个台湾。日本的态度是,否认清政府对全台湾的主权,日本进攻台湾和清廷无关，攻打台湾并非挑起中日之战。

三、日本侵台之战

1871 年发生“牡丹社事件”，明治天皇认为这是发兵侵台的绝好机会，派副岛种臣外相使华时，授意台湾问题谈判要旨：“清国政府若以政权之不及，不以其为所属之地，不接受这一谈判时，则当任从朕作处置。”“清国政府若以台湾全岛为其属地，左右推脱其事，不接受有关谈判时，应判明清政府失政情况，且论责生番无道暴逆之罪，如其不服，此后处置则当任依朕矣。”就是说，无论清方外交官怎么说，日本都要出兵侵台。双方谈判时，中方代表一句“生番姑且置之化外”的话，被日方解释为：台湾东部为清政府“政权所不及之地”，并以此为由，出兵侵台。

1874 年 2 月，在长崎设台湾番地事务局，以大藏卿大限重信主之，命陆军中将西乡从道为番地都督，陆军少将谷干城、海军少将赤松则良为参军，率兵赴台。4 月 27 日晚，“有功丸号”载 270 人自长崎出发；5 月 2 日，旗舰“日进号”、战舰“孟春号”、运输舰“三国丸号”“明光丸号”载 1000 余人从长崎出发；5 月 7 日，“高沙丸号”“社寮号”从长崎出发。首发人员为 2488 人，前后投入的总兵力约 4500 人。

5 月 8 日、10 日，日本侵台军分三路陆续从琅峤(恒春)登陆，“倭兵约二千人，一扎大埔角，一扎琅峤、一扎龟山，时以甘言财利说项各社。牡丹社在下者已为攻破，余数百人逃往山顶，倭人未能仰攻。龟仔角生番，亦不肯降。其降者网索等 11 社，倭营给一旗为凭”。日军前进过程中，处处遇到民众伏击。“四月初一日（5 月 16 日），有日本人 12 名进山，被生番杀死 1 人；初三日，生番又击伤日本人 2 名，生番死 1 名；初六日生番伤日本人 2 名。”“日人闻四重溪民有密助生番之说，即于四月初七日大队进剿，先取四重溪，当即进剿牡丹社。二次交战，生番被日人铳毙 20 余人，日人亦被生番毙其 3 名。”四月十八日（6 月 1 日），日军分三路再次进攻，中社、竹社、尔奈、高士佛等社均被攻破烧毁。后攻至牡丹大社，生番与日本接仗，被炮伤 6 人……日本兵亦被生番铳毙 6 名，受伤 10 余名，随即收队。牡丹社并未攻破，日兵于牡丹社下大埔角一带扎营。“二十日（6 月 4 日）该日兵两路同时出队，进剿生番，其竹社、牡丹、尔奈、拔瑶、高士佛等五社生番五六百名亦出，在石门一带迎敌，随时接仗。因日兵炮火齐全，人数众多，生番迭次战败……所有 5 处番社，未能固守，即被日兵破入。”6 月 4 日，日兵分路搜山，欲擒生番，尽灭其余各社。6 月 9 日，“共八社头人到日营投降。即赏各头人红绫 2 匹，花巾 5 条，红毡 2 床，耳钩 4 对，又给红旗 8 面，令每社各竖一支为凭，日兵出入不复骚扰。并限各头人，每四日到营一次，有事无事，均要通报”。日军以龟山为基地，建立都督府，修筑道路、医院、营房，以图永久占领。

日军侵台期间，日军和清军互有联络，并无战斗。从沈、文、李三衔会奏，可见清政府避战、畏战，决策无能的窘态：“据理而论，不能不张挞伐之威；然目前之取胜非难，而事后则兼筹非易。彼尚有利器以图再举，我更无奇策以善将来。”

战争中，日本在军事与外交方面双管齐下，互相配合。其外交谈判则是在北京，与台湾前线的军事行动同时进行。1874年6月6日，福建布政使潘霨专程前往上海与柳原交涉，问日方“究竟作何结局？”柳原提出三点要求：“一、捕前杀害我民者诛之；二、抵抗我兵为敌者杀之；三、番俗反复难治，须立严约，定使永远誓不剽杀难民之策。”尽管这三条仍属无理，但潘霨回台湾后还是设法推行，令当地民众具结永保漂民安全。6月25日，潘霨与台湾道夏献纶赴琅峤日军营，访问西乡从道中将，以柳原所议三条业已办定，请日军退兵。26日辰刻，又往龟山营盘会晤西乡，西乡提出“贴补”兵费。西乡此时的态度与两个月前判若两人，因为日军侵台面临几方面重大困难：

一、战争陷于被动。日军侵台时，适逢连绵阴雨，山溪暴涨，水势滔滔，道路堵塞，不利部队运动，弹药、粮食也难以运输，士兵饥饿不堪。此时日军既要警戒土著居民的袭击，又要担心清军来逼，已在军事上丧失主动。

二、战争前途堪忧。在清政府妥协外交的指导下，清军未参加战斗，但已有八九千名清军增援台湾。如果战争延续，一旦人数上占绝对优势的清军参战，则日军必败无疑。

三、士兵减员严重，士气低落。台湾南部一直被日本人视为“南海绝岛瘴疠之地”，此次作战士兵很难适应环境，加上天气炎热，将士不得不忍受蚊叮虫咬，全军上下皆为疟疾所困扰。一位日本军医承认：希望早日回国，几乎成了口头禅。可以说，侵台日军士气低落到了极点。日军前后共运送伤员千余人回国，军队严重减员。

四、在国内不得人心，在国外孤立无助。日本统治集团内部意见并不一致，无论政府还是民间反战呼声越来越强烈。列强各国纷纷承认中国对全台湾的主权，反对日本占领台湾，连最初帮助日本策划侵台之战的美国也转变了态度，使日本在外交上十分孤立。

五、财政上难以支持。出兵之前，西乡从道曾夸下海口：征讨费 50 万日元足够，若是超过，情愿引咎切腹。结果，所费“征番费”及办理大臣派遣费两项花掉 362 万日元，购置兵器、船只等花掉 593 万日元，合计 955 万日元。且悬师国外，久无所成，如继续作战，费用难以估计。

当时日本羽翼未丰，国力尚弱，发兵侵台纯属军事冒险，在财力、兵力、装备方面都难以长久支撑。

日本出兵台湾，使清政府十分震惊。1874 年 5 月 25 日上谕，授沈葆祯为“钦差办理台湾等处海防兼理各国事务大臣，以重事权，所有福建镇道等官均归节制”。但清政府的基本方针不是尽力抗击日军，只是希望起到威慑作用，在将来谈判时增加手中筹码。

沈葆祯主持台湾事务后，采取很多措施，加强台湾防务：招募勇营、举办乡团、添置军火、购买铁甲舰、筹议敷设陆上及海底电报线、开通山路等。还兴筑安平炮台，加固台南城垣。“六月初五日（7 月 18 日）济安轮自津归，臣李鸿章寄来洋炮 20 尊，洋火药 4 万磅。初八日（21 日）永保轮自粤至，臣鹤年拨解洋火药 3 万磅。”8 月初，帮办潘霨募集少数民族壮勇 500 人进驻凤山。10 月底，淮军洋枪队十三营 6500 人全部抵台。清政府尽管在台厚集兵力，目的不是赶走日本侵略军，而在于“示以兵威”，促其撤军，寄希望于“俟臣沈葆祯赴台后，邀集各国领事，使之公评曲直”。日方也认识到，光靠现有兵力，不可能占领台湾。由此，中日双方开始谈判。

清政府的方针是妥协求和，息事宁人，只求日本退兵，可以不论是非，甚至“不以日本为不是”，可以出钱，但忌讳“赔款”二字。清政府的投降路线和软弱无能注定了此次战争“胜仗败约”的命运。

1874 年 7 月 30 日，日本公使柳原前光到总理衙门谈判，提出日本要侵占台湾东部已攻取之地；使琉球脱离与中国的藩属关系等无理要求，均被中方拒绝。柳原逼问：“定不退兵，中国究欲如何办法？”由于清政府无条件避战的方针，总理衙门的官员只得低声下气回答：“现在不再辩论曲直是非，只应想一了结此事之法，须两国均可下场。”日方提出赔款兵费，中方拒绝。谈判难以进行。9 月 5 日，李鸿章致函总理衙门，提出妥协意见：“万不得已，或就彼因为人命起见，酌议如何抚恤琉球被难之人，并念该国士兵远道辛苦，乞恩犒赏饩牵若干。不拘多寡，不作兵费，俾得踊跃回国。且出自我意，不由彼讨价还价，或稍得体，而非城下之盟可比。”李只求息事宁人，只要日本撤兵了事；对于日方的兴兵犯境，杀人放火，则一概不问是非。李鸿章的意见主导了以后的中日谈判。

四、中日《北京专条》

由于日军的军事行动受阻，国际国内困难重重，以驻华公使柳原前光为首的谈判无法继续，日方决定加大外交力度。1874 年 8 月，派内务卿大久保利通到中国谈判。9 月 6 日，大久保利通到达北京，与总理衙门大臣奕䜣、文祥等人谈判。自 9 月 14 日至 10 月 23 日，中日双方共进行了 7 次会谈。大久保利通并不向清政府提出赔偿兵费，更不透露日本准备撤兵，而是从否认中国对台湾东部的主权着手，设定种种问题刁难总理衙门官员。总理衙门据理驳斥，在“番地属中国”这一点上毫不放松，同时一再表示希望不再辩论是非曲直，应想一个两国都可以体面下场的了结办法。经过几轮唇枪舌剑，大久保利通认识到不可能把“台番非中国版图”之说强加给中国，只能在“番地属于中国”的前提下和平解决日军侵台问题。由于英美等国的干预，日本已认识到，日本不可能独占台湾，只能希望从清政府获得一笔赔偿而体面撤军。10月中旬,大久保利通提出以“两便办法”解决问题：日本拟将撤兵，但索要兵费。接着，双方围绕赔款的名义是兵费还是抚恤，及赔款额度，又是一番斗争。日方“索银 500 万两，至少亦非 200 万两不可”，中方拒绝，谈判几乎破裂。10 月 26 日，英国公使威妥玛来总理衙门，“初示关切，继为恫吓之词，并谓日本所欲 200 万两，数并不多，非此不能了局”。临走，坚持问“中国允给之数”。总理衙门遂告以“中国既允抚恤，只能实办抚恤，即使加优，数不能逾

10 万两。……再允该国在番社所有修道、建屋等件，留为中国之用，给银 40 万两，共不得逾 50 万两之数”。

中日全面协议体现于10月31日签订的《北京专条》中。《北京专条》经历了微妙的、激烈的斗争，其核心仍然是台湾高山族居住区的主权问题，而这个问题在《北京专条》的最后文本中终于得到确切的解决。在威妥玛的调停下，中日双方达成协议，清方始终没有承认琉球是日本的属国，后来双方避开了争论琉球属国问题。但最后条约文本的文字，清政府“默认”了琉球人为日本国属民。1874 年 10 月 30 日，清政府代表文祥与日本政府代表大久保利通签订了中日《北京专条》，并附《会议凭单》。

《北京专条》回避了台湾东部的归属问题，但承认“该处生番，中国自宜设法妥为约束”，事实上承认了中国对台湾东部的主权。《北京专条》表明，清政府坚持维护了台湾主权，但在与琉球的藩属关系上则对日本作了让步。日军于 12 月 3 日全部撤离台湾。日方数据：日军占据琅峤一带 7 个月中，死亡 593 人，其中战死 12 人，病亡 581 人。

1874 年的日本侵台之战是日本的第一次侵华之战，是对中国在台湾的主权和领土完整的一次重大挑衅。中国对日本的挑战给予坚决的回击，清政府还将与日本来往照会及时抄送各国驻华使节，在国际社会旗帜鲜明地维护了自己的立场。欧美各国外交代表明确表态承认中国对台湾全岛的主权，使日本不得不从原来的立场后退。《北京专约》使中国在整个台湾岛的主权得到澄清。

《北京专条》是胜仗败约的典型，一个国家靠赔款求得一时的和平和安宁，绝对不是尊严，而是耻辱。正是清政府的妥协外交使日本敢于对中国进行更大的军事冒险，敢于发动甲午战争。从中日两国近代关系史的角度来看，甲戌之战是极为重要的一次战争，可以看作后来的甲午之战和抗日战争的序曲和预演。这三场中日之战是一脉相承的。

第十章

甲申之战

一、概述

1884年（甲申年）8月26日，即马江战役后三天，清政府向法国正式宣战，史称“中法甲申之战”，简称“中法战争”或“甲申之战”。一般认为中法甲申之战始于1883年12月的山西之战，但实际上刘永福以越官名义，率黑旗军早就参与抗法之战。1885年4月4日，中法签订停战协定，宣告战争结束，战争前后持续了16个月。1885年6月9日，中法两国签订了《越南条款》。

甲申战争前的越南 1862年6月5日，法国强迫越南阮氏王朝签订了第一次《西贡条约》。1874年，法越签订第二次《西贡条约》，法国诱越南独立以脱离中国的宗主权。但越南仍向中国入贡，故中国未予过问。

法国占领越南以后，将越南照旧分为三部分，并建立起不同形式的殖民制度：南圻为法国直接领地，由法国总督统治；中圻为法国保护领地，保留越南封建王朝，但由法国总监进行监视；北圻为法国半保护领地，形式上由越南封建王朝派出经略使统治，后来实行和中圻一样的统治制度。

法军大举入侵后，越南统治集团即分化为主战和主和两派。主战派主要依靠清政府，口号是“宁死不当奴隶”；主和派畏惧法军的武力，主张投降。

甲申之战前法国在越南的侵略活动　第二次鸦片战争后，法国把侵华军队集中到越南。1861 年 1 月，法国联合西班牙，以军舰 30 艘、士兵 1 万人，击败越南顺化王朝军队，占领了越南南部边和、嘉定、定祥三省和昆仑岛。1862 年，法国、西班牙与越南签订第一次《西贡条约》（亦称《柴棍条约》），共 12 条。其中规定，边和、嘉定、定祥三省的全部和昆仑岛的一切主权割让给法国。《西贡条约》标志着法国殖民者初步掌握了越南的政治和外交大权，越南开始沦为法国的殖民地。

1867 年，法国吞并南圻后控制了湄公河口，欲取得湄公河之全部流域，遂溯源而上，乃知其上游为中国云南省之澜沧江。法国随即组织探险队，调查湄公河进出云南之路径，欲向中国内地通商。探险队于 6 月 5 日离开西贡，沿湄公河北上，经柬埔寨、泰国而抵中国云南思茅，然后进入长江。1868 年 3 月，探险队离开大理，顺长江而下，先到宜宾，于 5 月 27 日到武汉，6 月 12 日到达上海，然后由海路于 6 月 29 日返回西贡。调查结果，知湄公河的上游澜沧江滩多流急，不宜航行。

1872 年，法国军火商人堵布益率领一支由 27 名欧洲人、125 名亚洲人组成的远征队，配备炮艇 2 艘、人汽艇 1 艘、大帆船1艘、内河蒸汽轮船1艘。远征队从北部湾出发，由红河转运军火至云南，于1873年3月将军火交给云南提督马如龙。1873年4月，又满载铜、锡，仍沿红河返回河内，大获暴利。法国总督杜白蕾认为，想取得此航线的航行权，非设法占领越南北圻十六省大部分地区不可。

越南官员认为堵布益的航行侵犯了越南主权，向法国总督杜白蕾申诉，要求杜白蕾制裁或驱逐堵布益。杜白蕾遣安邺少校，以查办堵布益为名，于1873年11月5日，率兵进入河内。安邺抵河内后，于11月19日，向越南政府提出签订通商条约，开放红河等条件，被越南拒绝。安邺即决定以武力占领河内。安邺和堵布益的队伍合计约300人，他收买越南的叛匪，又勾结流窜越境的中国人黄崇英，于11月20日攻陷河内，接着又攻占海阳、宁平、南定等地。

黑旗军北圻抗法 刘永福（1837—1917年）为广西天地会党人吴元清部下，吴起兵反清，兵败被杀。1866年，刘永福率残部退入越南北部。1867年刘部进入六安州，创立黑旗军。1869年，刘在刘安代越南平定白苗之乱后，受越南王朝册封为七品千户官，此为刘任越官之始。刘长期站在越南政府一边，助越抗法。黑旗军人员数额没有定制，大体上在一二千人间浮动。其武器装备很差，主要是冷兵器。但因刘足智多谋，爱护士兵，训练有素，善于调度，故部队有较强的战斗力。清政府认为黑旗军是可以利用的抗法力量，由广西提督冯子材授刘永福五品蓝翎功牌。

1873 年 11 月，越南王召刘永福援助越军抗法。黑旗军一路跋涉，途经山西、丹凤、怀德等地，12 月 20 日，刘永福率千余先锋队，离河内西门外十里下寨。统督黄佐炎领越南兵万余人，在后二三里下寨。12月21日，法军统帅安邺亲自领兵出战，两军在河内西门外二里处相遇。“公（刘永福）即率队过桥，与渠交战，互相射击。公喝令加奖花红，各军队伍，奋勇向前，悉力攻敌，势极猛烈。少时，法兵大败，遂退向西门而奔。”黑旗军追上法军，斩敌数百，杀法军安邺少佐，缴获枪支数百，大获全胜。刘永福决定当夜进攻河内，被总督黄佐炎派兵几百人前来制止。原来越南阮氏王朝态度发生动摇，1874 年 1 月 5 日，越法双方签订协议，2 月 6 日再次签订协议，越南保证法军的安全，法军撤出宁平、南广、河内及安邺所占的其他城市。越南政府为了安抚刘永福，授刘为三宣副提督，扼守红河两岸，管宣光、兴化、山西三省。

1874 年 3 月 15 日，阮氏王朝与法国签订第二次《西贡条约》共 22 款。条约一面承认越南独立，从而否定中国对越南的宗主权；一面规定越南受法国保护。

1880 年，法国茹费理第一次组阁，当年即增派侵越兵力。1881 年 7 月 22 日，法国议会以 308 票对 82 票，通过了 240 万法郎的拨款，作为侵越军费。法国西贡总督黎眉组成一支由 12 艘舰船的舰队，派遣李威利为舰队司令，于 1882 年 3 月率军北上，进攻北圻，4 月 25 日侵占河内。1883 年 2 月，茹费理第二次组阁，4 月 26 日议会通过法案，增加一笔 550 万法郎经费，用作远征越南军费。海军大将孤拔率4000名士兵与一支舰队，远征越南。西贡法军司令波特被任命为东京地区陆军司令。至此，法国吞并越南和进攻中国的军事准备全部完成。1883年12月，在经过5次公开辩论和9次会议讨论后，法国议会通过2900万法郎军费及派遣15000名远征军赴越南的议案，决定夺取越南北圻地区，以迫使清政府在越南问题上做出重大让步。

清廷对越南问题的态度 清政府外交的基本方针是：在可能的范围内，以让步、迁就来满足列强的愿望，尽力避免发生对外战争。对越南问题的基本态度是无所作为，它唯一的希望是和法国进行谈判，幻想法国放弃侵略行为。总之，它想妥协又不甘心妥协，想抵抗又不决心抵抗。

清政府一直举棋不定，主战、主和两派争论激烈。主战派认为，法国侵占越南，中国有唇亡齿寒的危险。张之洞上疏，提出审势、量力、择使、选将、筹饷、议约等十六条建议。他主张："守四境不如守四夷。"曾纪泽主张对法强硬交涉，在广西、云南布置重兵，暗中援助越南和黑旗军力抗强寇。他主张"一战不胜，则谋再战，再战不胜，则谋屡战"。主和派以李鸿章为代表，力主承认法越间所订条约，但求保持朝贡体面。其理由是：1.中国兵单饷匮，决不可"与欧洲强国轻言战事"；2.中法开战，即使"一时战胜未必历久不败"，即使偶尔胜仗，只会引起法国更大的报复；3.法国吞并了越南，不过是"伏边患于将来"，若援越抗法，会立即"兵连祸结"。主和派奕䜣、李鸿章掌握着实权；主战派人多势众，谁也无法完全压倒对方。

曾纪泽以战求和的观点，在当时可能是最佳的选择，对清政府的决策也产生了一定的影响。清朝官员大多主战，在主战舆论的影响下，一度增兵布防：以“查办土匪”名义，命广西布政使徐延旭率6000人进驻越南北宁；命云南布政使唐炯率8000人进驻越南西山。同时再三训令，不准向法军进攻。表面看来，清政府做好了战、和两手准备，实则在战、和问题上举棋不定，尤其是从未下定战争的决心。

中法甲申之战重大事件　中法战争有两个战场：沿海战场和陆路战场。沿海战场为台闽浙地区；陆路战场又分东西两处。陆路东线战场：越南北部靠近广西处，即凉山、镇南关一带；陆路西线战场：越南红河中游，即宣光、临洮一带。中法战争期间发生的主要事件为：

1. 陆战第一阶段：刘永福北圻抗法之战，刘以越官身份参战。清军已进驻北圻但未参战或以黑旗军名义参战。主要事件有纸桥之战、怀德之战、丹凤之战。

2. 陆战第二阶段：清军公开参战，与法军在北圻直接交战。主要事件有山西之战、北宁之战、法军占领太原及兴化、签订《中法会议简明条款》、观音桥之战。

3. 台闽浙海战：主要事件有基隆之战、马尾之战、基隆再战、淡水之战、石浦之战、镇海之战。

4. 陆战第三阶段：北圻鏖战。主要事件有：朗甲之战、船头之战、宣光之战、谷松之战、委波之战、法军占领镇南关、清军镇南关大捷、清军谅山大捷、清军临洮大捷。

5. 中法议和：中法之战是先谈后打，边谈边打，谈不拢再打，打完再谈，直到签订和约，宣告战争结束。1882 年底，法使宝海在天津与李鸿章会晤，提出越南事宜三条，1882 年 12 月 30 日，在上海签订《李宝协议》，但遭国人普遍反对。法方也否定《李宝协议》，并向越南增兵。1884 年 5 月 11 日，李鸿章与法人签订《简明条约》，又遭国人普遍反对，法国政府也不满意，双方再战。1885 年 4 月，由中国总税务司驻伦敦代表、英国人金登干为中方特别代表，与法使签订《停战协议》。1885 年 6 月 9 日，李鸿章与法使巴德诺签订《中法新约》，又称《安南条约》。《安南条约》是中国近代史胜仗败约的又一典型。

二、刘永福北圻抗法

1882 年 4 月 25 日，法国海军司令李威利攻占河内，并沿红河向上游进攻。1883 年 3 月，李威利率 2000 人进攻南定，法军经七战七败以后，还是占领了南定。5 月 18 日，清滇粤防军以剿办土匪为名，深入越境。

清吏部主事唐景崧得清廷旨意，入越南往招刘永福，至保胜对刘永福陈三策："越为法逼，亡在旦夕，诚因保胜传檄而定诸省，请命中国加以名号，事成则王，此上策也。次则提全师击河内，驱法人，中国必能助饷，此中策也。如坐守保胜，事败而投中国，恐不受，此下策也。"刘永福曰："微力不足当上策，中策勉为之。"

纸桥之战 1883年5月初，刘永福率黑旗军3000人，会合越南黄佐炎军，向法军反攻，收复了一些失地，把法军压缩到河内城。李威利龟缩城内，不轻易出战。黑旗军缺乏攻城的必要装备，双方僵持不下。

纸桥位于越南河内城西二里处，是一道干枯河上的小桥，仅容一人来往，地形十分隐蔽，桥西三里为黑旗军营地。法军被迫集中于河内、海防等城市，以图坚守待援。刘永福决定避免强攻，采用诱敌出巢的办法。一面对法军进行袭扰，一面向法军提出挑战，诱惑敌人，在河内四门张贴挑战檄文，邀敌人到怀德决战。但李威利仍不上钩，“初八日（5月15日）夜间，（刘部）出队攻城，被城外天主教堂之人暗通消息，法人加以严防，未能得手。”第二天，刘将目标对准天主教堂，连破重垣，斩法人三圈教首三名，教徒十余名，将教堂房屋烧平。李威利终于沉不住气了。

1885年5月19日，李威利令河内城防司令韦鹥率400余人，出城进攻黑旗军，自己随队督战，双方决战于纸桥。黑旗军主力有4个营，约3000人，于纸桥西侧关帝庙，成三线设伏。凌晨4时，法军由河内出发，6时左右，先头部队通过纸桥西进，在关帝庙附近突遭杨著恩营的袭击，伤亡30余人，韦鹥急令炮兵向林内黑旗军射击，亲自驰马登桥督战，被清军炮火击中负重伤，回到河内于当夜死去，法军被迫退回桥东。李威利亲自指挥，命令法军在炮火支援下，交替掩护，发起第二次冲锋。庙中的黑旗军一队支撑不住，开始退却。危机当口，第二队赶上去堵截，因人少未能挡住。一、二线阵地被突破后，法军乘势铺开，战斗非常激烈，杨著恩壮烈牺牲。杨著恩营损失较大，暂时退到大道以北集结待命。

此时，黑旗军主力仍稳伏未动，李威利认为黑旗军已败，只要继续推进，即可夺取怀德。他对大道以北的村落略加搜索后，即向怀德前进。这时预伏在大道左侧的吴凤典营立即向法军右翼机动，逼近法军时，以密集火力向敌射击。而黄守忠营和刘成良的亲兵营从正面进攻，前后夹击，法军大乱。退到大道以北的杨著恩营余部也折回头向法军左翼包围。在三面包围歼灭法军的白刃战中，法军纷纷溃退。战斗持续了 2 小时，李威利亦死于此役。越王因此授刘永福为三宣提督一等义勇男爵。

刘永福考虑“自己为（越）南官，不能取天朝官爵，即有心将功拥于唐景崧，卖一个大人情与他”。不久唐景崧即由主事五品卿衔赏加四品卿衔。

怀德之战 1883 年 8 月 15 日，法军 4000 余人分水、陆两路进攻怀德刘永福老营。刘永福以静制动，令各军坚伏，不发一枪，等到法军逼近营垒，黑旗军枪声始举，开壁驰出，两军鏖战 14 小时，法军大败。时关外大雨，江河盛涨，水势汹涌。8 月 17 日午后，河堤已决，一片汪洋。刘部各营初迁左凤下村，20 日后陆续迁至丹凤县，该县地势较高无水患。法军竟乘连日大雨，红河涨水，掘开河堤，淹灌黑旗军营地。幸黑旗军早有预防，及时迁避，法军未能得逞。

丹凤之战 法军 3000 人进犯丹凤县喝江口，该处为刘永福驻营之所。“八月初一日（9月2日）清晨，彼已麇至，因知刘军分伏以待，遂悉众并归丹凤堤正路来扑正前营，马驱车载格伦炮六架，开花炮数十架，余则纯用快枪，势极凶猛。黄守忠、黄宝珠率队迎敌，邓遇霖续起助之，枪炮连环，声震山谷。会值倾盆大雨，战已多时，刘成良等各率亲兵接应，刘永福指挥纵击，毙其兵头一人，敌势稍却……留营主事唐景崧商之越南统督黄佐炎，力拔两营，星夜驰往，并助以快枪偏码，又向滇军借给锁头偏码一万出。初二日黎明，彼复来扑，奋不顾身，各军勇气百倍，力能制敌，鏖战竟日，互有伤亡。”“适见大队掩至，知系西山来有援兵。”9月3日午后，法军即向瑞香社一带退去。此战，清军方面“弁勇阵亡4名，各营营丁42名，受伤弁勇5人，各营勇丁98人”。

徐延旭、唐炯两位布政使，把黑旗军大败法军的功绩，作为自己的功劳报给清政府，清政府将两人由布政使提升为巡抚。纸桥之战后，黑旗军逐步扩大，1884年，“刘永福一军，分为12营，照滇军制，每勇月饷二两九钱”。

1883年7月17日，越南国王阮福时病死，越南为王位继承问题爆发内讧。8月18日，由孤拔率领的法军开始发动进攻，越南王朝无心作战。8月20日，法军攻占越南王朝都城顺化的外围，并强迫阮氏王朝于1883年8月25日签订了《顺化条约》，也称《法越新订和约》，共27款。从此越南完全沦为法国的殖民地。条约签订后，顺化王朝令黑旗军退到山西。法国则把侵略矛头直指中国，要清政府撤出驻北圻的军队，中法之战已迫在眉睫。

三、清军北圻正式参战

中法外交活动 1882年11月，法使宝海来总理衙门，问：“驻越南之官兵是否奏派？或仍前进或撤回？请迅复。”总理衙门答：“滇粤奉旨进扎，会剿土匪，刻下未议前进，亦不能遽撤。”宝海不得要领，乃赴天津与李鸿章会商，提出拟议越南事宜三条。1882年11月29日，谈判移到上海，12月20日，李鸿章与宝海签订以上内容的备忘录，史称《李宝协议》。其第一条，“中国将云南、广西现在屯扎之地退出”，意味着中国放弃越南；第二条，越南开放保胜（黑旗军根据地），是承认法军进攻黑旗军为合法行动；第三条，在北圻划一界线，线北中国巡查，线南法军巡查。即中国可以取得边外一些土地，照顾了中国政府的面子。

备忘录未提越法间一系列不平等条约，这是清政府惯用的默认法，即实质上默认了越法间的一切条约。中国各方面大多反对该条约；法国方面也认为交涉失败，撤换驻华公使，由原驻日公使脱利古任驻华公使，并出兵压迫越南。

1883年5月，清政府命令：“着李鸿章迅速前往广东，督办越南事宜，所有广东、广西、云南防军均归节制。”但李鸿章抗旨不遵，不愿赴任。李寻找各种借口，拖延时日，迟至5月28日才从合肥到上海，并借口与脱利古谈判拒绝赴任，清政府无可奈何。

1883年6月6日，脱利古到上海与李鸿章谈判，提出的条件大大超过《李宝协议》的条款，李仍委曲求全，建议总理衙门接受这些条件。但李的投降主张受到清政府内相当多人的反对，谈判持续了几个月，未能达成协议。9月，在天津重启谈判，法国、中国各自提出提案，均未能被对方接受。中国的方案是以北纬21度，即河内为界，界线以北归中国保护。法国拒绝此方案。10月28日，谈判没有取得协议而结束。

法国决心夺取山西、北宁，消灭黑旗军，通过扩大战争来攫取更大的权益。到1883年11月20日，法国派往越南本土及中国海域的部队有：驻东京陆军8831人，驻顺化陆军730人，陆军合计9561人；东京海岸分舰队11艘舰船、1830人，东京小舰队12艘舰船、442人，中国海分舰队6艘舰船、1799人，交趾支那分舰队4艘舰船、118人，运输舰6艘、1430人，海军合计39艘舰船，5619人。陆海军合计15180人。

山西保卫战　山西位于河内西偏北，北宁位于河内东北，两者互为犄角。山西位于红河南岸，距红河2公里，是控制红河中上游的战略要地。红河沿岸河堤及附近村庄筑有工事、掩体、炮台、瞭望所等，其中以靠近红河的浮沙工事最为重要。山西是黑旗军的驻地，又是清朝滇、桂两军的联络枢纽。除黑旗军2000人外，还有滇、桂军五营约2000人，越南黄佐炎率领的越军2000人。刘永福和清政府派驻黑旗军的吏部主事唐景崧具体指挥了山西保卫战。12月10日，唐景崧“令我军明用旗帜、号衣，列队河干，以备抵御”。表明清朝政府军正式参加抗法战争，此后这场战争的性质也由援越抗法变为中法之战。

1883 年 12 月 11 日，法国远征军总司令孤拔率 6000 名官兵，分水、陆两路由河内向山西进发。12 日，法军横渡底河。14 日上午 9 时，法军分两路进犯山西。在两门 40 毫米火炮的轰击下，清军的前沿哨所很快被轰塌。上午 10 时半，两个海军陆战营占领了浮沙东北的村庄和庙宇。下午 1 时许，法军火炮摧毁了浮沙工事的各座掩体。镇守北门的桂军和黑旗军奋力反击，但堤下炮台先为敌碎，敌遂乘之而据我军垒，抢登河堤。河堤高与城齐，又紧接北门市栅，我军不得出路，只好溃退入城。时为下午 4 时许。12 月 15 日，守军一面向驻守北宁的桂军求援，一面关闭外城，组织部队进城备战。

12 月 16 日晨，法军向驻守西门的清军发起进攻，同时佯攻北门。巳刻，枪炮略息。下午 2 时，再次炮击，占领了西门外会东庙，并在下寨村布下 3 个炮兵连。4 时许，法军 65 毫米炮兵连参与战斗，守军顽强抵抗，双方开展白刃战。正当守军反击能够获胜之时，军情骤然变化，守军遭到山西城内的攻击。原来山西城内的越军发生倒戈，形势急转直下。5 时许，孤拔下达冲锋令。5 时 45 分，法军占领山西外城，因天黑不敢贸然追击清军。17 日，法军发现清军已经离去，山西遂被法军占领。

山西之战法军也伤亡严重，无力连续发动进攻，前线沉默三月之久。1884 年 3 月，法军援兵到达，遂向清军北圻大本营北宁进攻。

北宁之战　北宁西接山西，南拒河内，东邻海阳，为北圻之战略要地。北宁守军有桂军40营，20000余人，并募勇丁20营，还有北宁总督张登坛率领的一部分越南军队。统帅为广西巡抚徐延旭，是个年近七十的鸦片鬼，不赴前线，躲在八百里外的龙州。部队兵丁，半携妇女，半吸鸦片，贪污腐化，军纪极坏。

1884年2月，法国援军7000人到达河内，法军总兵力达25000余人。3月初，派出12000人进攻北宁。清军把河内至北宁的大道作为防守重点，而法军恰好避开正面，从侧翼进攻北宁。3月12日，法军分三路进攻北宁。一小队兵力由城南之新河向北攻。主力分为两路：一路由河内往东，渡过新河后再往北，从北宁城东向西攻；一路由海阳出发，乘船沿太平江北上，绕至城北，自北宁城北向南进攻。法军对北宁构成了北、东、西三面围攻的态势。

3月12日下午，法军攻占城北的重要据点涌球。法军兵舰以机器拔起大木河塞，冲毁河上竹筏桥，然后登陆架炮，从土山上向各阵地轰击。更放气球升空以为观测。远近越南教民，遥见气球以为号召归顺，乃纷纷群集，势如同叛。清军未作抵抗，一哄而散，北宁重镇，拱手让与法军。此战清军伤亡1700人，法军死26人、伤25人。北宁守军向西线统帅岑毓英求救，岑仅派黑旗军前往增援，其余滇军按兵不动。黑旗军势单力薄，无力扭转战局。而山西危急之时，徐延旭拥兵不发，坐视山西失守。

太原、兴化失守　山西、北宁失守后，清军完全失去了对河内法军的威胁，并且割断了滇军和桂军之间的联络，从此两军陷入各自为战的被动局面。

北宁失陷后，清之溃军逃奔太原，太原之越南官员闭门不纳。3月18日，法军率教民四五千至太原，越南官员于19日献城投降，法军占领太原。

4月，法军自太原西攻兴化，岑毓英之滇军未能坚决抵抗，节节败退，竟以“兴化万难驻师，转饷不济”为由，焚毁兴化城，滇军和黑旗军即行撤走，又将西线清军全部撤至滇越边境，临洮、宣光等红河上游军事重镇全部放弃。4月12日，法军不战而取兴化；5月30日，法军占领宣光。

《中法简明条约》 李鸿章对清政府未能批准《李宝协议》深为遗憾。他认为只要中法妥订条约章程，勘定中越边界，则中法间必能长久相安。但李也深知议和并非易事，如果中方让步不多，则法方不会接受；如让步太多，则必成众矢之的。因此，李鸿章请求清政府及早决策，明确哪些条件能接受，哪些条件不能接受。

清海关税务司、德国人德璀琳携法国海军舰长福禄诺之密函至津，愿从中调解。法方于1884年4月6日提出五点议和条件。李鸿章避免争执，乃以空泛之词，与福禄诺议成简明条约。5月5日，福禄诺在德璀琳陪同下到达天津。李鸿章明知法方的条件已经超越了清政府规定的让步界限，但仍与福禄诺达成协议，乃请于朝廷，获清政府批准。1884年5月11日，李鸿章与福禄诺在天津签订了《中法简明条约》。

第一款 中国南界毗连北圻，法国约明，无论遇何机会或他人侵犯情事，均应保全助护。

第二款 中国南界既经法国予以实在凭据，不虞有侵占滋扰之事。中国约明，将所驻北圻各防营即行调回边界，并于法越所有已定与未定各条约，均置不理。

第三款 法国既感中国和商之意，并敬李大臣力顾大局之诚，情愿不向中国索赔偿费。中国亦宜以毗连越南北圻之边界，所有法越与内地货物听凭运销，并约明日后遣使臣议定详细商约税则，务须格外和衷，期与法国商务极为有益。

第四款 法国约明，现与越南议改条约之内，绝不插入伤碍中国威望体面字样，并将以前与越南所立各条约关涉东京者，尽行销废。

第五款 此约既经彼此画押，两国即派全权大臣，限三月后，悉照以上所定各节会议详细条款。再此约缮写中、法文各两份，在天津签押盖印，各执一份为据，应按公法通例，以法文为正。

此条约签订后，国人以此约明认越南归法国保护，不战而屈人兵，丧权辱国，将李鸿章比诸秦桧、贾似道。李鸿章则自鸣得意，认为在清军大败之后，法军同意不要求赔款，保住和局就是外交上的胜利。而法国议会以其中第四款还有中国保留越南宗主权意味，不肯批准，命令出兵攻击中国凉山驻军。中法重新进入战争状态。

观音桥事件 1884 年 5 月 17 日，福禄诺启程回国前一天，突然交给李鸿章一件照会，通告：“20 天后，即 6 月 6 日，我们就能占领谅山、高平、室溪……40天后，即6月26日，我们就能占领老街和东京领土内背靠云南领土的各个地方”。对于福禄诺这个无理要求，“李鸿章大概采取了含糊应对的办法，即既未应允，也未反驳”。而把此事电告岑毓英和潘鼎新，请他们“自行斟酌，妥善处理”，竟没有向清政府汇报。

1884年6月4日，法军以巡界为名，开始分兵两路进逼谅山。6月12日，法军已行进至谅山附近的谷松、屯梅等地。法军的进犯使驻守在谅山的广西巡抚潘鼎新颇感为难。他是李鸿章的亲信，是淮军的重要将领。他深知李鸿章维持和局的良苦用心，清军若不后撤，中法必将爆发新的战争。但他不敢自己决策，还是把矛盾交回给李鸿章。6月16日，潘鼎新电告李鸿章：“法军来至屯梅……若一经见仗，败固不佳，胜亦从此多事。……似此进退两难，乞与总署明示，以定办法。”李鸿章只得转奏清廷，6月18日谕旨：“着潘鼎新严饬各营仍扎原地，不准稍退示弱，亦不必先发接仗，倘法兵竟来扑犯，唯有与之接战。钦此。”

法军杜森尼中校得到东京法军司令米乐占领谅山、室溪、高平的命令，即率兵1000名，于6月22日行抵谅山附近的观音桥，强行抢占四周山冈，欲逼中国军队撤退。然而驻守观音桥的清军并未接到撤退命令，清军派三人到法军投递文书，法军“不再麻烦，也不和他们谈判，直接就向他们开枪”。驻防附近的清军8个营约3000人被迫还击，战半日一夜各有伤亡。见清军严阵还击，法军乃退去。6月24日午后，法军又来进攻，法兵600人和教徒数千，持械与中国观音桥守军6000人相战。

法兵受伤甚多，退到离观音桥三十里之屯牙。观音桥之战中方死百数十人，伤300余人，法军也受重创，死19人，伤79人，失踪2人。

观音桥之战后，法国政府决心扩大战争规模。7月12日，法国向清政府发出以8月1日为限期的最后通牒，要求2.5亿法郎巨额赔款及履行《天津条约》，逾期法国将恢复其行动自由，而且必要时将以占领台湾为手段，迫使清政府屈服。

清政府了解到所谓“续约三条”，且李鸿章并未奏报，随即发上谕申饬李鸿章：观音桥之战“皆由李鸿章办理含混所致”。清政府一面严饬李鸿章，一面与法方辩论，对法照会：“贵署大臣所称福总兵与李相复准之三条，经本爵据询李相，谓所言之事有，系福总兵所请，李相所未允者，自然无凭照办。”李鸿章再次成为众矢之的，群臣纷纷上奏，朝野内外同声谴责李鸿章。然舍李鸿章外更无熟悉外事者，固洋务仍依靠李氏主持。

清政府请海关总税务司赫德进行斡旋。在赫德的游说下，巴德诺同意与清政府重开谈判。赫德提出折中方案：10年内每年付给法国800万法郎，要求法国维持其安南进贡作为交换。但清政府和巴德诺都拒绝了这个方案。

赫德调停失败后，清政府于7月19日任命两广总督曾国荃为全权代表，赴上海与法使巴德诺谈判，法国则将最后通牒期限延至月底。双方条件相差太远，谈判失败。8月2日，巴德诺照会曾国荃，最后通牒的期限已过，法国从此要“任凭举动，无所限阻”了。清政府还曾把维持和局的最后希望寄托在美国的调停上，但法国根本不希望美国插手远东事务，拒绝了美国的调停。

四、台闽浙海战

6 月底，观音桥事件后，北圻前线战事暂停。至 8 月初，中法战争的主战场转移到台闽浙地区。

基隆之战 观音桥事件后，法国要攻下中国沿海一个地方作为威胁中国政府的“担保品”。法国政府否决了进攻华北的计划，确定进攻台湾。因为台湾孤悬海外，基隆的煤又可作为军舰的燃料，法军便以基隆作为第一攻占目标。

1884 年 6 月 6 日，就在法国任命孤拔为远东舰队司令的同一天，清政府任命淮军名将刘铭传督办台湾军务大臣，赏巡抚衔，所有台湾镇道以下各官均归其节制。7 月 16 日，他率部抵达台湾基隆港后，立即赶到各地海口巡视，在基隆、沪尾（淡水）、安平、澎湖增设炮台，重新布置防务，台湾防务面目为之一新。刘铭传以台湾北部为防守重点，将原驻南部的部分清军调往北部，使基隆驻军增至 8 营 4000 人，淡水另有 6 营 3000 人，驻台总兵力近 2 万人。

8 月 1 日，是法国所下最后通牒的截止日期。4 日，法国海军少将利士比率领旗舰“加列斯尼尔号”（18 门炮）、巡洋舰“维拉号”（23 门炮）和炮艇“鲁汀号”（6 门炮），三舰共有 688 人，侵入基隆。8 月 5 日 8 时整，激烈的炮战开始，清军的炮弹打得很准，旗舰“加列斯尼尔号”挨了三炮。利士比下令转移位置，从侧面向清军炮台轰击。基隆炮台只能向正前方射击，不能对法舰进行有效反击。9点钟，炮台与火药库被法军炸毁，士兵伤亡80多人，清军撤退，法军无人伤亡。10时许，法军陆战队400人由基隆二沙湾登陆，占领了基隆市及煤矿。下午2时，法军的水雷分队用棉花火药毁坏了岸上所有炮台的设备。是夜，倾盆大雨使法军在占领地无法展开活动。

8月6日11时，法军400余人在其舰炮掩护下向基隆市区进发，途中遇到清军，经过一番枪战，法军寡不敌众，失利退却，“探报法兵伤亡者百余人”。此役刘铭传亲自赶到基隆督战，将士奋勇抵抗，打得法军大败。此后法军不敢再登陆基隆，只能在外海游弋，打乱了法军的战略部署。法方的报道为，“死亡2人，受伤11人”。双方对法军死亡人数的报道相去甚远。清军在付出相当大的代价后，取得了基隆之战的胜利，戳穿了法军不可战胜的神话，极大地鼓舞了中国军民的斗志，使清政府坚持抗战之路。

1884年8月16日，法国议会通过提案，追加3800万法郎侵华经费，“决议法国政府使用各种必要方法，使《天津条约》受到尊重……赔款数目减为8000万法郎，分10年付给……孤拔海军提督立即采取他认为有用的一切步骤，以保证法国政府取得它有权取得的赔偿”。8月21日，法国驻华代理公使谢满禄下旗离京，同日清廷电驻法公使李凤苞离巴黎，中法关系破裂。22日，巴德诺向孤拔传达了进攻福建马江的命令。

马尾海战 马尾位于福州东南鼓山之下，闽江下游之北岸。此段闽江又称马江，建有福建海军基地，著名的福州造船厂建于北岸马尾山之麓。福建海军是除南、北洋海军外的第三支海军，有相当规模，当时有舰船 20 余艘，总吨位达 2.2 万余吨。在马尾战役前，留守马尾港的福建水师有 11 艘舰船，总排水量近万吨，全部停泊于马尾港的罗星塔附近。

7 月 14 日，孤拔率法舰以“游历”为名，驶入马尾港。闽浙总督何璟、船政大臣何如璋唯恐影响中法和议与列强调停，竟举行隆重的欢迎仪式，并让法舰比邻中国军舰同泊 40 天之久。法军进泊马江共有各种军舰 12 艘，其中巡洋舰 7 艘、炮舰 3 艘，鱼雷舰 2 艘，以上各舰排水量为 14514 吨，舰上官兵 1790 人，装有 77 尊重型大炮。

对于马尾之战清政府并非没有预感，问题在于明知大战在即，却无有效战备。李鸿章 7 月 31 日电：“倘与接战，即焚船厂接兵轮。我自度兵轮不敌，莫如全调他往，腾出一座空厂。”但实际上李一味注重和谈，并未搬迁船厂，致使船厂遭到严重破坏。形势紧迫，李仍拒绝北洋水师派舰支援福建水师；南洋水师同样不予援助。明知大战在即，前敌指挥何璟、何如璋严谕水师，无条件执行：必让敌先开炮，我方还击，以故各管驾不敢妄动。会办福建海防大臣张佩纶，8 月 4 日致电总理衙门，请求：“我以塞河先发为上策。”当天即被清廷电令阻止。上谕：“局势未定，所称先发，犹须慎重，勿稍轻率。”李鸿章急电：“阻河动手，害及各国，切勿孟浪。”并明确表态：“战必败，应言和，可赔款。”何如璋下令，“战期未至，不准发子子弹”。

临近战争，马尾水陆防军有所加强。计有海军军舰 11 艘，其中巡洋舰 1 艘：“扬威号”，排水量 1608 吨；运输舰 2 艘，分别为“永保号”“琛航号”，排水量均为 1450 吨；炮舰 6 艘，蚊子船 2 艘。总排水量 9928 吨，各种火炮 47 门。舰上官兵共 1176 人。

8 月 21 日、22 日，因有大风雨，法舰无法动作，清廷大臣以为昨天得李鸿章电报，言和议有进步，不会有战争发生。8 月 23 日晨 7 时，法国战书递至马江船政署，约定下午 2 时开战。中午清方派福建船政局工程长魏翰向法军回递战书，请求改变开战日期，遭孤拔拒绝。

在闽江内我舰居于上游，法舰居于下游，两国军舰均以船首系泊，船身随着潮水的涨落而转移方向，即涨潮时船头向下游，我舰的舰首大炮对准法舰的舰尾；反之落潮时，船头向上游，我舰的舰尾恰好暴露在法舰的炮口之下。清军错过了整个上午的涨潮时间，到下午 2 时，清军只能被动挨打。

8 月 23 日 13 时 56 分，停泊在马尾的法舰，以水雷、大炮向中国海军发起袭击，法军各舰向中国各舰尾开炮。停泊在马尾港内的福建水师毫无准备，军舰没有起锚，就遭到突然被歼的厄运。马尾之战仅持续了 30 分钟，清军惨败，在马江的福建水师全军覆没。“一分钟内中国的旗舰扬威号中水雷沉没了，只经过七分钟，全部战事差不多已经终结了。”马江之战中，清军损失各种舰船 50 余艘，其中军舰 12 艘、商船 19 艘。中国官兵阵亡 521 人，受伤 150 人，失踪 51 人；法国海军阵亡 5 人，受伤 15 人，被击沉鱼雷艇 1 艘。

8 月 24 日 11 时 30 分，孤拔想炸毁船厂，因下午退潮水浅，所以炮击船厂的任务由几艘小战舰完成。炮击持续了 5 小时，清政府经营了 13 年，耗银近 3000 万两，全国最大的马尾船厂遭受重创。但由于这些法舰火力不是很大，未能达到彻底摧毁船厂的目的，战后经过修整，船厂尚能继续生产。

清政府对法宣战 马尾海战意味着法国把战火引向中国本土，清政府无法再装聋作哑了，也无法再掩饰中法战争早已开始这一事实。8 月 26 日，即马江战役爆发后三天，清政府发布上谕，向法国正式宣战。

法军在马江的完胜，非但未使清政府立即接受法方的各项条件，反而使清政府正式对法宣战，这完全出乎法国政府的意料。中国正式宣战后，中法战争进入一个新的阶段。清军的战略指导思想是，加强沿海的防御，对入侵北圻的法军暂时取守势，然后力争收复失地。

马江之战后，法军对中国的军事进攻有一个短暂的停顿。当时孤拔和巴德诺等前线官员认为下一步应占领北方一二港口。法国政府没有批准这个计划，一则该计划需要较多兵力，法国当时难以办到；再则担心进攻华北会引起列强的不满；三则舰队北上，势必与北洋舰队对峙，这将使力主和议的李鸿章处于为难的境地。于是，法国政府选择了以战逼和，再次进攻台北，同时在北圻进攻谅山的战略方针。

再战基隆　1884年9月底，法军增援部队抵达台湾，使远东舰队舰船增至20艘，海军陆战队人数达2000余人。孤拔率军再次侵犯台湾，法军兵分两路，由孤拔率主力舰队11艘战舰，进攻基隆；由利士比率一支分舰队4艘战舰，进攻沪尾（淡水），法军企图一举占领基隆和淡水后，再合力向台北进攻，进而占领全部台北地区。

刘铭传面对法军的再次进攻，考虑到基隆靠近海口，炮台曾在8月份被法军摧毁，便亲率主力防守基隆。10月1日晨6时，法军在狮球岭山脚登陆，数分钟后，巴雅号对狮球岭发出第一炮，同时炮击有清军出现并以野炮和火枪回击的各山峰。9时，法军占领了狮球岭，清军不久即“急剧撤退”。10月2日早晨，法军两大队同时出征，竟毫无抵抗地占领了西边所有据点。法军占领基隆各堡垒及市区后发现是一座空城。在中法战争史中，对刘铭传从基隆撤军的评价是个百年陈案，至今莫衷一是。刘铭传事后在奏折中称，撤军的理由是基隆虽万分危急，但淡水兵力也不足，且离台北府城仅30里，而我方军装粮饷却尽在台北，若台北失事必导致全局瓦解，所以决定对基隆坚壁清野，将主力撤至淡水和台北。

清军撤出基隆后，朝野为之震动，1884年10月10日上谕：“基隆要地，岂容法兵占据？着刘铭传乘其喘息未定……将敌兵悉数驱逐。”当时刘铭传几为千夫所指的汉奸：“刘爵帅退至板加地方，该地人民怒而围之，捉爵帅发，由轿中拽出肆殴，且诟之为汉奸、懦夫。”在北京，朝士以为怯，轮着前后数十疏，诏旨切责，有“谤书盈箧”之语。

刘铭传的撤军决策有个逐步形成的过程。在10月1日战前，刘还是决心守基隆的，认为可以与法军一战。但战争的实践告诉他，如在基隆决战，除了消耗清军主力外，不会有更好的结果。另外，李彤恩的“一日三书”，连连告急，对刘的撤军有重大影响。台北不仅是台湾北部的政治中心，更是清军军需、粮饷所在，只有守住淡水、台北，才能稳住战争的大局。在基隆已很难保全的情况下，保存主力，退守台北，是无可奈何中的上策。事后的淡水之战证明了放弃基隆的决策是正确的。

淡水之战 淡水又称“沪尾”，故淡水之战又称“沪尾之战”。也有史书把第二次基隆之战与淡水之战合称为“淡水之战”。

法军开始进攻基隆后，淡水形势也非常紧张，奉命兼办淡水营务的浙江候补知府李彤恩，乃购船填石塞港，并用电力操纵的水雷封锁航道，使法船难以驶进淡水河。

10月1日，法国海军少将利士比率战舰4艘抵淡水港口，发出“我将于明日十点开火”的信号。10月2日晨6时，清军炮台先行开炮，“因子小力薄，虽有命中，不能损其铁甲”。因晨雾，射击很不准确，“相持至十二点钟，小炮台先坏，大炮台亦损”。到下午4时，停止炮击。利士比认为解除水雷威胁的最好办法是让军队登陆，因此感到兵力不足，请求基隆派兵增援。5日晚，增援的海军陆战队到达淡水，使能登陆作战的人数达到600名。因天气原因，风浪太大，无法登陆，直到10月8日8时45分，陆战队与水雷兵同时登上小艇。9时4分，各舰开始发炮；9 时 55 分，陆战队开始登陆。法方陆战队共六七百人，其主力（第一中队、第二中队）向新炮台方向进攻，预备队（第三中队、第四中队）则在后约 200 米，随后也立即与主力部队同时投入第一线，向白炮台进攻的第五中队负责掩护。

淡水守军对此战作了周密的部署。清军指挥官孙开华亲率龚占鳌伏假港、李定明伏油车口、章高元和刘朝裕伏台北山后、土勇张李成之营伏北路山间。约 10 时 10 分，枪声大作，清军冒着法军炮火，自东北方蜂拥而下，冲向法军先头部队，两军遂在长达 1500 米的战线上，展开射击，迫使法军 5 个中队全部投入第一线战斗。孙开华等守将身先士卒，血肉相搏。法人死力进，枪弹雨注，卒不可败，鏖战久，法军稍懈，我军越壕奋击，张李成所将 500 人者突击敌背。敌愕顾，我军前后夹击，士卒皆以一当百，短兵相接，呼声动天地。法军乱，则反走其舰。我军乘胜追击，大败法军。双方激战近 3 小时，法军因弹尽且伤亡迅速增加，于 11 时 45 分被迫退向海边。此役，据清军战报，法军被击毙 300 余人，溺死七八十人，受伤百余人；清军伤亡 200 余人。据法军统计，法军阵亡 9 人，失踪 8 人，负伤 49 人。据海关统计，清军死 80 人，伤 200 人。

淡水之战对清军是一次振奋人心的胜利，对法军是一次沉重打击，“自是法人不敢复犯沪尾，其据基隆者扼于狮球岭不得进尺寸”。此役的胜利还阻碍了法军占领台湾北部的计划，对谈判也产生了直接的影响。

为防止清军将军队及军需品送往台湾北部，孤拔下令自1884年10月23日起封锁台湾海峡。据中方统计，仅1884年12月21日至1885年1月22日，在台湾洋面被法舰击沉或击伤的船只达99艘。在清政府多次协调下，由南洋水师派出5艘舰船，执行援台任务。舰队由提督衔总兵吴安康统领，于1885年1月中旬从上海出发南下。

石浦之战 1885年初，孤拔闻中国军舰组成新舰队，行将援台，乃率军舰9艘以图阻击。中国舰队从上海出发援台，法国舰队北上阻击，双方在浙东石浦附近海面遭遇。吴安康以寡不敌众，令各舰驶镇海，南琛、南瑞、开济三舰为巡洋舰，船速快，法舰追赶不上，得以驶抵镇海。澄庆、驭远两舰逼入石浦（三门湾），法舰封锁港口。2月15日凌晨3时半，法军派鱼雷艇进港袭击澄庆、驭远，两舰发炮还击。因见港口被封，被迫“嗣开水门自沉”，恐船资敌用，不得已而应变自全。法方的报道较详细，说这两舰是被法军用鱼雷击沉。

镇海之战 1885年2月14日（除夕日）凌晨，南琛、南瑞、开济三舰驶入镇海口内，不多日后，法舰追至镇海。法军进犯之前，浙江巡抚刘秉璋、提督欧阳利见、宁绍台道薛福成等官员已采取了各种防范措施：在镇海海口钉木桩、沉石船以阻击敌舰；各要隘地区均密布水雷；所有沿海灯塔、标杆、浮筒全部撤除；在南北两岸的金鸡山和招宝山上增筑炮台，并在显露之处修筑假垒；调集兵力万人，扼险驻守。南洋三舰也做好了协同作战的准备，港内另有超武、元凯两舰，合计5艘战舰，由吴安康统一指挥。各军归欧阳利见节制号令。

法舰从 2 月 28 日起多次来犯，但遭到守军兵轮、炮台及水陆各营齐力轰击。3 月 1 日巳刻，法以一小轮，胆敢冒死冲波，径向游山口泊之江表商轮探信，经招宝台开炮击退。3 月 2 日戌刻，敌以两鱼雷船意图暗袭，将抵口门，又经兵轮守口之船与炮台齐开枪炮击退。3 月 3 日巳刻，法又换一黑舰如前来犯，将出游山，即经我军炮台、轮船同时开炮，其受伤较前次尤重。3 月 5 日亥刻，馒头山边有法军两舢板蚁附而至，经伺伏之健左营奋勇开枪力击，两船皆沉。镇海之战的最大成果是孤拔本人中弹身亡，法国军队遂撤离镇海。在海战中，法国海军完全控制了制海权，但法军除在马尾之战中得手外，其余几次战斗，都没有占到多大便宜。

有专家考证："尽管清军对 3 月 1 日以后的战事言之凿凿，但在法国的原始档案中却找不到印证材料。"至于孤拔司令则因积劳成疾，旧病复发，且久战无功，至 6 月 11 日电传中法和议已定，即于是夜卒于澎湖水师舟次。孤拔之死还有其他几种说法。

五、北圻鏖战

1884 年 6 月观音桥之战后，北圻战场沉默了几个月。8 月 23 日马江之战后，双方都在调兵遣将，到 10 月初重新开战。法军的战略部署是：在进犯中国东南沿海的同时，向北圻增派部队，发动进攻，夺取谅山。清军的战略方针是：沿海防御，陆路反攻。目标是争取滇桂两军连成一片，合力归复北越。1884 年 10 月，清军在北圻反攻，分东、西两路同时进行。西线战场在红河中游地区，由岑毓英率领滇军和黑旗军主攻宣光等地；东线由广东巡抚潘鼎新率桂军反攻谅山、太原。结果西线大捷，东线潘鼎新部节节败退，清军只得改为西线滇军主攻，东线桂军主守。

法军由波也里接替因病回国的米乐，任远征军总司令。法军总兵力 18000 余人。由于战场移到北圻山区，法军的武器优势受到限制，法军的优势在渐渐消失，战场的形势逐步发生变化。

朗甲之战 1884 年 9 月中旬，东线桂军 8000 人分两路向北圻进军，进抵船头、朗甲，潘鼎新率部驻扎谅山，策应两路。10 月，法军副司令尼格里率法军主力 3000 人攻占朗甲村。

10 月 8 日辰刻，法兵与越南教徒 2000 余人，乘雾来犯，突围方友升行营。镇南副中营营官王邵斌，争先冲阵，下马抢夺敌人炸炮，被击阵亡。方友升率队极力堵剿，自辰至未，鏖战四时之久。方友升手腕被炮击穿，犹复左手持刀杀贼多名。哨弁勇丁同时阵亡者 300 余名。事后据南官探报，法兵及教徒伤亡亦几百人。法方的记载为：“敌军的损失估计为 1000 人，我方死 32 名，伤 61 名。”

船头之战 10月10日至11日，法军进攻船头。潘鼎新奏：“至二十一日（10 月 9 日），自朝至暮，法匪立近沿河一带，唯以大炮遥击，未敢前进。我军队伍亦坚不少动。苏元春复率陈嘉，将续运到之神机炮、火箭向匪发射，死伤虽多，仍坚持未退。相持至二十二日天明时，法目由船登岸，率法匪约二千人，驱象二只，以神机炮继之，直扑我军。又有教匪七八百人，分作散队，列于近河小岭，牵制后山之兵。陈嘉亲率前营管带黄云高等，齐率奋勇，从中截入枪炮火弹，指定象奴连击，象奴中炮，象遂返奔。黄云高等越沟追杀，该匪死者甚众。趁此得手之际，苏元春飞饬抚标前后两营，直攻近河小岭，以分敌势。又令中后两营驶赴船头，力助镇南各营。又派粤勇于近河小岭对面，遥作抄敌之势，兼顾右路，面面俱进。”

从潘鼎新奏折看，清军在开始时似乎打了胜仗。法方的记载较为详细、完整。早晨 5 时半，法军开始出动。直到 8 时，双方互有攻守，战斗激烈。端尼埃上校“命令各军不再前进，只求保持本日初时所占的阵地……他得到了消息，尼格里将军在朗甲获得了胜利，这个胜利将供给他可调动的兵力，足以大败中国军而有余”。

法方资料：“敌方（清军）的攻击从下午 2 时开始……希路兹连在另一边展开战斗，威胁敌人的右翼，所以他们便赶快逃走，自从这次攻击失败，中国军不再对我军作严重的攻势。当黑夜来临时战事才停止。11 日晨，中国军开始战斗，其后零星地放几枪，我军无何损失。夜大雨，中国军在焚烧船头的大堡后由官丘撤退，必因朗甲胜利，中国军乃自船头撤退。”此役法军死 21 人，伤 92 人。

宣光之战　10 月初，西线法军集结在红河中游的宣光城内，尚未及出动。滇军岑毓英部与黑旗军即主动出师，把法军围困在宣光城。从此以后，一直到第二年 3 月初，双方僵持数月，法军龟缩在宣光城内，几乎弹尽粮绝，岌岌不可终日。直到 1885 年 3 月才解围。

1884 年 9 月起，西线滇军开始进军，不久即与驻兴化等地的黑旗军会合，先后占领了馆司、镇安、清波等地，于 10 月底兵临宣光城下，逐步形成对宣光的包围。为了确保宣光的安全，法军于 11 月多次派兵增援。刘永福指挥黑旗军在红河两岸构筑了防御工事，并用满载石块的船只堵塞河道，使法军的增援多次被击退。11 月中旬，宣光地区大雨，河水猛涨，河道畅通无阻。法军乘机再次增援宣光，11 月 18 日千余法军分乘 5 艘炮艇和 10 余只木船，突破黑旗军阻击，驶抵宣光城，使法军的防卫力量得到加强。

12 月初，唐景崧的景军 4 营到达前线，使清军对宣光的包围得到加强。不仅兵力得到补充，而且唐景崧与刘永福互相熟悉，私交甚好，使两军易于配合。张之洞通过唐景崧给刘永福解饷 15.5 万两，使黑旗军的战斗力得到较好的发挥。1885 年 1 月中旬，清军向宣光城发起进攻的部署基本就绪。兵力配备是：滇军丁槐部 13 营驻扎于城南 1 公里处，唐景崧景军驻城北 1 公里处，担任攻城任务；黑旗军和滇军何秀林部负责打援和策应。清军投入宣光之战的总兵力为 15000 人。

1885 年 1 月 26 日，攻城战役打响。五鼓后，丁军袭南寨，乘敌不觉入据之，纵火，敌开东门往救。攻守双方展开激战，清军逐渐占了上风，并攻占了法军大寨，进逼城下。法军撤入城内后，利用坚固的城防工事和猛烈的炮火，暂时阻遏了清军的攻势。27日，景军仍列队向东门挑战，因法军炮火猛烈，清军伤亡较大，攻城受阻。28日，清军仍列队诱敌，枪炮对射，互有伤亡。30日、31日清军继续进攻，当天清军终于攻占了宣光南门炮台，歼灭法军数百人，法军被迫退守城内。2月下旬，清军继续攻城，终因法军火力强大，未能扩大战果。但迫使法军不得不从东线抽调兵力，增援宣光。

1885年2月下旬，法军在东线攻占镇南关后，于3月初派6000人增援宣光。黑旗军扼守在要隘左育，刘永福知法军必将来援，自岑毓英处领来20000斤火药，设下地雷阵。当法军向黑旗军进攻时，黑旗军略作抵抗即作佯退，把法军引入早已准备好的地雷阵中。火药被引爆后，黑旗军又乘势射击，法军当场死亡400多人，其余法军惊慌失措，逃退河内。不久，法军又增援5000人，向左育清军阵地猛攻，黑旗军与之力战一日，弹尽援无，被迫撤退。大批法军进入宣光，岑毓英不得不命令清军撤围，宣光之战告一段落。

谷松之战　1885年2月4日，东线法军“改向谷松，并攻桂军垒，战守三日，贼炮猛，伤亡多。二十二日（2月6日），先锋营陈嘉败退，苏元春所部亦退，总兵董履高率龙字五营援之亦败。诸军皆退谅山”。原来早在1884年12月，“王德榜大败于丰谷，苏元春军不往援”。此次法兵攻谷松，王德榜怨苏军不救以致丰谷之败，亦不往救，苏军败退威埔，谅山戒严。

苏、王两军同为东线清军主力，面对强敌，面对外国侵略者，清军内部竟互相拆台。

法军占领委波（威波） 2月12日法军进攻距谅山二三十里之委波，“总兵叶家祥所统淮军鼎字五营先奔”，法军占领委波。

法方记载为：7点左右一直有浓雾，8点左右，队伍出发。行军约1小时，便开始听见枪声了，看见整个山谷底部都有中国军据守。法方派出东京的冲锋兵（越南兵），但中国军先发制人，双方开枪互击，战斗至为猛烈。这种情况一直延至中午12点左右。这时候，浓雾开始消散，法军立即采取攻势，清军也坚决地向法军阵地进攻，双方甚至进行了白刃战，中国军队被打败了，因法军强猛追逐，圆丘不久落在法军手中。法国军队即进驻圆丘上，以密集火力对正在奔跑的清军射击。“这时约下午1点钟，形势在数刻内转变了，中国军队退却了，我军占领了他们的防御工事。……中国军人认识到他们所冒的风险，停止了一切抵抗。”

从2月4日至14日，法军夺取了谷松、观音桥、车里和谅山数百里地方，潘鼎新把东线战局弄得十分危急。

2月13日，“诸军皆溃入关，粮饷、器械丧失殆尽”。“苏元春率军退至谅山，见粮饷山积，唯觅巡抚不得。守至13日晚，仍不得巡抚大营消息，乃纵火烧谅山而退。14日晨，法军入谅山城，于大火中夺得粮饷器械甚多。”

法军占领镇南关 2月12日，潘鼎新撤离谅山，退守巴坪、文渊。2 月 17 日，法军进犯巴坪，清军退守文渊。2 月 19 日，杨玉科率所部 12 营驻扎文渊，保卫镇南关；苏元春退守关右，互为犄角，潘鼎新自率淮军各营，以为应援。

2 月 23 日，法军进攻镇南关以南 4 公里的文渊。“法纠大股徒犯文渊，以另股牵制苏军。杨玉科率各营接仗，相持三时之久，枪毙逆众，枕藉道旁，逆队已乱，杨玉科策马往来，勇气百倍。臣（潘鼎新）督亲兵助战，枪炮声震山谷，逆党纷纷倒地。至午未之交，杨玉科突中子弹穿首阵亡。”清军军心动摇，法军追至镇南关下，乘夜占领了镇南关。潘鼎新率部逃离镇南关，当天即逃到内地凭祥。

法军占领镇南关后，叫嚣要拿下广西，其先头部队一度侵入广西境内 10 千米处的幕府附近。法军还在关前残瓦废墟上，竖立一柱子，用中国字写着：“尊重条约较以边境门关保护国家更为安全。广西的门户已经不再存在了。”中国人则用另一具有威胁的文字来回答：“我们将用法国人的头颅重建我们的门户。”

24 日，法军在镇南关度过，法军收拾了清军所遗弃的战利品，“共有克虏伯大炮三尊、机关枪两尊、各式步枪、军火、无数的火药瓶、水雷、炸药、棉花药、钢铁板、水底电线、军用衣服、大量的帐幕、大米、大炮、机枪炮弹以及其他物资，应当保存的即于当天送至谅山。步枪和子弹都堆起来，到晚上点火烧毁。预备了火药坑，炸毁官道通过的两座穹窿（指镇南关和关隘）、中国关卡的房屋、安南关卡的建筑”。25 日早晨 10 时，法军退出镇南关，又退驻谅山。

25日，潘鼎新退奔龙州，前线指挥瘫痪，前线没有一支能战的军队。新任两广总督张之洞起用年近70的退职老将冯子材为广西关外军务帮办。

清军镇南关大捷 冯子材曾任广西、贵州提督。1882年，告老还乡，曾三次出军关外，为桂越人心所向。1885年，应张之洞之邀复出，率萃军18营由钦州开赴前线，统率广西关外前线军务。冯到任前，广西边境有50多营，2万余人，但派系复杂，各立门户。冯深得军民爱戴，被公推为统帅。他与彭玉麟、张之洞共同制定了“保关克谅”的战略方针，即保卫镇南关，拒敌于国门外；克复谅山，消灭敌人于北圻。他到任后，立即与各军将领到前线视察地形，决定以形势险要的关前隘作为与法军决战的战场。冯子材经过勘察，在关前隘“跨东西两岭间，督所部筑长墙三里余，外掘深堑为扼守计”，截断了隘口，并在东西岭修建了坚固的堡垒群，构成了以隘口、东岭为重点，西岭为依托的山地防御体系。

越南人民密报，法军将偷袭艽葑，阴谋绕过镇南关，夺取龙州，从北面包围冯军。1885年3月9日，法军攻占艽葑、扣波。冯子材先发制人，主动出击法军占据的文渊城，打乱了敌人的部署。由苏元春率部进军艽葑，击退进攻艽葑之法军。派5营兵力抢先进驻扣波，把进攻扣波之法军逐回文渊。夺取扣波为镇南关大捷创造了条件。

冯子材探知法军可能于3月24日、25日进兵攻关。“决计先发制敌”，率王孝祺于初五夜出关袭敌。3 月 21 日（二月初五）二更，“当派萃军中、左、右三军各出五六队”，是夜四鼓，清军驶抵文渊。战斗延续到第二天卯后，因天晚军饥，各暂收队。它是关前隘大战的序幕，此战歼敌数十人，摧毁炮台两座，鼓舞了清军的士气。

3 月 23 日 8 时，尼格里旅长率法军主力 2000 人，分三支进犯，以两支攻冯子材左手横坡岭炮台，以一支直犯关前隘。炮声震天，声闻七八十里外，山谷皆鸣，枪弹积阵前厚者至寸许。冯子材、王孝祺各出军分击，各路清军驶往援应。“该逆势甚凶猛，将冯军所筑横坡岭炮台四座夺据其三，居高临下，燃炮对击，冯军几乎不支。”此刻，王孝祺军从小路抄袭敌后，阻缓了法军攻势。下午 4 时苏元春部从幕府赶到，立即督队登山，抢入第四座炮台。苏元春、冯子材、王孝祺合力往来指挥，更番攻战不息，战至初更，法军始收队。当日战事非常激烈，法军一直处于进攻和优势地位。冯子材等料明日必有恶战，连夜修补营墙，补充弹药，重新调整部署，增强了长墙正面的防御力量。

3 月 24 日，“清晨，复大战，贼来益众，炮益紧。冯子材居中，苏元春助之，王孝祺当右，陈嘉当左路即东岭，敌炮最猛”。法军乘着大雾猛攻过来，左右两路借空中开花炮掩护，循东西岭以接近长墙。由于地形复杂，且大雾弥漫，爱尔明加中校用了 5 个钟头，才走到山顶，但没有参加任何战斗。而尼格里却以为偷袭东岭已经成功，遂将主力集中于中路，11 时左右大雾散去，法军向长墙发起猛攻。

法军“以开花炮向中路长壕轰击，自巳至申，连绵不绝，尘土蔽天。清军静伏壕内，该逆瞥见卡内寂若无人，疑我军皆已溃退，猛力直上”，竟薄近壕前，有的已经越墙而入。法军的逼近，为清军提供了一个消灭他们的机会，“各勇觑准，齐放排枪，法前敌骤倒”。冯子材、苏元春重悬赏格，同时乘敌军慌乱之际，突开卡门，大呼一拥而出。特别是“年已七旬的冯子材将军，率二子相荣、相华，以帕裹首，赤足草鞋，持矛大呼跃出，诸军将领，见冯如此，俱感奋力战”。两军鏖战两日，法军弹码已尽，而后队军火被截，惶惧无措，顷刻间炮声顿息，遂大溃。我军任意斩贼，贼翻崖越溪而窜，清军将法军逐出关十里而还。从24日深夜到25日黎明，法军陆续逃回文渊，已溃不成军。冯带领各军追击，杀出关外。

26日，冯率诸军攻文渊，法军败走，退据谅山、驱驴，固守待援，伺机反扑。冯子材决定不给敌人喘息，乘胜再攻。

谅山之战（驱驴之战） 3月24日晚，法军全部撤出镇南关地区，26日凌晨1时半到达谅山。3月28日，清军三路攻谅，法据谅城困守，并扼对河北岸之驱驴墟，墟内有王德榜旧垒甚固。黎明，王德榜进攻之，士卒多伤亡。午后诸军至，王德榜与王孝祺两军战尤力，伤亡亦多。王孝祺部将潘瀛执旗先登，诸军并进，克之。法军涉水而逃，退守谅城。下午3时15分，“尼格里将军在谅山镇外一次骑兵侦察中遭到攻击并负了伤。他的副手爱尔明加在接任指挥时决定撤出谅山”。于是法军惊慌失措，抛弃了全部行装和大炮，狼狈溃逃。

29日五鼓，冯子材、杨瑞山、刘汝奇等潜渡河攻谅，辰刻克之，获其军械粮米无数。30日、31日收复谷松和观音桥，恢复了同年2月法军发起北圻战役进攻前的态势。清军原拟休息10天，再乘胜收复北宁和河内。此时，法军不能再战，急速与清廷言和。及4月7日清廷罢战诏下，冯子材愤而请战，不准。5月4日，冯子材挥泪退军，撤入镇南关内，抵龙州，龙州军民拜迎30里外。

清军西线临洮大捷　3月23日，法军向位于宣光、兴化、山西之间的战略要地临洮发起攻击，临洮战役由此开始。

3月23日上午9时，法军首先进攻竹春营地，竹春率各族战士，英勇打退敌人多次进攻。同一天，法军4000余人出临洮，包围山围社李应诊、韦云青各营，覃修纲闻信，立督饬精锐3000人驰援。法军将李应诊营围住，枪炮如雨，李应诊督饬兵勇坚伏不动，法军渐逼渐近，该营扯动钉子火地雷，轰毙甚多，法军退却。良久复进，该营又俟其逼近，枪炮齐击，法军再退。轮番往回，“自初七日至初八日，援兵四集，面面攻击。李应诊率众出营奋击，毙贼百余名，身受枪伤，仍立前阵，斩五画一名。韦云青、沙如理各身受数伤，亦奋进斩三画、一画各二名，斩匪首十余级。贼死力抵拒，覃修纲从后夹击，（越南地方官）张文擎、阮文如、陈春檀亦奋力合击，无不以一当十，阵毙白帽法匪二百余名，红衣鬼四百余名，教匪千余名。战至亥刻，贼大败，四面冲溃”。

法军临洮大败，退守鹤江、越池一带，滇军乘胜反攻。4月5日，滇军进攻黄冈屯法军，与越南阮绘部协同作战，迫使法军退入兴城。同一天，越南张文擎部乘夜由临洮渡河，次日晨进攻广威府，与法军激战，收复广威。8日、9日，滇军连克法军四座营寨，又协同汤宗政部进攻梅枝关。法军溃败，遂破关，并收复不拔。李应诊会同越南山西副总兵收复鹤江、越池，越南山西布政使阮文甲收复永祥府。唐景崧部收复了太原。西线形势一片大好。但清政府采取李鸿章主张的“乘胜即收”政策，突然下停战诏书，与法国签订屈辱和约。

六、中法议和

清政府在中法战争期间，始终或明或暗，直接间接地向法国侵略者求和。李鸿章等人不断制造妥协理论，竭力怂恿清政府向法国妥协。法国在战争过程中，一直对清政府采取软硬兼施的手段，在军事侵略的同时，积极进行政治诱降。

1884年10月，法国领事林椿与李鸿章在天津秘密会谈。11日，茹费理内阁列出中法和约基本条款。此时传来清军淡水大捷，清政府态度转为强硬，拒绝法方条款，与林椿另议和议方案七款。主要精神为：《天津条约》仍照办理，但应酌量另增数款；没有赔款，但中国向法国借款2000万两，分作40年还请，按公道利息计算，以海关作保。法国政府不接受此方案。10月21日，法国将10月11日所提和款告知英国，11月初，法国表示希望英美共同出面，促进和议。11月初清政府拒绝法方10月11日所提条款，并提出自己的八项条款。

曾纪泽以提案内容探询英外长，英外长大愕曰：“中国提案，是‘胜利者对战败者’的提案。”曾纪泽乃另拟八条，并以此约稿商英外长。英外长曰：“此稿可送。”但法国驻英公使拒绝此提案。12月初，法国经英国政府再次表明和议基本条件：完全履行李福简明条约，在简明条约完全执行前，法国占据基隆作为担保。中法各持己见，相持不让，谈判没有进展。

当时中法谈判通过多条路线，互相讨价还价。第一条线路是通过美国驻华公使杨约翰和美国国务院；第二条线路是通过德国人德璀琳，他主要是给留居在上海的法国公使巴德诺穿针引线；第三条线路是通过赫德、金登干和英国财阀伦道尔、英国外交大臣葛兰维尔，直接和茹费理接触。这三条线分别代表美、德、英的利益。

中法谈判的焦点集中在三个问题上：1.法国坚持完全批准《天津简明条约》，清政府要酌量修改；2.法国要求赔款；3.如果法国得不到赔款，则要求在若干年内占据基隆，作为“担保”。到1884年12月，调停暂时中断。

1885年1月，赫德借中国海关供应船“飞虎号”被法舰扣留一事，和茹费理直接建立了联系。1月7日，赫德派金登干到巴黎，进行秘密谈判。在这次调停中，清政府满足了赫德的要求，将调停活动从多线联系归并到以赫德为中介的单线联系，甚至李鸿章也被撇在一边。赫德熟悉中国国情，深谙中国文化，一再向茹费理进言，“特别需要筹划的是中国的面子”。

赫德从以下三方面进行调停。1.不明提占据基隆作为担保的条款，以保全清政府的面子，但可以在清政府的默许下，继续留在基隆，把撤军日期长期拖延下去。2. 利用战场形势，向清政府施压。2 月下旬，法军攻占镇南关，同时援台的南洋五舰被法国追击，赫德对清政府进行威胁恐吓。2 月 28 日，赫德电告巴黎："中国方面允准 1884 年 5 月天津条约"。3. 赫德用"偷梁换柱"的方法，使法国满足了对赔款的要求。赫德提议"以商务利益代替赔款"。法国同意以"建设铁路专权"代替了赔款。

3 月下旬，谈判已进入了对于文字的细节修改，这时清军获镇南关、谅山、临洮大捷。战场形势的发展，使中国在军事上、外交上都处于有利地位。法军在北圻的失败，引起 3 月 30 日巴黎市民的示威游行，直接导致法国茹费理内阁垮台。但清政府听从李鸿章的决策，决定乘势而收，丝毫没有考虑争取较好的议和条件。李鸿章催促朝廷："澎湖既失，台湾必不可保，当借谅山一胜之威，与缔和约，则法人必不再妄求。"1885 年 4 月 4 日，中法《停战条件》（又称《巴黎草约》）在巴黎签字。金登干和法国政务司司长毕洛，分别代表中法政府签字。1885 年 4 月 7 日，清政府下停战诏书。清前敌将士皆扼腕痛愤，不肯退兵，彭玉麟、张之洞等屡次上电力争，奈何清政府坚决按既定方针办。1885 年 5 月 13 日，清廷授权李鸿章在天津与法国驻华公使巴德诺谈判中法正式条约。6 月 9 日，李鸿章与巴德诺在天津签订《中法新约》，又名《越南条款》，共 10 款。张之洞、彭玉麟于《中法新约》签订后，致电李鸿章："上年三月十三日（4 月 8 日）五枢出局，随奉电传上谕：'法人无理，已饬决战，嗣后如有以和议进者，定即军法从事！’等因。此次进和议者为谁？望示复。洞、麟叩。北洋复电：顷接电询，已悉。查进和议者‘二赤’，我不过随同画诺而已。鸿叩。”

此约签订，越南与中国之藩属关系完全断绝，乃正式成为法国之保护国，且为法人开放云南、广西之门户，达其多年要求通商之愿。6 月 21 日，法军全部撤离基隆。7 月 22 日，法军退出澎湖。

英国在此役中，斡旋两造，识透良机，于当年冬出兵占领缅甸，使缅甸成为英国之保护国。1983 年，法国侵占了柬埔寨。1893 年，法国侵占了老挝。法国将越、柬、老三国组成法属印度支那联邦。

1885 年 3 月，伊藤博文率日本代表团来华谈判。4 月 18 日中日《天津条约》签字，承认朝鲜由中日共同保护。几乎在同时李鸿章签订了两个条约，使中国在两个关系最密切的邻国的问题上都遭到严重的外交失败。到甲午战争前，中国的藩属已丧失殆尽。藩属丧失的结果，使中国本土暴露在世界列强的刀锋之下，从此各国侵略者开始划分势力范围，并出现瓜分中国的危机。

第十一章

甲午之战

一、概述

1868年，年仅15岁的日本睦仁天皇登基，改元明治。新政府大胆革新，采取了一系列有利于资本主义发展的措施，使日本迅速走上资本主义发展道路，国力倍增。在外交和军事方面确立了以对外侵略扩张的“大陆政策”为基本国策。“大陆政策”是指日本用战争手段侵略琉球、朝鲜、中国和俄国等周边国家的对外侵略扩张政策。日本推行“大陆政策”首先从侵略朝鲜和中国着手。

1874年，日本发动甲戌之战，企图侵占台湾，此为第一次中日之战。战争的失利，使日本朝野议论纷纷，十分不得人心。但通过此战，日本对清政府的腐败无能有了更深刻的了解，也尝到了战争的甜头，更敢于对清政府进行军事冒险。

1. 甲午战争前的日朝关系

甲午战争前日朝关系的进展主要体现在以下三个条约上：

《江华条约》《济物浦条约》和《天津条约》。

《江华条约》（《朝日修好条规》） 1875年8月，日本云扬兵轮突然入侵朝鲜江华岛，毁炮台，烧永宗城，杀朝鲜兵，劫其军械而去。由于朝鲜守军对日舰进行了回击，1976年1月，日本当局命令陆军中将黑田清隆为特命全权大臣，前往朝鲜釜山"问罪"，胁迫朝鲜签订通商条约。同时派外务少卿森有礼来华，与总理衙门谈中朝宗藩关系，表示日本不承认朝鲜是大清国属国。

李鸿章一方面认为，日本侵占朝鲜使大清"东三省根本重地遂失藩蔽，有唇亡齿寒之忧"。但权衡之下仍主张"至该国愿与日本通商往来与否，听其自主，本非中国所能干预"。

1876年2月26日，朝鲜政府迫于日本武力威胁签订了《朝日修好条规》，共十二款。这个条约标志了朝鲜对中国形式上的藩属关系已被废除。

壬午兵变与《济物浦条约》 由于国库空虚，朝鲜当局不时克扣、拖欠兵饷，官兵不满与日俱增。1882年7月23日，发生兵变，兵变者拥立朝鲜国王李熙之父、大院君李昰应主持大计。日本人花房义质驻王京（首尔）城外，闻变逃去，兵变者寻至，尚有7人未走，均遭杀害。

日本当局获此消息，马上派3艘军舰，上千名水陆军士护送花房义质回朝鲜，并要求朝鲜赔偿。

当时，李鸿章因母忧，回老家合肥奔丧，北洋事务由两广总督张树声代理。张遵总理衙门命令，派提督丁汝昌等酌带兵船7艘，并派提督吴长庆统带所部6营，克期拔队东渡。吴长庆结拜兄弟袁宝庆的嗣子、营务处会办袁世凯也随军前往。8月20日，清军先头部队到达朝鲜，开赴王京。25日，清军进驻汉城。27日，吴长庆设计拘捕了李罡应，并立即解押到天津，后被转送至保定，一直拘留到1885年9月。

当日方召集日军赶到朝鲜王京，清军已平息了兵变。日方的军事计划被打乱，见清军占优势，不敢轻举妄动。但提出要求签订条约，同意其赔款、驻军等条件。清廷以平息叛乱局面、拘禁大院君为胜利标志，对日本赔款、驻兵的要求并不重视，即由吴长庆出面协调双方谈判。

1882年8月30日，日朝双方签订《济物浦条约》。条约规定朝鲜赔偿使馆人员的抚恤金5万元，赔偿使馆损失及兵费50万元，日本使馆人员及其眷属可游历朝鲜内地，日本公使馆可置兵员若干。

甲申政变与《天津条约》 在壬午兵变中日本未达到其军事目的，就一面大力扩军，一面在朝鲜大力培养亲日势力。1884年，日本利用中法战争之际，清军驻朝兵力大为减弱，密令其驻朝代理公使竹添进一郎迅速策动开花党发起政变。开花党是带资产阶级性质的改良主义者，从事反清独立，相当亲日，为日本侵略者所利用。

1884年12月4日，朝鲜邮局新厦落成，邮政局总办、开花党人洪英植在邮署宴请中国商务总办及各国公使。晚8时，开花党人拿起预先准备的军械，攻击禁卫军，射杀朝官。深夜，另一队党徒和日本兵冲进景祐宫，挟持国王，矫令日本兵保护王宫。

第二天，开花党胁迫李熙委任新政府，奉行新政，史称“甲申政变”。

清朝鲜防务总办吴兆有等武将不知所措。关键时刻，营务处会办袁世凯警告说：“若再不发兵，不但朝鲜保不住，连我等归路，都要被截断。”于是吴兆有决定出击。12 月 6 日傍晚，约 2000 名驻朝清军在吴兆有、袁世凯率领下，与朝鲜军民一起进军王宫。日兵和新党军开枪阻击，弹飞如雨，清军和朝军还枪应战。宫门内外遂作战场，日军与新党军不支而退。日本政府接报，立即派外务大臣率军进入朝鲜，清廷也派钦差大臣率军入朝。对峙中，日军感到清军力量太大，遂放弃了进一步的军事行动，转而采取外交手段。

1885 年春，日本派伊藤博文为全权大臣，赴华谈判，清政府派李鸿章为全权大臣。3 月 14 日日使到天津，日使的目标是力争实现双方同时撤兵。4 月 3 日第一次谈判；4 月 5 日第二次谈判；4 月 7 日第三次谈判；4 月 10 日第四次谈判；4 月 11 日中方将条约草案交日方；4 月 12 日第五次谈判，日方将其条约草案交中方；4 月 15 日第六次谈判，双方达成协议。4 月 18 日，李鸿章与伊藤博文签订《天津条约》三款。

当时这个和约被李鸿章本人和一些国际友人当作李的外交成就而吹嘘。实际上，此条约大大削弱甚至放弃了清廷在朝鲜的有利地位，使中日两国在朝鲜处于同等地位。日后的甲午战争显示出这个条约所存在的严重隐患。

2. 中日双方的战争准备

甲午战争前的朝鲜已成为东亚矛盾的焦点。而李鸿章一会儿指望联英以制俄日，一会儿又指望联俄以制日。这种危险的外交政策只能使矛盾更加复杂而尖锐，只能助长列强的野心而加速战争的爆发。

日本则极力加强自身实力，并且运用外交手段，力图左右逢源，造成有利于自己的局面。它紧紧依靠美国，取得了美国的支持。又在英俄间扮成小伙伴，既争取英国的支持，又努力博得沙俄的欢心。1894 年 7 月 16 日，英日在伦敦缔结新约，英国默许日本有采取侵略行动的自由。俄国一开始就对日本的武力侵略方针表示赞许，它既低估了日本的力量和野心，也没有料到大清政府会如此无能，迅速完败。

1884 年起，日本开始了长达 10 年的大陆作战准备。1887 年日本参谋本部发动属员条陈征清方策。至今共发现 7 份条陈，其中参谋本部第二局局长、陆军大佐小川又次所作《清国征讨方案》发现最早，也最有名。《清国征讨方案》共分《趣旨》和《进攻方略》两部分。《趣旨》谈起草此件的宗旨。《进攻方略》包括《彼我形势》《作战计划》和《善后》三篇。《彼我形势》主要分析当时中国政治腐败，财政困弊，军备薄弱，民心涣散等情况。《作战计划》提出了日本对华作战的总目标是：先由日本海军击败北洋舰队，攻占北京，擒获清帝，逼其结城下之盟。《善后》是关于战后处置中国的计划。并提出了分割中国的“六块论”。1. 将山海关至西长城以南，直隶、山西两省之地，河南省之黄河北岸，山东全省，江苏之黄河古道、宝应湖、镇江府、太湖，浙江省之杭州府、绍兴府、宁波府东北之地，盛京盖州以南之旅顺半岛，浙江舟山群岛，台湾全岛与澎湖群岛，及长江沿岸之地，皆划入日本版图。2. 东三省及内兴安岭山脉以东，长城以北之地分给清朝，使之独立于满洲。清朝自满洲来，夺取明朝之中国，今日使之退回其本土满洲。3. 于中国本部割长江以南土地，迎明王朝后裔，建立王国，并使之成为日本的保护国。4. 长江以北，黄河以南，再建一王国，为日本之属国。5. 于西藏、青海、天山南麓，立达赖喇嘛。6. 于内蒙古、甘肃省、准格尔，选其酋长或人杰为各部之长，并由日本监视之。《清国征讨方案》是一个周密的、灭亡中国的计划。日本军方日后进行的对华作战的基本思路与它高度一致。

同时，日本大力扩军备战。1881 年，日本制订了 20 年造舰计划，计划每年造新舰 3 艘。1882 年改为 8 年计划，每年造新舰 6 艘。1885 年改行新的 8 年计划，以组成 4 个舰队。1886 年，发行海军公债 1700 万元，并在设立横须贺镇守府后，开辟吴和佐世保两处为军港。到甲午战争前夕，日本海军已拥有各种舰只 33 艘，共计 63000 吨。日本陆军也积极扩军。到甲午战争前夕，日本陆军除早已建成的近卫师团外，又建成 6 个野战师团，一个师团兵力约 1 万人，一个师团辖两个旅团，一个旅团辖两个联队。日本陆军的总兵力已达 7 万多人。

关于当时双方兵力对比，日方认为：“清军之素质、训练、指挥法等，劣于日本数等，其全体相差程度为，以日兵一可敌清兵三。”清军于“本战役时，总员计有 98 万人……其实际用于战地者，韩国不过 2 万人，奉天省内不过 17 万人，直隶省内 19

万人。……故清国可用于战地之数概比日本为劣”。“清国军舰82只，水雷艇25只，总吨位85000吨左右，但其中在南洋者不与战争。日本军舰28只，总吨位58000余吨。”“当时以训练言，日军为优。以军舰言，清国有定远、镇远铁甲战列舰二只，优于日本。唯日舰速力一般优于清舰，故全体势力可谓仲伯之间。”

清政府对于中日间可能发生大战是有预感的，但对于日本政府在军事上的步步紧逼和外交上的威胁恫吓，清政府不做军事上的全力准备，却一味寄希望于俄、英等列强进行干预和调停，想以此迫使日本放弃对朝鲜的入侵。李鸿章以夷制夷的错误思想成为清政府的基本外交方针。

李鸿章先找英国驻华公使欧格纳，请英国出面干预，但欧格纳不愿参与此事。李转而请俄国出面干预。俄国驻华公使喀西尼提出召开俄、中、日三国会议讨论朝鲜内政改革。英国获悉李鸿章与喀西尼接触后，恐俄国先占一着，才开始插手中日之战，并提出“五国联合调停”方案，即由俄、法、德、美、英五国共同干涉中日之战。因其他四国不肯响应，此计划成为泡影。1894年7月8日，英国提出一个中日两国在朝鲜“划区占领”的建议：设立包括仁川和汉城在内的中间地带，双方都撤出汉城和仁川，日本占据汉城以南地区，中国占领以北地区。日本拒绝此方案。直到1894年7月19日（六月十七日），李鸿章还发电：“倭兵在汉无甚动静，二十开仗之说，似是谣传。喀使适来谈，俄廷电告，仍愿从旁调处。”李鸿章坚持和局可保，反对“厚集兵力”，造成严重后果。

3. 甲午战争中的主要事件

东学党起义：1894 年 2 月。它是甲午战争的导火线。

丰岛海战：1894 年 7 月 25 日。

成欢之战：1894 年 7 月 30 日。

中日宣战：1894 年 8 月 1 日，中日分别发表宣战书。

平壤之战：1894 年 9 月 15 日。

黄海之战：1894 年 9 月 17 日。

鸭绿江保卫战：1894 年 10 月 24 日至 26 日。

清政府求和：清政府请德国人德璀琳为清政府代表，于 1894 年 11 月 22 日赴日本议和，被日方拒绝。

金旅保卫战：新组建的日本第二军在花园口登陆，11 月 21 日旅顺陷落。

摩天岭保卫战：11 月 9 日开始。

海城争夺战：12 月 13 日日军占领海城。1895 年 1 月 17 日至 2 月 21 日，清军五次反攻海城，均失败。

清政府二次求和：清政府派张荫桓、邵友谦为议和大臣，于 1895 年 2 月 9 日抵日本，与日方议和，被拒绝。

威海保卫战：1895 年 1 月 30 日开始，2 月 14 日北洋舰队全军覆没。

辽河平原战役：日军第一军、第二军联合作战，2 月 24 日大平山之战、2 月 27 日占领鞍山站、3 月 4 日牛庄之战、3 月 7 日营口之战、3 月 9 日田庄台之战，清军均完败。

中日签订《马关条约》：1895 年 4 月 17 日签约。

三国干涉还辽：在俄、德、法三国干预下，日本同意清廷用 3000 万两白银赎回辽东半岛。1895 年 11 月 8 日，中日代表签订《辽南条约》。

台湾军民的保台运动：日军在占领台湾的战争中，其伤亡人数约为甲午战争中与清军作战伤亡人数的 2 倍。

二、东学党起义

东学党起义是甲午战争的导火线。

东学党是个以宗教为掩护的朝鲜民间秘密组织，创建于 19 世纪 60 年代。1894 年因万石洑水税事件，在古阜群激发了东学党起义。朝鲜有一种特有的堤堰称洑，以木石或土沙筑成，用来截水灌溉农田。万石洑是古阜群的国有洑，农民用水要交水税。1892 年全罗道古阜郡守赵秉甲上任后，增加水税，并将水税纳入私囊，激起民变。

1894 年 2 月 15 日，全琫准率领东学道徒和农民袭击郡衙，驱逐郡守赵秉甲，打开仓库将钱谷分给农民。1894 年 5 月初，起义军在古阜郡黄土岘，大败朝鲜官兵。5 月 24 日，在长城郡南月坪洞再败朝鲜官兵。6 月 1 日，起义军入全州城，随后南部全罗、忠清、庆商三道地方归起义军所有。

东学党占领全州后，朝鲜国王闻奏大惊，立即召开廷臣会议，决定向中国借兵。6 月 3 日，朝鲜政府递送了求援文书。6 月 4 日，清政府“饬丁汝昌派海军济远、扬威两舰赴仁川、汉城护商”。并调直隶总督叶志超率同太原镇总兵聂士成，选派淮军精锐赴朝。6月8日，聂士成率910人为前锋抵牙山湾，后续到援兵1800人。清军仓促派兵赴朝，完全坠入日本的圈套。

6月9日，大岛圭介在大批军舰的护送下到达仁川港，立即带领陆战队400人，抢先进入汉城。6月12日起，由大岛义昌所率第九混成旅团8000余人陆续到达仁川。日本国内组成以天皇为首的大本营，进一步征召军队，租用商轮，准备弹药粮秣，日本的战争机器已全速运转起来。

6月12日，叶志超派聂士成负责剿办起义军，而在6月11日起义军与政府已签订停战协定《全州和约》。7月5日下午3时，聂士成率兵抵全州，察看了全州战后情况。7月11日回到牙山后，立即会见了叶志超，对他说：“匪乱已平，宜速请傅相（李鸿章）派船来接队内渡，免启衅端。”7月12日，聂士成再次请叶志超发电给李鸿章，请求班师回朝。李鸿章的回答是：“倘倭拟留兵，彼留若干，我亦应留若干，与之抗衡。”李鸿章决策失误，总想双方同时撤兵，以致丧失时机。

中国出兵朝鲜后，没有和起义军作战，暂驻牙山，静观日方动静。日本原想乘机挑起战端，但出乎意料之外，京城一派平静。上一次，在“护侨”名义下，日本出兵占领了朝鲜的战略要地。这一次必须再找一个新的名目，促使两国关系破裂。6月14日，日本内阁举行会议，提出“改革朝鲜政治”。由中日两国派出委员，共同调查和改革朝鲜的财政、内政和军事。6 月 21 日，清政府拒绝日方提议。日本政府立即于 6 月 22 日发出强硬照会称：日本竟不能撤兵，其不轻撤兵，“非止遵照天津约款之旨而然，亦到善后预防之计也。本大臣既经披沥意衷如是，设若与贵政府所见相违，我政府断不能撤现驻朝鲜之兵也”。陆奥外相称此照会为“对中国的第一次绝交书”。

日本政府发出这一强硬照会之后，即抛开中国，肆无忌惮地宰割朝鲜。6 月 28 日，大岛义昌的第九旅团全部进入朝鲜。7 月 3 日，大岛圭介觐见朝鲜国王，要求改革朝鲜政府，并提出改革纲领五条：　改制度、二整财政、三整律法、四理兵备、五施学政。7 月 13 日，陆奥外相向大岛传达机密训令：“促成中日冲突，实为当前急务，为实行此事，可采取任何手段，一切责任由我负之，使该公使丝毫不必有内顾之忧。”7 月 14 日，日本驻华公使向清政府声明：“……乃将此意提出清国政府，拒料清国政府定然不依，惟望撤兵，我政府深感诧异。……其于我政府之意毫无可依之情形。推以上所开，总而言之，清国政府有意滋事也。则非好事而何乎？嗣后因此即有不测之变，我政府不负其责！”这就是日本政府对中国政府的第二次绝交书，并从此关闭了中日商谈的大门。

7 月 23 日晨 5 时，日军占领朝鲜王宫，大岛圭介拘禁了国王李熙。7 月 25 日，日军挟持大院君以朝鲜傀儡政府的名义，宣布废除以前同清政府缔结的一切条约，并授权日军驱逐在朝清军。7 月 25 日，丰岛海战打响。

三、不宣而战

截至 1894 年，清朝海军有军舰 71 艘，鱼雷艇 28 艘，舰艇总吨位 7.5 万吨。日本从 1886 年迅速发展海军，至甲午战争前夕，有军舰 31 艘，鱼雷艇 24 艘，总吨位 6.2 万吨。尽管中国海军有一定的数量优势，但实际海战中仅有北洋水师与日本联合舰队作战。北洋海军在 1888 年成军时，也超过日本海军，但此后在日本海军快速发展期，却停滞不前。最关键的是，日本已接受了美国海军学院院长马汉关于争夺制海权的先进海军战略，而中国仍抱着《防海新论》中陈旧的海防观点。

北洋海军于 1888 年成军，编为中军、左右翼、后军四队。中军三营：致远、靖远、经远；左翼三营：镇远、来远、超勇；右翼三营：定远、济远、扬威，此战舰 9 艘；后军则守口蚊子船 6 艘，合以鱼雷艇 6 艘，练船 3 艘：威远、康济、敏捷，运船 1 艘：利运，共大小 25 艘。设提督一，总兵二，副将五，参将四，游击九，都司二十七，守备六十，千总六十九，把总九十九。其中定远和镇远为德国制造的 7000 吨铁甲舰。北洋舰队基本上具备了近代海军的规模，具有独立进行海战的能力，号称仅次于英、美、俄、德、法、西、意七国的世界第八海军。第一任提督丁汝昌，左右翼总兵为林泰增和刘步蟾。

丰岛之战　1894 年 7 月 25 日的丰岛之战是甲午之战的第一战，此战规模不大，但对此后双方军队的士气和战局的影响很大。

李鸿章在幻想英俄帝国主义调停落空之后，不仅仍不认真备战，反而继续妥协退让。在日本调兵遣将，大举入侵朝鲜的形势下，7 月 1 日“鸿章召驻朝诸舰归”。日本陆续向朝鲜派遣军队达 2 万余人，日军兵力占绝对优势，并占据了从仁川到汉城的战略要地，使叶志超部陷入被围的险境。

直到 7 月 12 日，日本提出第二次绝交书后，清廷才匆匆派兵增援朝鲜。一共派出四路援军：第一路由总兵卫如贵统带盛军 6000 余人，于 8 月 4 日到达平壤；第二路由总兵马玉昆统带毅军 2100 人，于 8 月 4 日到达平壤；第三路由总兵左宝贵统带奉军 3500 人，于 8 月 6 日到达平壤；第四路由侍卫丰升阿统带 2000 余人，于 8 月 9 日到达平壤。为解救牙山之危，李鸿章抽调 2500 余人，由总兵江自康统带，经海路前往牙山。李鸿章担心到牙山的海路很危险，决定租用三艘外国商船，由清政府承担保险。由于从海口到牙山登陆，还有 35 千米路程，且只能用民船运送，所以决定三船分批出发。其出发时间为：爱仁号 21 日下午，飞鲸号 22 日傍晚，高升号 23 日早晨。为保护海上运兵安全，李鸿章派北洋舰队副将方伯谦率济远号、广乙号、威远号三舰护航。23 日济远号等三舰抵达牙山，24 日爱仁号和飞鲸号共载清军 1500 人，先后在牙山内岛登陆。24 日清军得知日舰可能袭击中国军舰的情报，方伯谦命令威远号（木质船）与当晚 9 时 15 分返航。

在天津潜伏多年的日本间谍侦知清军从海上赴朝的援兵人数、所乘船只、开船时间等机密情报。日本大本营决定在海上袭击清军，破坏清军的增援计划。7 月 25 日晨 4 时许，济远号和广乙号两舰由牙山鱼贯出口。7 时 30 分，前方突现吉野号、浪速号、秋津洲号 3 艘日本快速巡洋舰。7 时 45 分，日舰开炮攻击济远号，济远发炮还击。中日双方比较，不仅日方多 1 艘军舰，且在军舰性能和武器装备上，日军也优于清军。济远号和广乙号两舰的官兵在优势敌人面前，进行了英勇的反击。7 时 56 分，敌炮击中济远号瞭望台，大副沈昌寿、二副柯建章阵亡，水手士兵阵亡 13 人，伤 40 余人。8 时 30 分，广乙号受伤东驶，远离战场，后搁浅自毁。济远号也中很多炮，唯机器无损，舵被毁，遂逃。吉野尾追甚急。管带方伯谦藏身于厚铁甲处，树白旗，吉野号仍追。此时高升号与操江号由西驶来，日舰由秋津洲号截高升号，以浪速号截操江号，而以吉野继续追济远号。11 时许，吉野号追至济远号 2000 米时，方伯谦更加惊骇，在白旗下面挂起日本旗，要求投降。水手王国成、李时茂激于民族义愤，不听方伯谦命令，协力发尾炮攻击敌舰。“乃将 15 生特（厘米）尾炮连发四出，第一出中倭船舵楼，第二炮亦中，第三炮走线，第四炮中其要害，船头立即低俯。……伯谦既庆生还归烟台，遂称击毙倭海军总统以捷闻。”清政府竟对方伯谦予以嘉奖。

操江号是艘近千吨的木质大船，此次带武器、饷银开赴牙山。约 2 时 10 分，被秋津洲号俘获。操江号仅将文书及信件毁灭，其所载之 20 万两饷银、大炮 20 门、步枪 3000 支和大量弹药全为日军所得。管带王永发等 83 人，于 28 日被押送到佐世保，“上岸之时极被凌辱”，先被游街，再投入监狱。

高升号是英国轮船，载有清军 1220 人。日军命令清军投降，遭清军拒绝。日军用鱼雷和大炮击沉了高升号。在附近观战的法舰救起42名清军，德舰救起112名清军，英舰救起87名清军，还有2名士兵被日军俘虏，2名士兵游泳逃生，其余官兵全部牺牲。高升号被击沉后，英国舆论大哗。李鸿章上奏："高升系怡和商船租于我用，上挂英旗，倭敢无故击毁，英必不答应。"李鸿章庆幸这是个机会，指望英对日施压。日外相陆奥装模作样下令调查，并向英国道歉，同时优待高升号英国船员。外交方面上下活动，并用"特别活动经费"影响一些著名人物的观点。随着日本在军事上节节胜利，英国以"不欲多事"，避免得罪强者的方针，放弃对日赔款的要求。最后，英国政府要求中国政府因高升号被击沉，予以赔款。

丰岛海战的结果，使日本海军完全控制了朝鲜西海岸水域，日军不仅增兵朝鲜畅通无阻，而且海陆两军得到相互策应。清军则断绝了通往仁川、牙山的海道，使牙山清军陷于孤立无援，腹背受敌的境地。

成欢之战 1894年7月24日，大院君李昰应入宫摄政，当天即授权大岛圭介公使驱逐在牙山的清军。7月25日，日本海军在丰岛海战的同一天，日本陆军混成旅团4000余人，在旅团长大岛义昌的率领下，进攻驻守牙山的清军。

李鸿章一面派兵增援朝鲜清军，同时仍未决心抗战。7月20日，李鸿章电叶志超："我不先与开仗，彼谅不动手。此万国公例，谁先开战谁理屈。"直到7月24日，才电告叶志超："和议决裂，速备战守。"7月26日，聂士成率3营清兵驰往成欢，分扎要隘。7 月 28 日辰刻，叶志超至，问战守计。告以“海道已梗，援军断难飞渡，牙山绝地不可守；公州北山面江，天生形胜，宜驰往据之。战而胜，公为后援；不胜，犹可绕道而出”。叶志超从之，即率所部前往。29 日五更时，“倭前队果渡河桥，我军骤放排枪，毙敌数十。时夜色苍茫，敌猝遇伏，遽引退，桥小人众，拥挤坠水溺死甚众。我军逐之……我军少，不敢穷追。迨天明，敌后队蜂拥至道口，与我军开枪互击”。“正在得手，敌复翻山越岭，分道包抄，我军人自为战，莫不以一当十。自寅至辰，枪炮之声不绝，死伤积野，血流成渠，而敌愈聚愈众，布满山谷。……士成于枪林弹雨中，往来策应，见军火垂尽，不得已率众溃围而出，至天明，与叶军门会。”叶志超部不战而退出公州，为避开汉城日军，清军绕道朝鲜东海岸北撤，渡汉江、大同江，历时一个月行程 2000 里，于 8 月 21 日抵达平壤，与大军会合。

成欢之战规模不大，清军伤亡 200 余人，日军伤亡 80 余人。但此战后果严重，日军从此控制了整个朝鲜南部，切断了从中国大陆到朝鲜西海岸的航道，不仅消除了汉城受到的威胁，还解除了来自海上和南部的后顾之忧，使日军得以一心北顾。

中日宣战　丰岛之战和成欢之战后，清政府只能应战，别无选择。1894 年 8 月 1 日光绪帝下诏对日宣战，标志着中日甲午战争正式开始。同一天，日本明治天皇也下诏对中国宣战。

甲午战争是日本政府蓄谋已久，精心策划的一场侵略中国的战争。日本大本营早就制定了侵略中国的“作战大方针”。

它的侵略目标是：以主力在山海关附近登陆，于直隶平原和清军主力决战，打败清军，攻占北京。在实际执行中，日本大本营考虑到与北洋海军主力决战的时间难以预料，在年内能否实现直隶平原决战也没有把握，当时日本的海运能力很低，加之渤海湾北岸每年有三四个月的冰冻期，军队运送十分困难。于是大本营对“作战大方针”作了修改。将原来在朝鲜的牵制作战改为以朝鲜为主战场，于 8 月 14 日将第三师团的一部分派到朝鲜，增援原在朝鲜的第五师团，以期把清军从朝鲜驱逐出去。

李鸿章在战前主要抓了四件事：1. 催促朝鲜北路援军，迅速向平壤集结，形成 1 万多人的厚势；2. 国内禁止拍发密电，以防泄露军机；3. 严查间谍，在沿海各省加强防范，并确实破获了几起重大的日本间谍案件；4. 根据丁汝昌的建议，在威海口设置挡雷木桩和铁链，以防日本鱼雷偷袭。

四、中日陆海军大决战

1894 年 9 月 1 日，日本把混成第五旅团与第五师团组成第一军，共 15000 人，由日本陆军之父——陆军司令官山县有朋大将亲自指挥平壤战役。为了方便指挥，日本政府决定把大本营由东京迁到朝鲜釜山对面的广岛。13 日睦仁天皇亲率大本营出发，15 日到达广岛，亲自指挥战争。

平壤之战 8 月 4 日至 9 日，清军派出的四路援军先后达到平壤，8 月下旬，从牙山撤回的叶志超、聂士成部也到达平壤，集结在平壤地区的清军达 18000 余人，野炮 4 门，山炮 28 门，速射炮 6 门。平壤为朝鲜之旧都，城墙坚固，易守难攻，附近一山曰牡丹台，是守卫平壤的命脉所在。李鸿章将叶志超漏洞百出的战功捷报上奏朝廷，清廷发谕旨嘉奖。8 月 25 日，清廷颁发圣旨，授叶志超为所有在朝鲜清军的统帅，并赏银 2 万两。败将升官，逃兵获奖，令全军皆惊。光绪帝原拟启用刘铭传统帅诸军，刘称病不应召，实则另有隐情。

9 月 2 日，“盛军夜出哨，与毅军遇，互疑为敌，遂相轰击，历一时许，死伤颇众，由是坚壁不出者越七日”。此次因误会而引起的对战，使全军士气大受挫折。

9 月 15 日凌晨，日军对平壤发起总攻。第一路由大岛义昌少将率第九旅团 3600 人，负责正面进攻。“该（日）军渡过水湾桥，直逼船桥里的敌垒。敌人（清军）似早有准备，激烈应战，不遗余力，炮声震天。……第二、第四两中队最称艰苦，甚至指挥的士兵悉数战死。但敌人终于抵不住我军，其第一垒在转瞬之间陷落了。我军乘势更逼第二垒。时天色已明，敌人大放毛瑟七连枪，子弹如雨……眼看第一路军要总奔溃时，大岛少将跃马突进，不顾飞弹，长冈参谋长也下马拔剑指挥，士气于是再振，殊死奋战。”清军的记述为：“倭人冒死进，奋夺我前二垒，复趋我后三垒，玉昆肉搏血战，抵死相撑拒。如贵渡江援之，枪弹雨发……倭人死如山积，仍不退，鏖战及 4 时许，伏地无策，始败退去。玉昆将追之，忽闻宣武门失守，志超有诸军速撤之令，乃退。”船桥里之战，清军以 2200 人对日军

3600人，拼死搏斗，取得巨大战果。

第二路由野津道贯率第五师团5400人，负责攻打平壤城西，15日日出到达山川洞，因渡大同江耽误了时间，比预定时间晚了4小时。野津在山上布阵，向倭松堡垒发炮，后派兵下山，潜入黍园，击败清军骑兵，火烧堡垒后回营。

第三路立见尚文率领的朔宁支队和第四路佐藤正率领的元山支队共7800人，负责攻打平壤城北玄武门，这是日军的主攻方向。守玄武门的清军有两支队伍：一是左宝贵率领的奉军1500人；一是江自康等率领的1400人，清军共2900人约为日军的三分之一。元山支队于“15日昧爽，在北汉山顶上安装山炮，攻击敌垒的左面。第十八联队的第一大队攻入清军堡垒，夺取了左翼的堡寨，继又攻陷了第一、第二堡垒，因此第三垒、第四垒乃不攻而克，时为午前9点。元山支队于是和朔宁支队会合，一齐逼近牡丹台堡垒”。左宝贵见形势危急，激励部下：“今敌失约背盟，恃强侵犯，社稷安慰，兆在斯时！进则赏，退则罚。”部下感奋，无不以一当十，奋勇射击。

牡丹台位于平壤城北角，面临大同江，垒壁高5丈，炮座完备，掩蔽且坚固。日军为攻取牡丹台，将元山、朔宁两支队合为一军，由立见尚文少将统率，由背面和正面同时发起进攻。经过一番恶战，上午日军冲上牡丹台，并将山炮队移到牡丹台，准备对玄武门和全城进行轰击。与此同时，步兵富田大队在炮火掩护下向玄武门发起冲锋，但前后三次冲锋均被清军击退。在牡丹台上的日军炮队见此情况，立即以山炮集中轰击玄武门城墙。下午 2 时城墙崩坏，日军乘势越过玄武门胸墙，夺取了城门。日军未料到整个战斗如此激烈，对城北左宝贵部的抵抗力更是严重估计不足，在整个第一天的战斗中，日军伤亡多于清军，攻占牡丹台和玄武门后几乎弹药耗尽，已无力继续攻克内城。9 月 15 日的战斗清军在平壤南、西两个战场都抵住了日军的进攻，北战场虽失利，但日军仅突破玄武门的外门。当晚日军在平壤城外冒雨露宿，处境极其危急。如果叶志超敢于决战，善于指挥，是有可能扭转败局的。日本军事专家也认为："总指挥官的失败主义招致了大溃退，使日军在第二天早晨几乎是在没有流血的情况下就占领了平壤。"

叶志超得知左宝贵阵亡和玄武门失守，立即丧失斗志。下午 4 时，他派了一个朝鲜人，给日军送去投降书，乞求停战，并在各城门插上白旗。当晚，叶志超召集各统领商议"轻装持械，趁夜而退"，诸将纷纷同意或默许，只有马玉昆提出反对。当夜 8 时，叶志超命令各军放弃辎重，趁夜冒雨撤退。而日军早在途中埋伏，清军撤退途中伤亡惨重。平壤战役中清军伤亡 6600 人，日军伤亡据公布是 643 人。

9 月 16 日，日军占领平壤，收获大量武器、弹药、粮饷和其他物资，共计大小炮 35 尊、快枪 550 支、其他枪 610 支、炮弹 792 发、子弹 56 万发、行军帐篷 1092 顶、马匹 250 匹、黄金 12 箱（内有黄金 96 千克）、金沙 14 箱、银饷 10 万两、粮食 4700 石，其他军需品不计其数。平壤战役中，李鸿章的嫡系、清军装备最精良的北洋陆军一败涂地，还影响了后续的战斗，使清军斗志大衰，一蹶不振。

平壤战役的失败，造成清军全部退出朝鲜的不利态势，并使中国方面在战局上处于被动状态。此战更大的影响是，清军的完败使日军士气大振，也让日方看清了清军的腐败与无能，使日军在以后的战斗中更加敢于冒险。

黄海之战 同日本海军积极寻求主力决战，夺取制海权的进攻战略相反，李鸿章千方百计地推行消极避战方针。李鸿章深知他之所以能在清政府中具有举足轻重的政治地位，主要是因他手中握有淮军和北洋海军这两张王牌。李命令北洋舰队固守大同江口至威海卫间海岸线,避免同日本舰队进行海上交锋。8 月 10 日，日本舰队在威海卫、旅顺挑衅以后，李鸿章又把北洋舰队巡弋范围再行缩小，严令丁汝昌："无论事件如何，理由如何，北洋舰队勿得再行出航于山东高角（成山角）与鸭绿江画线以外。"

1894 年 9 月 15 日，平壤之战已经打响，但北京、天津都没有得到消息，派铭军（刘铭传部属）十二营援朝，"凡商轮五艘为运船，海军全队兵轮十二艘翼商船而渡。十六日（9 月 15 日）午夜发自大连湾，十七日（16 日）午刻抵大东沟，彻夜渡兵登岸"。北洋舰队完成了这次护航任务。17 日早晨舰队返航。

中午 12 时，有将校向丁汝昌报告：发现敌舰！随后报告"悬美国旗"。丁汝昌等颇谨慎，估计为日本舰队，即令各舰做好战斗准备。12 时 20 分，已能分辨对方有船 12 艘，已尽易倭旗。原来北洋舰队主力出港护航的消息，被在华的美国人迅速转告日本人，日本联合舰队护送山县有朋大将在仁川登陆后，即改变方向赴大同江口。联合舰队司令伊东祐亨乃令第三游击队留守大同江，以第一游击队吉野、高千穗、秋津洲、浪速四舰为先锋，自己塔乘总队的旗舰松岛号，率领桥立、千代田、岩岛、比睿、扶桑、赤城六舰及西京丸向大同江口进发。

双方交战时日舰作一字竖阵来扑，快船居前，兵船继之。中国军舰以人字形迎击敌舰。12 时 50 分，双方相距五六千米，丁汝昌乘坐的旗舰定远号发出第一炮。片刻之后，清军各舰纷纷轰击。日舰没有马上回击，“我（日舰）先锋队大概都进到距敌约 3000 米时才回炮，猛击其右翼而走过敌阵”。第一游击队四舰横越北洋舰队前方，利用航速优势，专门攻击距主力舰较远的右翼超勇号和扬威号。扬威号、超勇号相继中弹起火，超勇号未几沉没。扬威号驶出阵外救火，后来竟被方伯谦指挥的济远号撞沉。

旗舰定远号上，“丁军门与西员戴乐尔，同立天桥，指挥督率，忽本船两大炮同时怒震，船身猛簸，二人猝不及防，抛坠舱面”。丁如昌重伤，总兵刘步蟾代为督战，指挥进退，时刻变换，敌炮不能取胜。初开仗时，旗舰定远号升了旗令，但不久定远舰的信号旗语装置被炮火击毁，北洋舰队因此失去统一的战场指挥，各舰基本上是单独作战。超勇号沉没后，定远号等舰猛攻敌舰比睿号、赤城号，为超勇号报仇。比睿号闯入北洋舰队阵中，陷入定远号、靖远号、广甲号、济远号等舰的包围之中，又被定远号 30.5 厘米口径巨炮击中右舷，炮弹在后墙中爆炸，破坏下甲板，引起大火，数十人被击成粉碎而死，士卒 32 人负伤。赤城号中弹亦多，赤城号舰长坂元八郎被击毙，这两舰无力再战，只得退出战列。

下午 2 时 30 分左右，日舰采取首尾夹攻战术，北洋舰队面临被包围的危险。在日舰半包围的攻势下，致远号中了不少炮弹，全身着火，同时不断还击敌人。致远号管带邓世昌见敌舰集中火力攻击定远号，便下令致远号加速驶在定远号之前，去迎击日舰。正遇吉野号迎面开来，但此时致远号已身负重伤，弹药用尽，邓世昌下令鼓快车，向吉野号冲突。吉野号即驶避，而致远号中其鱼雷，机房锅炉开裂，顷刻沉没，以邓世昌为首的 250 名将士几乎全部殉国。

北洋舰队左翼济远号、广甲号两舰，眼看致远号沉没，慌忙离队逃跑。“是日，两阵甫交，方伯谦先挂本船已受重伤之旗，以告水师提督，旋因图遁之故，亦被日船划出圈外。致（远）、经（远）两船，与日船苦战，方伯谦置而不顾，茫茫如丧家之犬，遂误至水浅处。适遇扬威铁甲舰，又以为彼能驶避，当捩舵离浅之顷，直向扬威。不知扬威先已搁浅，不能转动，济远撞之，裂一大穴，水渐汩汩而入……扬威遭此蹂躏，约一百五十人同问水滨。”方伯谦惊骇万分，如飞逃遁，于 9 月 18 日凌晨 2 时驶抵旅顺。

广甲号管带吴敬荣在逃跑中离开航线，夜半时在大连湾三山岛外搁浅，次日被日舰击沉。战斗中，日军第一游击舰队 4 舰专攻经远，管带林永升督率将士开炮还击。林永升突中敌弹，脑裂阵亡。倭以四船“聚围经远，先以鱼雷，继以丛弹，拒战良久，遂被击沉” 。全舰 200 余人几乎全部牺牲。

混战之时，平远号、广丙号两舰和福龙号鱼雷艇从鸭绿江开来参战，2 时 34 分，平远号发射 26 厘米炮弹一发，命中松岛号左舷军官室。3 时 10 分，又中一炮，打穿左舷中央鱼雷室上部。3 时 15 分，岩岛号又被平远号击中两炮，但平远号也被日舰击中起火，被迫退出战场。下午 2 时 55 分，北洋舰队的福龙号鱼雷艇见日舰西京丸号已受伤，便驶近攻击，当驶至距西京丸 400 米时，福龙号先发一鱼雷，未中。又直对西京丸号左舷发一鱼雷。此时西京丸号已躲避不及，正在此舰的桦山资纪中将惊呼：“我事毕矣！”但因操作不当，鱼雷从舰下深水处通过而未触发。

下午 3 时，北洋舰队仍在作战的只有定远号、镇远号、靖远号、来远号 4 舰。而日本有本队的 5 艘军舰与第一游击队的 4 艘军舰，共 9 艘军舰。日方的战术是，把清军 4 舰分隔开，以第一游击队 4 舰攻击靖远号、来远号两舰，以本队的 5 舰攻击定远号、镇远号两舰。来远号中弹 200 多发，靖远号中弹 100 多发。为了修补漏洞和扑灭烈火，并使定远号和镇远号得以专注对敌，两舰西行，驶至大鹿岛附近。靖远号、来远号两舰占据有利地形，背靠浅滩，一面用舰首重炮对敌射击，一面紧急扑火修补。吉野号等 4 舰尾追而来，因害怕搁浅，不敢靠近。靖远号、来远号终于赢得了时间。此时，定远号、镇远号继续与 5 艘日舰周旋，两舰互相配合，互相掩护，虽多处负伤，险象环生，仍坚持战斗。危急之时，于“3 时 30 分镇远所发 30 公分半巨弹两颗，命中我旗舰松岛下甲板炮台的第四号炮，放在近旁的 12 公分炮的装药因此爆发……死伤达一百余人”。松岛因此丧失了指挥和战斗能力，于是松岛发出“各舰随意行动”的信号，随即与其他 4 舰向东南逃逸。

下午 5 时许，靖远号、来远号经紧急抢修后，恢复了战斗力，归来参战。因定远号桅杆折断，靖远号担任旗舰工作，并升起收队旗，定远号、镇远号、来远号、广丙号、平远号诸舰及福龙号、左一号鱼雷艇纷纷向旗舰靠拢。日舰吉野号、扶桑号均受重伤，临时旗舰桥立号见中国舰队集合不敢再战，遂向西南来路集合，退出战斗。北洋舰队无力追击，也离开战场，驶向旅顺修整。

下午 5 时 30 分，黄海之战结束。黄海之战中中日兵力大致相当，战斗历时 5 小时，北洋舰队在危急时刻重伤松岛舰，迫使日舰首先撤出战场。战斗结束时集合成战斗队形，维持了北洋舰队的尊严。但海战中北洋舰队的损失远大于日本联合舰队的损失：北洋舰队 5 艘战舰沉没，其余大多受伤。日本舰队无一沉没，有 5 艘战舰遭重创。此战清军死 1000 多人，其中舰长 4 人，伤 400 多人，日军伤亡共 600 多人，其中舰长 1 人。另有记载，“日本方面伤亡 239 人，中国方面，包括溺毙者在内，伤亡约 600 人”。战后，军机处电谕李鸿章：“济远管带方伯谦首先逃走……著即军前正法。”

黄海之战的结果，日本并未达到聚歼北洋舰队的战略目标，北洋舰队的战斗力仍然强大。至于北洋舰队丧失制海权，不是因为黄海之战的失利，而是因为李鸿章避战保舰的错误战略方针。10 月 18 日，李鸿章命令北洋舰队移驻威海卫，规定北洋舰队“巡弋所及，西不过登州，东不过成山”。

五、日军入侵中国本土

9月15日，平壤激战之时，北京正在隆重庆祝慈禧六十大寿，大肆表彰她的功德。

平壤之战后，清政府通过英国向日本提出，在赔偿军费和朝鲜独立的基础上停战求和，但被日本拒绝。日本政府决心，把战争引向中国境内，扩大战争规模，然后在谈判桌上勒索到最大利益。10 月 22 日，日本第一军全部到达义州，日本军人实现了几百年来“饮马鸭绿江”的夙愿。

鸭绿江防之战　平壤之战后，清政府的方针是“严防渤海以固京畿之藩篱，力保奉天以顾东省之根本”。将大连、旅顺的守军调往鸭绿江下游的九连城附近集结，加上平壤的溃军，到 10 月份清军合计约为 3 万人。兵力与日军兵力相当，装备也相差无几。10 月 1 日，清廷命令，除依克唐阿一军外，前线所有清军均由宋庆统领。宋庆和依克唐阿成为鸭绿江防线的最高统领。但诸将平时各驻一地，互不隶属，往往不服调遣，且军心涣散，士气不振。

当时清军以九连城为扼要。清军的布防是：宋庆驻中路九连城，以聂士成所部芦榆防军四营守虎山，铭军等部守江岸；东路则依克唐阿所部守安平河口、长甸各隘，西路则丰升阿、聂桂林等分守安东、大东沟大沽山诸城邑。清军防线几十里，右翼以九连城至安东为防御重点，但左翼兵力有限。

山县有朋认为欲攻九连城，必先攻下虎山，而要攻下虎山，必先攻下安平河口。10 月 24 日，日本第一军的主力开始进攻。当夜 10 时，乘黑夜在鸭绿江上架设浮桥。为迷惑清军，次日上午 11 时，在水口镇的佐藤大佐率领一个支队涉水渡江，佐藤支队到达江心洲时，防守河口的清军开始遥击，日方南岸高地上的人炮齐发掩护。安平河口的清军炮台发炮还击。佐藤支队冒着炮火推进，进至距岸五六百米时，防守河口的清已弃炮台逃走，日军渡过鸭绿江。宋庆闻报日军登陆，派吕本元的马队前往支援，因日军大队人马赶到，马队败退。下午 1 时 30 分，日军占领了安平河口的清军两座炮台。

几乎在日军占领安平河口的同时，日军开始对虎山发动进攻。桂太郎率第三师团主力渡鸭绿江进攻虎山正面；大迫尚敏的第五旅团为右翼，攻打虎山右面；立见尚文的第十旅团为左翼，攻打虎山西面。此外，炮兵负责掩护部队渡江，工兵负责架设浮桥。10 月 25 日凌晨 4 时，浮桥架成，日军迅速过桥并很快三面包围了虎山，用加农炮猛轰。

25 日晨，因晨雾清军没有发现日军架设浮桥渡江。至 6 时 15 分，始发现日军先锋队通过浮桥登陆，开炮轰击。虎山守将马金叙率部拼死作战，先后打退日军三次冲锋。附近日军用猛烈的炮火助战。清军统领宋庆派宋得胜和马玉昆率3000人增援。桂太郎向军部求援，山县有朋命立见尚文率第十旅团增援。终因敌众我寡，清军败退，渡瑷河西走。11时30分，日军占领虎山。是夜，山县有朋带领第一军在虎山上宿营，当夜还研究了明天的总攻部署。26日黎明，全军一齐向九连城前进，时因浓雾，咫尺莫辨，彼我都不明情况。忽有探马来报：清军已乘夜撤走。上午10时，日军入九连城。

10月25日，奥山义章少佐从义州出发，26日早晨，奥山以野炮轰击安东城，不见清军动静，原来驻扎在此的清军6000人于前夜撤走了。于是东起安平河口，西至安东，沿鸭绿江境皆被日军占领。

慈禧六十大寿 1894年11月7日（十月初十）是慈禧的六十大寿。慈禧为举办空前盛大的庆典做了多年准备。中日开战以来清廷仍未停止筹办万寿庆典，还拨款1000万两用于景点布置。平壤、黄海之战失利后，在光绪帝、翁同龢示意和部署下，帝党官员纷纷奏请将祝寿经费移作军费。9月25日，慈禧懿旨："所有庆辰典礼，著仍在宫中举行，其颐和园受贺之事即行停办"，"发宫中撙节银300万两佐军饷"。

11月7日，已准备了几年的慈禧太后六十生辰终于来到。当天天未亮，日军第二军在鼻子窝（金州东）登陆。

天刚亮，王公大臣们群集皇极殿外各门。9时正，正是日军接近大连港的时刻，慈禧的金辇出现在皇极门外，待慈禧进入皇极殿并坐定，内外肃然之后，太监朗声宣读贺表，为慈禧歌功颂德。然后光绪帝率后妃、王公和满朝文武三跪九叩，众人山呼万岁、万岁、万万岁！乐队高奏《海宇升平日之章》。礼毕，慈禧宣布，赏赐皇帝及王公大臣听戏三天，一切军国大事一概放下停办，并警告：“今日令我不欢者，吾亦将令其终身不欢。”子夜，皇宫内热闹喜庆，前线纷纷急电：“金州已失”“凤凰城被贼窜入”，11 月 8 日急电：“南关岭营盘已失”。

慈禧可以用“海宇升平”麻痹自己，麻痹文武百官，麻痹广大民众，但麻痹不了日本侵略军。11 月 21 日，日军占领旅顺，滥杀平民 2 万人，这 2 万个冤魂，使万寿庆典的《海宇升平日之章》异化为旷世悲歌。

金旅之战 旅顺口位于辽东半岛的顶端，与山东半岛的威海卫隔海相望，互守京畿，系北洋舰队重镇。清政府于 1880 年开始经营旅顺港，耗资巨万，在旅顺口门两岸建立炮台，口东曰黄金山炮台，口西曰威远炮台。其后多次增建炮台，至甲午战争前夕，旅顺口共有海岸炮台 20 余座，架设各式大炮一百几十门，大多是最新式的克虏伯海岸巨炮。

甲午战争爆发后，清廷先从旅大地区调兵增援平壤，致旅大防务空虚。李鸿章命令当地募兵 7 营，以充实旅大防军。又命清军从他处调防旅大，在日军进攻前，旅大地区共有清军 30 余营。而日本人认为为了来年同清政府进行直隶平原大决战，必须占领旅顺。日本于 1894 年 9 月 21 日组建第二军，由陆军大将大山岩为司令官。10 月 8 日，大本营训令第二军同联合舰队协力攻占旅顺。10 月 15 日至 22 日，第二军第一师团在大同江口渔隐洞集结待命，10 月 23 日，第一师团分乘 16 只运输船，由渔隐洞出发，于次日晨抵达花园口外。时天色未明，再用几十艘汽艇牵引舢板，驶向花园口登陆。24 日，清军已知有万余日军在花园口登陆，急电李鸿章多次请求支援，但回答都是“无人可调”。10 多天内在花园口登陆之“人员 24049 名，马 2714 匹，其他粮食、兵器、弹药随之”。

由于清军的腐败无能，使日军越来越敢于冒险，决定不等第二师团登陆，立即发起金旅之战。金州守军共 3000 人马。11 月 5 日，日军分三路进攻金州。11 时，乃木希典派两个大队向徐邦道拱卫军阵地发起进攻。清军凭垒据守，激战 3 小时，击退日军。下午 4 时，日军再次进攻，又被击退。6 日拂晓，日军第三次进攻，清军有较大伤亡，但仍能守住阵地。此时迂回到金州背后的一路日军，抄袭徐邦道后路，拱卫军被迫退入城内。到 8 点，日军在道路两旁摆成炮阵，36 门野炮猛烈轰击，日军突击队直逼金州城下，用炸药炸开城门，日军蜂拥而入，金州陷落。

11 月 7 日黎明，日军分三路进攻大连湾。清军未战先逃，日军轻取大连湾。大连湾的失守，使旅顺口后路直接暴露，形势岌岌可危。

11 月 17 日，日军向旅顺进攻，也是分为三路，分别为右翼纵队、左翼纵队、搜索纵队。当时驻防旅顺口的清军有 12700 余人，其中约 9000 人为新兵，未经战阵，仓促成军。时旅顺六统领不相系属，共推姜桂题为主。桂题庸才，无能为，诸将互观望，不利击敌。得知旅顺危急，丁汝昌请求驰援旅顺，与日军决一死战。李鸿章严令丁汝昌："汝善在威海，守汝数只船勿失，余非汝事。"

21日黎明，日军进攻陆路炮台，大小火炮上百门分排轰击，清军椅子山炮台开炮还击，松树山炮台开炮助之，相持至1时。是时，日军步兵自西包抄而南，我分守西面步兵不能敌。日军乘势冲入，蚁附而登，椅子山炮台遂陷。该炮台托地最高，可俯瞰各炮台，掩袭后路。椅子山炮台失，则旅顺口全局入其掌握，于是安子山、测量台两炮台皆不战而溃。后日军炮弹击中松树山炮台弹药库，松树山炮台亦陷。清军退守二龙山炮台，日军随即进攻该炮台，遭守台清军猛烈抵抗，日军伤亡惨重。清军坚守了4个小时，伤亡严重，撤出阵地，二龙山炮台被陷。21日9时，日军攻击鸡冠山，清军在徐邦道指挥下顽强奋战。11时许，日军一个大队前来增援，突击清军背后。11时45分，日军攻击鸡冠山炮台、大小坡山炮台、蟠桃山炮台，徐邦道被迫率部退入市区。至此，旅顺后路炮台，全部被日军攻占。

当天中午大山岩指挥日军继续向市区及海岸炮台推进。首要目标是能俯瞰全城、配有20余门大炮的黄金山炮台。日军派出两个步兵联队攻击该炮台，守台清军坚持到5时，放弃炮台，日军占领黄金山、东人字墙等旅顺东海岸各炮台。当夜，守卫旅顺口的各路清军乘夜循西南海边向金州退走。22日上午，日军占领西海岸各炮台。

日军进入旅顺后，对旅顺居民进行血腥屠杀，从11月21

日到 24 日，2 万余人死在日军屠刀之下。金旅之战后，日军对清军的评价为：“（日军）能如此迅速成功之一大原因，归于清兵无训练且无军人精神。”“至于清军，可证其为劣等中之最劣等者矣。”

11 月 22 日，清廷以调度乖方，将李鸿章摘取顶戴，革职留任。

清政府遣使求和　辽东战局危急，李鸿章提出派洋员赴日，试探议和条件，获太后批准，即派天津税务司德璀琳为使。行前，权宜授予德璀琳头品顶戴。11 月 22 日，德璀琳从大沽口到神户，但日方拒绝接待，并告诉德璀琳，中国的议和代表必须是中国官员，且具有权力、能完全代表中国政府的人。

六、辽东鏖战

大山岩率领第二军攻下金州、大连湾、旅顺后，因清军仍据复州，使日军第二军不便与第一军取得联系。日军决定攻打复州，于 12 月 1 日由金州出发，6 日抵达复州。此时清军已退到盖平，乃木希典进入复州，并与第一军取得联系。日军计划下一步先从东西两侧夹击辽阳，然后进攻奉天。

摩天岭保卫战　清军决心保卫奉天，令东三省各将军火速率军在奉天、辽阳间集结，以阻止日军占领奉天，集结的总兵力达 70 余营。摩天岭位于奉天东南，是长白山的支脉，为日军由凤凰城进犯奉天的必经之路。自 1894 年 11 月 12 日，日军进犯连山关开始，到次年 1 月底，中日两军为争夺这条通道，进行了3个月的激烈战斗。主要作战地区在奉天东南的草河口、连山关、通远堡和赛马集一带。

11月17日11时，日军向黄岭子清军发起攻击，夺取黄岭子，清军退保兴隆沟。清军从岫岩城内出援军千人，与日军战至午后1时，兴隆沟继失。丰升阿见倭兵之逼也，遂弃岫岩，奔析木城。

11月12日，日军自凤凰城出西犯，其骑兵抵连山关，即夺关口，大队继至，日军直趋摩天岭。聂士成扼隘路，以巨炮当其冲，日军不得逞，乃撤回连山关。日军增兵连山关，21日移向草河口。依克唐阿遣军击之，会日暮罢战。24日日军弃连山关，进兵草河口。26日聂军收复连山关，12月5日聂军夺回分水岭。12月9日，依军、聂军合同与日军大战于通远堡以南之金家河，奋战三小时，颇有斩获，我军伤亡亦众。12月13日，我军前锋逼近叆河，日军乘夜潜渡叆河来袭，我军方酣眠，多死伤。14日双方大战，我军不支，15日退至冲岭，猝中伏，颇有损失。

1月25日，聂士成命夏青云率队伏土门岭，26日天微明，日军马步500人来袭，夏青云奋起突击，日军返回凤凰城坚伏不出。朝廷乃以江苏臬司陈湜率湘军20营守摩天岭，命聂士成入关卫京畿。2月6日清军复宽甸县城，3月1日复长甸。两军相持三个月，大小十余战，日军未能越过摩天岭。日军只得在东线取守势，龟缩于九连城、凤凰城一带，转而在西线进攻。

海城争夺战 海城争夺战异常激烈，包括一系列战斗，主要有：岫岩之战、析木城之战、海城之战、缸瓦寨之战、盖平之战、清军五次反攻海城。

（1）岫岩之战。清军以步兵十营和骑兵1000固守岫岩。日军决定由正面和北面夹击岫岩清军。11月16日大迫尚敏少将率日军由大孤山出发，17日到达洪家堡子，时已黄昏，日军就地宿营。18日日军全面进攻山上清军，清军败退。这时岫岩北面炮声大作，清军腹背受敌，弃岫岩城。当晚8时，日军进入岫岩城。

（2）析木城之战。当时，守卫析木城的清军有聂桂林、丰升阿、马金叙、蒋希夷4位总兵，统带马、步、炮共27营。清军兵力不算弱，部署尚得当。但4位总兵不相隶属，不能协力作战。尤其是聂桂林、丰升阿两军，军纪荡然，闻风即溃。12月9日，第三师团师团长桂太郎中将下达进攻析木城的命令。12月11日，日军运动到前线位置，清军只是相距六七百米与日军“遥击”，至下午3时30分，日军完全占领了二道河子，清军退走析木城。驻守东大岭的两营清军，在10日受日军攻击后，抵抗至11日下午2时30分，撤出阵地。驻守八岔沟的希字军，战至天亮，见其他军队都撤退了，也西撤至截子岭、石柱沟一带。驻守析木城的马金叙，见各军皆退，也撤出该城。接到清军已撤退的报告，桂太郎于12日10时进入析木城。当晚，桂太郎发布进攻海城的命令。

（3）海城之战。11月3日山县有朋向大本营提出《征清三策》，被伊藤博文否定。大本营否定了山县冬季作战的方案，做出了冬季宿营的决定。山县极为不满，一意孤行，竟违反大本营命令，下令桂太郎的第三师团进攻海城。为此，伊藤博文奏请天皇以养病为名，令山县回国。然后，大本营将野津中将补为第一军司令官。

12 月 13 日 8 时，日军前卫离开宿营地，清军据守城东南的荞麦山、城南的晾甲山及城内。10 时，荞麦山上清军首先向日军开炮，炮战非常激烈，前卫司令大岛少将命令日军全面进攻，山上清军退却。城内清军竟跟着退却，11 时，日军轻易地占领海城。随后将第三师团司令部移入城内。

（4） 缸瓦寨之战。辽东清军主帅宋庆获悉海城失守后，决心抽调辽东北部诸军，合力收复海城。李鸿章、光绪帝都同意宋庆的方案。但未及宋庆发动反攻，日军先发动了缸瓦寨之战。

清军的反攻计划被日军掌握，19 日拂晓，大岛少将从晾甲山北，大迫少将从晾甲山南，各率军出发，桂中将率军在后面支援。中午时分发现清军集结在缸瓦寨一带总数约 2 万，大迫部队的马队、炮队全力攻击缸瓦寨清军，步兵也奋起突进，两军酣战，炮声如雷。两军胶着之际，大岛部队赶到。战斗持续 3 小时，至日没，清军势沮，日军于 5 时 50 分占领缸瓦寨。日军占领缸瓦寨后，使其第三师团困守海城的形势有所改善。

日军第一军第三师团占领海城后，便分兵留守岫岩、析木城等地，海城留 6000 日军。海城附近已有几万清兵，继续从关内抽调援军，宋庆积极准备归复海城。日军也在辩论，是否要放弃海城。大本营最后采纳山县有朋的意见：坚守海城，并命第二军至少派一个混成旅迅速打下盖平。

（5）盖平之战。第二军司令大山岩立即组织一个混成旅北进，由乃木希典少将担任混成旅旅长，总兵力 5500 人。1895 年 1 月 1 日，混成旅在普兰店会齐，1 月 3 日出发，1 月 9 日到老爷岭、榆林堡，距盖平二三里。清军章高元、徐邦道率兵 5000 布阵于盖平河两岸。10 日黎明，日军分三路齐进，清军集中炮火轰击日军先头部队，双方鏖战，凤凰山清军予以火力支援，日军向凤凰山突击，占领该山。清军气势渐沮，日军从正面强渡盖平河，清军不能支，向西败走。10 时，日军占领盖平。

盖平失守后，日军第一军与第二军能互相联络，海城日军的压力大大减轻。此后第二军与海军配合，发动了威海卫之战，全歼北洋舰队。而在海城，日军取守势，清军一再反攻海城。

（6）清军反攻海城。黑龙江将军依克唐阿、吉林将军长顺统领海城反攻，其部下总兵力共 63 营，约 20000 余人。

第一次反攻。1895 年 1 月 16 日，清军分东西两路反攻海城，对海城形成弧形包围圈。1 月 17 日卯刻，长顺部抵距城五里之双山，日军在山顶放炮，清军自卯至酉，更番仰攻，扑至山腰，未能遽上，至天色昏暗，因即撤队。长顺军后撤时，西路依克唐阿军仍与日军战斗，统领荣和奋不顾身，亲督炮队，在西猛攻，海城已就垂克，忽城上子弹雨注，荣和受伤，军势稍却。至下午 5 时，日军开始进入波罗堡子，依军退回耿庄子，长军退回柳河子。

第二次反攻。1月22日上午8时，长、依两军各分两路进逼海城。10时15分，依军向徐家园子进逼。日军已在徐家园子设伏。“不意该贼另有埋伏，忽然突起，城上城下各炮齐发，我军（清军）已无后继，兵勇纷纷倒地，不忍再有伤亡遂饬且战且退。鏖战至申，徐邦道赶至接应，始得全队撤出。”依军伤亡500余名，长顺部伤亡120余名。

第三次反攻。清军决心进行第三次反攻，此时日本第二军已在荣成登陆，并围困刘公岛。清政府决定向日本乞降，并派张荫桓等赴日议和。为使日本同意谈判，并挽救北洋舰队全军覆没的命运，清政府对此次反攻抱有很大希望。参加此次反攻有三支部队：左翼军33营，由长顺指挥；中路军38营，由依克唐阿指挥；右翼军18营，由徐邦道指挥。总兵力为3万人。

2月16日黎明，清军分三路进攻，左翼从东北攻打双龙山；中路从正北佯攻欢喜山；右翼从四台子东来，合攻唐王山。“我军东西进逼俱紧，倭兵先伏不动，及巳刻，乃自双龙山北犯，约步队四五百人作横阵猛进斋藤堡子。我东路兵聚攻是堡，马队来助，相持至午，而倭人炮队至，堡内倭兵遂突出作横阵，炮弹横飞，枪弹继之，我东路兵死伤甚众，遂退二台子。中路兵阻于欢喜山炮火，亦退。帮道、光久先已西走。”至下午4时，清军全部退走。第三次反攻海城又告失败。但缩小了对海城的包围圈，清军屯驻之地皆距海城仅十里八里不等。

第四次反攻。此次反攻是清军在辽南战场最大规模的一次联合作战。参战部队增加了江苏按察使陈湜的部队、湖南巡抚吴大澂的部队，参战部队共100多营，6万余人，十倍于海城日军兵力。2月21日，清军发动第四次反攻。长顺军为东路，攻栗子洼；依克唐阿军为中路，攻双山子、教军场；吴大澂、徐邦道部为西路，攻唐王山、晾甲山。同时由宋庆部夺回大平山，以切断盖、海间交通。

“定二十七日（2月21日）丑刻各分路进攻，届时李光久等由西抢占安村堤，前攻晾甲山；徐邦道督副将胡廷相等直攻晾甲山；罗应旒攻龙台堡、戴家堡，披剿伏贼绕出唐王山后。各军奋勇猛攻，贼已至山顶反奔。罗应旒以晾甲山将近得手，正挥队自唐王山后抄袭而下，欲攻入城，讵盖平虏贼三四千，分三路掩至，我军在唐王山者将（被）包抄。”原来日军已于2月17日全歼北洋舰队，随即决定第二军向辽南增援。战至日暮，清军知南路日军纷至，势难遽下，各嘱收队。

第五次反攻。2月27日清军第五次反攻，“各军既出，邦道淮军十营分为两大簇向戴家堡、龙潭堡如墙而进，李光久老湘军三营，吴凤柱吴军在其左，刘树元所部饶恭寿之营在其右。甫进数步，枪炮齐施，堡内伏贼百余争向山上奔走，徐军遂入龙潭堡。遥见山上之贼环垒植立二三百人，我军枪炮不绝，而贼迄未还击。比再进，则贼炮已伤我军数人，各军纷纷欲退，邦道立所部炮队之后，喝令燃炮。喝声未绝，贼炮穿邦道之右而过，刘军副将刘云桂中炮阵亡……一时大队溃若山崩，贼以炮从后轰击”。“初四日丑刻，贼由城突出万余，分路来犯……战至天明，毙贼不少。贼已败去，乃复添股回犯，力与相持，枪炮互轰，声震天地。”“贼复由柳树河东抄我后路，三面被包，正相攻击，势甚危殆……西路各军赶来接应兜剿，始得将贼击退。惟时雪仍不止，天气已晚，饬令收队扼扎。”第五次反攻又告失败。此战历时两日一夜，兵力疲惫，而裕禄、刘坤一多次函电催促，长顺、依克唐阿由海城北撤，驰援辽阳。

清政府第二次遣使求和 1894 年 11 月，清政府曾通过美国驻华公使向日本提出，愿以承认朝鲜独立和赔偿军费为议和条件。被日本拒绝，但日本回复：“中国政府如真诚希望和平，可任命具备正当资格之全权委员，日本政府当于两国全权委员会商时，宣布日本政府之停战条件。”辽东战事节节败退，清政府决定派尚书衔总理各国事务大臣侍郎张荫桓、湖南巡抚邵友濂为议和全权大臣，东渡日本。1895 年 1 月 5 日，清廷谕旨：“张荫桓、邵友濂已派为全权大臣，前往日本会商事件。所有应议各节，凡日本所请，均著随时电奏，候旨遵行。其与国体有碍，及中国力有未逮之事，该大臣不得擅行允许。”可见张荫桓的全权被加上了根本性的限制。张荫桓一行于 1 月 6 日离京，13 日到上海。1 月 26 日离上海，29 日到长崎，31 日到广岛。

2 月 1 日中午 12 时，日本派首相伊藤博文、外部陆奥宗光、大藏大臣渡边国武、内阁书记长官伊东已企治四人赴会。双方互换敕书，比较全权凭证。日方认为：中国使臣议事须请示国家，无权议事，即非全权大臣，不肯议事。“如中国派便宜行事真全权大臣，毋庸请示国家，则愿会议。” 2 月 3 日下午，吴廷芳往伊藤寓所面交公文，伊藤直接表示：“贵国何不添派恭亲王或李中堂同来议，郑重其事？”张、邵一行于2月12日离开日本，15日回到上海。

七、北洋舰队覆没

1894年12月，日本大本营会议决定，第二军由荣成湾登陆，进军山东。联合舰队与第二军配合，消灭北洋舰队。

威海卫海军基地筑有25座炮台，分为南岸炮台、北岸炮台、刘公岛炮台、日岛炮台四大群，置炮160余门，驻有陆军部队16个营。但它的设计有重大缺陷，炮台形势，只能顾及海中，不能兼顾后路。威海陆军主将是戴宗骞，戴与丁汝昌间矛盾尖锐。

1895年1月18日、19日，日军由第一游击队两次炮击登州，以牵制山东半岛西部的清军，不使其东来。联合舰队于20日，搭载第二军到达荣成湾登陆。到24日止，上陆人员约34600人，马约3800匹，材料荷物随之。25日，日军不费一兵一弹从东门进入荣成县。26日，日军分南北两路从荣成出发，29日到达孟家庄，对南邦炮台的后路形成包围。

1月30日，黑木中将率第二军第六师团进攻南邦炮台。日军先攻摩天岭炮台，双方展开激烈炮战，黑烟冲天，经日军几次冲锋后，清兵不能支，弃垒而逃，摩天岭炮台陷落。此战中清军英勇顽强，守军仅一个营，全部壮烈殉国。此战打死了一位日军少将大寺。攻占摩天岭后，日军立即进攻杨风岭炮台。

杨风岭守军也打退了日军多次进攻，但在中午时分，弹药库被击中，清军伤亡逾半，遂撤离炮台。日军进攻杨风岭之际，另一股日军向龙庙嘴、鹿角嘴、皂埠嘴三座炮台发起进攻。龙庙嘴炮台孤立突出，不宜防守，最先陷落。其后，日军利用龙庙嘴炮台上的 4 门大炮，轰击鹿角嘴炮台，鹿角嘴炮台很快失守。剩下皂埠嘴炮台岌岌可危，该炮台有 15 至 28 厘米口径的大炮 6 门，一旦大炮为日军所得，北洋舰队将受到严重威胁。丁汝昌派鱼雷艇载敢死队，将皂埠嘴炮台炸毁。

2 月 2 日，日军进占威海卫城，并立即进攻北邦炮台。该处由戴宗骞率 6 营防守，在南邦炮台作战时溃散两营，在虎山口被戴宗骞遣散两营，南邦炮台失陷当天又溃散一营，2 月 1 日晚，最后一营也哗变溃散，整个北邦炮台只剩戴宗骞与他的十几个随从，“汝昌乘小轮船至，挈宗骞往刘公岛，麾炮勇等去，以海军大炮毁北邦炮台，尚未遗敌”。戴宗骞到刘公岛后吞服鸦片自杀。2 月 2 日，日军不费一兵一弹占领了北邦炮台，完成了对北洋舰队的合围。

2 月 3 日，日军以第一游击队警戒西口，防止北洋舰队冲出。以二、三、四游击队依次轮番攻击刘公岛、日岛炮台和港内北洋舰队，本队则在威海卫港外策应。日军修复了各炮台上的大炮，用于对清军的炮战。双方炮战，非常激烈。2 月 4 日，双方继续炮战，晚上伊东决定进行鱼雷艇夜袭。定远舰受雷一尾，机舱进水。2 月 5 日夜，日鱼雷艇故伎重演，北洋舰队竟用探照灯检查海面，日鱼雷艇借助灯光，击沉来远、威远、宝筏三舰。

6日，日舰发动第四次进攻，清军“被南岸各炮台击伤者甚众”。7日晨7时，日军发起第五次进攻，战斗空前激烈。开战不久，日舰松岛号被击中，8时5分吉野又中弹，8时20分桥立、严岛、秋津洲、浪速4舰也相继中弹。不料北洋舰队发生鱼雷艇队逃跑事件：6日夜，丁汝昌命令鱼雷艇管带王平，于7日晨率大小鱼雷艇13艘出击敌舰，谁知王平率“小雷艇十只畏葸擅由西口逃出西去，倭分队尾追，被其获取九只，余被击沉。……自雷艇逃后，水陆兵心皆形散乱”。

2月8日起，日军改变策略：继续围而困之，水陆夹击炮轰，派鱼雷袭击，消耗北洋舰队的战斗力，等待北洋舰队内部发生变化。2月8日，北洋舰队一部分洋员，在刘公岛俱乐部开会，策划投降。丁汝昌不为所动，严词拒绝。当夜丁汝昌、刘步蟾下令，将定远号炸毁，刘怀着满腔悲愤，以手枪自击死。2月9日，日军再次进攻，战至中午，靖远号中炮，丁汝昌将其彻底炸毁。2月10日，日舰再次水陆夹击。丁汝昌“乃令诸将候令，同时沉船。诸将不应，盖恐沉船徒降，取怒倭人也”。11日晚，“汝昌召海军诸将议，顾力碰敌船突围出，或幸存数艘，得抵烟台，愈于尽覆于敌。诸将不允，散去。旋勇丁、水手露刃慑汝昌，汝昌稍慰之，入舱仰药，张文宣继之”。接着牛昶炳与几位洋员商议，假丁提督之名作降书。

12日上午8时30分，“广丙管带程璧光乘镇边艇，悬白旗，诣倭军乞降”。14日，牛昶炳向日军交出威海卫海陆军官、洋员名册及兵勇军属统计表，计陆军2040人，海军3084人。17

日上午10时30分，日军将镇远号、济远号、平远号、广丙号、镇东号、镇南号、镇西号、镇北号、镇中号、镇边号等大小舰只全部掳去。17日下午4时，练习舰康济号被解除武装，载着丁汝昌、刘步蟾、杨用霖、张文宣等六位军官的灵柩，陆军将弁、洋员约1000人，向烟台驶去。至此，北洋舰队全军覆没。

八、辽河平原之战

日军全歼北洋舰队后，日军大本营立即决定发起辽河平原战役，由第一军、第二军联合作战。其中包括大平山之战、牛庄之战、营口之战、田庄台之战。

大平山之战 2月21日，清军发起进攻，夺回大平山。24日，日军第二军第一师团发起攻击，再次攻占大平山。大平山之战是中日双方都主动进攻的战斗，因此战斗非常激烈。

1月10日，盖平失陷后，清军放弃了大石桥和大平山。2月21日，长顺、依克唐阿发动第四次反攻海城时，宋庆率军夺回大平山，以堵住盖平通营口之大道，切断盖、海间交通。是日中午，马玉昆率部进至大平山，与乃木所部的前哨遭遇，击毙两名日兵，其余逃窜，清军重占大平山。因大平山及其以南无险可守，宋庆驻山北十里的桑墩子，马玉昆在山以西七里沟设防。清军驻大平山一带共50余营，计12000人。

2月21日，日军第二军第一师团长山地元治中将和第一军第三师团长桂太郎中将分别从盖平和海城来参加汤池会议。决定由第二军第一师团攻打大平山，由第一军先攻打鞍山站，再攻牛庄，然后两军联合作战攻打营口。

2 月 24 日，日军发起进攻，轻易攻克东七里沟，然后向西七里沟炮击。“西七里沟一带，则分统马玉昆驻焉，再东之姜家房、老爷庙，则徐邦道驻焉。我兵一 12000 余人，有大炮十门。正月三十日（2 月 24 日）黎明，倭兵自东南两方来，即从太子窝抢登大平山，我山顶勇队力单，当与小桂山顶驻勇同却，两山顶遂为敌据。倭乃舁炮登山，高下排列，向七里沟击马玉昆军。其小桂山炮，则正击徐邦道军。倭兵步骑从东来者，直薄老爷庙。邦道以马队蹂之，马上发枪颇有杀伤，而我东七里沟兵为南来倭所乘，遂溃退。”于是，日军“麇聚于西七里沟，玉昆力战，相持及申，倭人子弹将罄，而抵死不退，伏地避弹，其援兵两队驰至，径上枪刃冲突，冒死进。我兵时饥疲甚，无后继，乃退姜家房、白庙子诸处。倭人遂据大平山”。战斗中马玉昆“被围核心，率其亲兵闯出重围，因见我兵尚在围内，重复杀入，冲开一路，护之而出，其亲兵百人两次冲杀，仅剩 20 余人，战马三易，均被炮毙”。

日军占领鞍山站　2 月 24 日上午 9 时，奥保巩少将率第一军第五师团向三家子进军，驻守三家子的清军仅 4 个营，日军轻易占领了三家子。25 日，日军攻打兴隆沟，驻守兴隆沟的清军不足 1000 人，日军于当夜占领了兴隆沟。27 日，日军占领了吉洞峪。28 日，被困在海城的日军也出兵向鞍山站进发。3 月 1 日，日军以 7000 多人攻打甘泉铺，清军长顺部接仗不久即行北撤。3月1日，军机处电谕长顺："昨因辽阳危急，特饬长顺就近移扎助守，以保沈阳门户。"依、长两军只得于3月2日同抵辽阳。他们途经鞍山站，不得不放弃不顾。3月2日鞍山站为日军第五师团占领，接着第三师团也进入鞍山站，日军两个师团在鞍山站会师。

牛庄之战 3月3日，第一军司令官野津大将令第三师团攻击牛庄西北面，第五师团攻击牛庄东北面。而清军以为日军要进攻辽阳。"盖出我不意以袭牛庄，魏光焘率其部下三营回援，初六日（3月2日）回牛庄。"3月4日，李光久部众五营亦至，均入市，择居民舍。因牛庄没有城墙，清军便在市街入口处修筑一道厚约一尺的土墙，市内则利用房屋墙壁作为掩体。3月4日，第五师团首先进攻牛庄，激战2小时，日军夺取了清军的第一线（土墙），进而杀入市区。大岛久直少将从西，大迫少将从西北，大岛义昌少将从东北，富岗大佐从东，四路乱冲而入市内，清军据民房竭力防战。日暮时分，日军停止炮击，牛庄陷落。牛庄失守，驻营口的宋庆部成为孤军，清军在辽南战场的防御，已呈瓦解之势。

营口陷落 1858年《天津条约》规定开放牛庄为商埠，因牛庄交通不便，开放营口取代牛庄，由此营口成为东北地区重要的通商口岸。宋庆所部约50营原驻扎营口，然后日军攻占牛庄后，因吴大澂迭次告急，宋庆不得不"丢卒保车"弃营口，宋部于3月5日晨即拔队赴田庄台，以阻止日军西进，只留5个营扎于营口西南20里之大房身。当时营口只留下步兵8营，马队2营，共4000人，主将蒋希夷。3月6日，日军发起攻击，蒋希夷不战而逃。日军3月7日入炮台，我营口守口大炮45尊及封冻口内之湄云兵船一只，大小轮船两艘，并军械弹药皆委诸日军。

田庄台之战　清军在田庄台集结了大量军队，有马玉昆部9营，宋得胜部5营，龙殿扬部5营，李永芳部5营，李家昌部5营，程允和部5营，刘凤清部5营，姜桂题部11营，张光前部5营，刘世俊部8营，梁永福部5营，共68营，2万余人。

日军集中了第一军第三、第五师团和第二军第一师团，计有步兵20个大队，骑兵4个中队，炮兵7个大队，工兵4个大队，共约2万人，拥有各种火炮109门。田庄台之战是甲午战争中日方投入兵力最多的一场战役。

为了弄清清军兵力，日军第三师团于3月7日对田庄台进行火力侦察。炮战3小时之久，清军暴露了全部兵力。3月8日，野津中将下达进攻命令：明天午前七时为期，第三师团击其正面；第五师团从赏车台截敌之退路；第一师团从西南逼敌之右侧，从三面合击。9日，第三师团从正面进至辽河的东岸，柴野大佐排列了山炮、野炮、臼炮91门在前村的北端。柴野起初用十几门大炮和清军对击，在确定清军大炮位置后，集中全部火力猛击，清军大炮损失过半。同时各路步兵从三面合围，清军败退。日军放火烧城，“火焰冲天，昼夜不息，田庄台一市全归乌有”。田庄台一战清军伤亡2000余人。

田庄台之战后，中日两国政府军之间的战争大体结束。日本方面此时愿意结束战争是出于以下三方面考虑：日本当时的综合国力难以支持继续进行长期战争；已经取得的军事胜利，足够成为对清政府谈判的资本；避免列强各国的猜疑和干涉。

九、中日《马关条约》

1895 年 2 月 13 日，军机处电谕：李鸿章著赏还翎顶，开复革留处分，并赏还黄马褂，作为头等全权大臣，与日本商谈和约。行前，中方接受了日方提出的朝鲜独立、赔偿军费、割让土地等谈判原则。3 月 14 日，李鸿章率其子李经方，参赞马建忠等随员 100 多人，离天津，前往日本议和。其子李经方，娶妻日本女子，曾出使日本两年，通晓日语。3 月 19 日，李鸿章一行抵马关。3 月 20 日下午 2 时 30 分，李鸿章与日本首相伊藤博文、外相陆奥宗光在春帆楼开始谈判，双方交换全权证书。

3 月 21 日，伊藤提交对中国停战备忘录的复文。日方的停战要款罗列如下：“日本军队应占领大沽、天津、山海关，并所有该处之城池堡垒。驻上列各处之清国军队，须将一切军营、军需交于日本国军队暂管。天津至山海关铁路，当由日本国军务官管理，清政府负担停战期内日军军费……”李鸿章惊呼：“太苛刻了！”双方商定三日后答复。3 月 24 日，第三次谈判仍在春帆楼举行。李鸿章向日方提交了停战条件的复文，并要求日方将和款出示。双方商定明日 10 时，日本出示和款。

当日谈判结束后，李将至行馆，“忽有日人自人丛中走出，距舆前五尺许，以手枪击中堂”。李中枪，左眼受伤，几不省人事。枪手为日本浪人小山丰太郎，是日本自由党方面的打手。当时日本国内主战空气相当浓厚，战争狂想症歇斯底里在日本朝野内外发作，尤其军队中不少人主张占领北京后再议和。他们有意破坏议和，以求扩大对华战争，从而获取更大利益。1895 年 3 月 30 日，由山口地方裁判所按谋杀未遂定案，判处小山无期徒刑。

李鸿章遇刺的消息传出后，日本国内立即呈现一种狼狈紧张气氛，世界舆论也为之哗然，发出一片谴责日本和同情中国的声音。陆奥向伊藤提出：“在目前情况下，如果仅在礼遇上或社交情谊上作表示，不另外采取具有实际意义的措施，恐终不能使对方衷心感到满意。故此时由我无条件允许他一再恳求的休战，较为得计。”伊藤同意陆奥方案。26 日下午，日本召开内阁与大本营联席会议，取得一致意见。3 月 30 日，伊藤、陆奥在李鸿章病榻前签订了《中日停战协定》六款。

4 月 1 日上午 10 时，双方在春帆楼会议。日方提出和约底稿，共 11 款，主要内容有：朝鲜独立自主；辽宁南部地方、台湾及澎湖各岛永远割让与日本；赔兵费库平银 3 亿两；开顺天府、沙市、湘潭、重庆、梧州、苏州、杭州七处为商埠。

4 月 10 日，再次在春帆楼会谈，日本提出修改稿，将辽东割地由北纬 41 度以南缩至营口、海城、凤凰城、安平河以南，赔款由 3 亿两改为 2 亿两，商埠由七处改为四处。4 月 11

日，伊藤给李鸿章写信，表示："实已让到极处，无可再议。"4月15日下午，双方在春帆楼举行第五次谈判，只是一些细节的讨价还价。双方议定4月17日签约，5月8日在烟台换约。中日《马关条约》共11款，附有《议订专条》三款，《另约》三款。

中国代表团在签约的第二天就乘船回国。李鸿章回到天津，即请病假20天，闭门不出。朝廷内外均认为和约条件太苛刻，李鸿章卖国，李又成众矢之的。

日本通过《马关条约》获取了极大的经济利益。据专家研究，日本从甲午战争中得到的现金和财物，总计折合库平银3.4亿两，合日币5.1亿元，相当于日本当时全年财政收入的6.4倍。总之，通过这次战争，日本当局真正尝到了发动侵略战争的甜头，感觉到了发动侵略战争是一本万利的买卖。战争的胜利和获得的巨额赔款在日本朝野内外、举国上下，激发起军国主义的狂热。凭借这笔突然而至的巨款，日本政府大搞所谓"战后经营"，实行金本位制，进一步扩军备战，使整个日本国家战争机器化，成为此后东亚地区的主要战争策源地。

甲午战争惨败，宣告了清廷自诩的"同治中兴""光绪新政""洋务运动"的彻底失败。甲午战争的结果，也使远东政治局势发生重大变化。战前，主要是英、俄两国争夺在华的侵略权益，明争暗斗，颇为激烈。战后，形成了英、俄、日三方的争夺，而此后的50年，日本逐步成为侵华的主角。

十、三国干涉还辽

1895 年 4 月 1 日，日本向李鸿章提出具体的媾和条件时，清政府和日本都将其主要内容告知列强各国。《马关条约》签订后，俄、德一变其“局外中立”的观望态度，采取积极行动，并将法国拉在一起，三国联合干涉日本向中国归还辽南。

在这次联合干涉还辽行动中，德国起了首倡作用，但最后掌握三国干涉主导权的，不是德国而是俄国。

1894 年 8 月 15 日，沙皇亚历山大三世就甲午战争召开第一次特别会议，确定了不干涉的“中立政策”。1895 年 1 月，召开第二次特别会议，虽然坚持不干涉政策，但已经出现了干涉的倾向，尚在等待时机。1895 年 4 月 11 日，召开第三次特别会议，与会者大多反对日本占领辽东半岛。会议决定：

一、在中国北方保持“战前状况”，先以友谊方式劝告日本放弃占领满洲南部。假如日本坚持拒绝我们的劝告，就对日本政府宣布，我们将保留相对行动自由，而我们将依照我们的利益来行动。

二、正式通知欧洲列强及中国，我们并无任何侵占意图，我们坚决主张日本放弃占领满洲南部。

4 月 23 日下午，俄、德、法三国公使联袂至日本外务省送递备忘录，劝告日本放弃占领辽东半岛。4 月 24 日，日本在广岛举行御前会议，确定拒绝三国劝告，要求召开国际会议，与各国共同处理辽东半岛问题。御前会议后，伊藤到陆奥养病之处，适逢松方、野村两大臣也在，于是在陆奥病榻前会议，一致采纳陆奥外相意见：召开国际会议恰好等于日本自己招致欧洲大国新的干涉，因而是不得策的。最后结论是："即使终于不得不对三国让步，但对于清国当一步不让。"当夜奏明睦仁天皇，得到认可。

5月4日，日本内阁及大本营在京都举行会议，陆奥提出："现在完全接受三国劝告，先割断外交方面的纠葛，另一方面毫不犹豫地执行交换批准的手续，此为上策。"5月5日，陆奥电告驻俄、德、法三国公使，向三国提出复文："日本帝国政府根据俄、德、法三国政府之友谊劝告，约定放弃对辽东半岛之永久占领。"三国接到复文后，即逼迫清政府如期换约。5月8日，中日双方在烟台完成了互换条约手续，《马关条约》正式生效。5月10日，睦仁发表诏书，接纳三国之忠告，放弃辽东之永久占领。

此后，三国与日本多次进行讨价还价，10月7日，日本正式答复三国政府：日本决定"将补偿金额减至三千万两……自中国将上述赔款三千万两全部交付完毕之日起，三个月内实行撤兵"。

10月14日，李鸿章与日本新任驻华公使林董谈判还辽事宜。实际上，该条约内容已由俄、德、法三国代表与日方确定，李鸿章曾想将补偿金额减至2000万两，日方根本不予理会。11月8日下午4时，中日双方签订《辽南条约》共六款。

十一、台湾军民反对割台武装斗争

1895年5月8日，中日两国代表在烟台互换《马关条约》约文。随即日本晋升军令部部长桦山资纪为大将，并任台湾总督，率水陆大军赴台湾接收。首批兵力有北白川宫能久亲王的近卫师团15000人，乃木希典中将的第二师团10000人，以及海军的11艘军舰。

清廷指定李经方主持台湾交割。李经方以为此事难办，非但名誉受损，甚至性命难保，决定装病不去，便请父代奏。然而，李鸿章代奏无效，还被光绪帝责备。最后李鸿章提议在海口会晤，船上交割，获朝廷批准。6月2日，中日双方签订交割台湾证书。但日军早已于5月29日由近卫师团从冲绳中城湾出发，向台湾进军。

《马关条约》签字后，台湾沦亡，急如燃眉，台湾绅民决心依靠自己的力量抗日保台。5月25日，台湾民主国成立，唐景崧为总统，丘逢甲为副总统兼大将军，定年号为永清，意永远隶属清朝。台湾民主国是台湾人民应变救急的非常措施，是为抵抗日本占领而建立的抗日政权。于1895年3月正式成立义军，共10个营，丘逢甲自带5营，其兄丘先甲带3营，进士陈登元带2营，主要防守台北地区。当时台湾正规军有刘永福等部3万人，但饷械缺乏。

5月29日，日军进攻基隆，日军在澳底登陆，31日占金山，分道进至狮球岭。骤雨浓雾，对面不见人，清兵遇雨则大懈。

日军穿油衣、戴油帽，冒雨爬山而进。既近，清兵方知，仓促应敌，日军冒雨抢占狮球岭。6月3日，大雨如注，日军冲入基隆市街，发生激烈巷战。终因敌众我寡，基隆失守。日军乘台北空虚，于6月7日拂晓进入台北，不战而占领全城。桦山资纪在台北成立总督府，开始了对台湾长达50年之久的殖民统治。台北危急之时，唐景崧先匿德国洋行，微行向沪尾，乘德国兵轮西遁。由台湾士绅主持的“台湾民主国”遂告落幕。

唐景崧离台后，台湾军民推举刘永福为首领，领导抗战。在刘永福领导下，台湾军民的抗日斗争曾取得多次胜利。

6月中旬，日军近卫师团由台北南犯，先后在新竹一带遭到台湾军民的激烈抵抗。当日军分三路进攻新竹时，刘永福派分统杨紫云为新竹守将，与日军相持一个多月，多次打退日军进攻。日军得到增援后，加强了进攻，而义军饷械俱缺，难以为继。激战中杨紫云阵亡，6月23日新竹沦陷。7月下旬，徐骧和刘永福联合反攻新竹，在城外三里的十八尖山上激战终日。双方大小恶战20余次，历时一个多月，民军终因武器不良，只好退守大甲溪、台中、彰化一带。

8月下旬，北白川宫能久亲王率近卫师团15000人悉数南侵，由新竹犯大甲溪，徐骧和刘永福部将吴彭年同守大甲溪。8月22日，吴彭年的黑旗军伏兵于大甲溪旁，待日军半渡时突然出击，日军大败，溃退北渡，徐骧的义军又大呼横截，日军纷纷落水，首尾难顾，死亡无数。这是义军和黑旗军并肩作战的一次辉煌胜利。日军再次增兵，后日军收买汉奸土匪，袭击义军，才强取大甲溪。

8 月 28 日，日军进攻彰化，双方在彰化东门外八卦山展开激战，日军从山谷僻径上山，被义军和黑旗军包围，血战终日，抛尸满野。后日军收买汉奸，由小路抄袭义军。义军拼死抵抗，吴汤兴“束裤草履，麾义军出御，而所带三十人战死”。吴彭年率 300 名勇士死守八卦山，全部英勇战死。徐骧率众冲锋肉搏，突出重围，退往台南。台中、彰化失陷后，刘永福急派王德林率军守嘉义城，派杨泗洪率军反攻彰化，终因补充极度困难，无力克复彰化。

当刘永福和义军与日军殊死战斗时，军饷告匮，无法应付。刘永福派文案吴桐林内渡求援。吴遍访闽浙总督、两广总督、山东巡抚、直隶总督，在北京访翁同龢，在南京访张之洞，竟无一人应援。张之洞表白：“台事奉旨不准过问，济台饷械更叠奉严旨查禁，此时台断难援。”

9 月，日本再次增兵，侵台总兵力达 8 万人，并成立南进司令部，纠集 4 万大军，全力进攻台南地区。10 月 2 日，日本水陆大军向台南并进：舰队分两路，一向台南府，一向凤山县。陆军分三路，近卫师团 1.5 万人由彰化经嘉义下台南，第二师团第四混成旅 1.5 万人攻台南之侧面，第二师团第三混成旅 1.2 万人在枋寮登陆，绕到台南之背后。

台湾军民一路阻击，战斗非常激烈。日军进攻嘉义时，王德标“预料敌将蹑至，沿途各隘口埋下地雷、火炮。既越日，令羸卒散出，向达猫道诱之。八月十九日（10 月 7 日）天未明。

日军齐发……既诱入地雷道，各处火线并发，出敌不意，轰及千人，死数百人，能久亲王受重伤”。10 月 8 日，日军复进，德标军不能敌，嘉义陷落。

日军立即进军台南，此时刘永福手下能战之军不足 5000 人，且三面被围。10 月 13 日，日军“三路齐发，中路略茅港尾，西路略麻豆，东路略角秀庄。我军扼曾文者，先战溪北，后战溪南，徐骧当先，柏正材、王德标鏖军继之。日军炮火大发，马步齐攻……徐骧步战最锐，首中炮死，总兵柏正材阵亡……王德标、简精华不知所终，溃军入台南”。时刘永福率军驻守安平炮台，精锐尽丧，外援已绝。10 月 19 日，日军大举进攻安平炮台，刘永福被迫撤退，乘英国轮船回厦门。10 月 21 日，日军入台南府城，台湾沦陷。是日，能久亲王创发去世。

台湾军民经过 5 个多月的激烈战斗，抗击了日军三个师团和一支舰队，日军总兵力达七八万人之多，打死北白川宫能久亲王以下官兵 4800 名，打伤日军 27000 余名，比日军在甲午战争中伤亡人数多一倍。台湾军民以一隅之地，孤军奋战，力抗强敌，为保卫祖国的神圣领土，写下了悲壮的一页。

第十二章

八国联军侵华之战

一、概述

甲午战争后，中日两国朝相反方向发展。日本向资本主义、帝国主义、军国主义方向发展。而中国坚持封建专制制度，政治腐败，国力衰弱，国际地位急剧下降，民族危机空前严重。衰老的中华帝国成为列强的瓜分对象。

甲午战争后列强瓜分中国 19世纪末，列强不仅看重商品输出，而且日益看重资本输出。《马关条约》规定中国赔款白银2亿两，加上赎辽费3000万两，清朝财政不堪重负。为了减少利息负担，清政府要在三年内付清对日赔款，清政府三次向列强大规模借款。这些借款是世界历史上数额最大且代价高昂的高利贷，每笔贷款都附带苛刻的条件。列强通过大借款进一步控制了中国关税，控制了中国铁路建设，控制了中国的经济命脉。

列强对中国的瓜分，俄国下手最早，英俄间竞争激烈，甲午战争后，日、英、俄之间竞争激烈。列强各国要求在中国境内修建铁路、租占海港、设厂开矿、把持税收、资本输出、商品输出，甚至操纵政治，一时形成割地狂潮和明目张胆的瓜分抢劫。

争夺铁路建筑权是列强在华竞争的重要内容，修筑一条铁路，不仅控制了铁路本身，而且控制了铁路沿线地区，所以路权之争实质上是列强在华的势力范围之争。列强争夺铁路建筑权的结果：英得 2800 英里（1 英里 =1.609 千米）、俄得 1530 英里、德得 720 英里、比得 650 英里、法得 420 英里、美得 300 英里。到清朝灭亡时，中国已筑成京汉、中东、南满、胶济、滇越、正太、沪宁、京沈、津浦等铁路，总长 9000 千米。其中，由列强直接或间接投资经营的达 8000 余千米，中国自办的仅 850 千米。

甲午战争后，列强加紧了在华“势力范围”的划分。“势力范围”之说始于第一次鸦片战争：道光二十六年（1846 年），中国要求撤舟山、鼓浪屿之兵，英以舟山列岛永不割让于他国为条件，遂订为约。此乃中国境内势力范围之第一先例。列强在中国划分势力范围的过程中，既有争夺，又有勾结，总是牺牲中国的主权，背着清廷私订分赃协议，以换取彼此间的妥协。甲午战争后，清政府与列强签订了大量条约，承认了各国在华的势力范围。到 1899 年，大清帝国的版图被列强基本瓜分殆尽：英国控制了长江中下游，深入西藏、新疆，租借了威海卫，并扩大了香港的界址；法国控制了云南、广东、广西；德国控制了山东半岛；日本吞并了台湾，登陆福建，加强了在朝鲜的势力；俄国将整个东北攫为势力范围并插手新疆、蒙古；美国提出“门户开放”，与各列强“利益均沾”，即他国之范围，皆美国之范围。

戊戌变法 戊戌变法又称“维新变法运动”。戊戌变法中，资产阶级改良派与官僚中的改革派向皇帝提出开设议院等涉及政治、经济、军事、文教各方面改革主张，希望凭借光绪帝的谕旨，实现自上而下的改革。维新变法运动以康有为领导的“公车上书”为起点。他认为西方资本主义国家是进步的，企图按照西方资产阶级的模型来改变中国的国家制度和社会制度。1895 年 5 月 2 日，康有为乘入京应试的机会，发起“公车上书”。草疏万八千余字，集众千三百余人，力言目前战守之方，他日自强之道。“公车上书”是资产阶级改良派正式登上政治舞台的第一幕。到 1898 年 1 月 29 日，康有为上第六次书《应诏统筹全局折》，吁请光绪帝实行变法。6 月 11 日，光绪帝下诏定国事，决定变法。此后，康有为提出了更多的新政建议，由过去说明变法的必要性及“富国”“养民”“教民”的一般原则，发展为提出变法的具体细则。康有为建议实行君主立宪，即在政治方面希望中国有一部不根本改变封建制度而可以发展资本主义的宪法；在经济方面要求保护工商业，予中华民族资本以适当的发展；在军事方面要求重建海陆军，挽救中国被帝国主义瓜分的危机；在文化教育方面提出废科举、办学校、译新书，培养新人才。

光绪帝下了不少新政上谕，涉及政治、经济、军事、文教各方面。但他缺少推行新政的实际力量，因此在顽固派的阻挠下，这些新政很少见诸实行。光绪帝发现后党有政变的可能性，9 月 16 日召见了袁世凯，给予超擢“使他实际上成为北洋各军的统帅”。9 月 20 日凌晨，“他奉旨暂署直隶总督兼北洋大臣，并接奉谕旨——将荣禄立刻在他的衙门里就地正法，夺取政权，迅速统领北洋军队进京，抓住西太后并逮捕保守派领袖”。20 日上午，请训后，袁世凯立即乘车回天津，向荣禄告密，出卖了改良派。当晚，荣禄进京，向慈禧告发。21 日，慈禧重新临朝，把光绪帝幽于瀛台，慈禧再次训政，103 天的“新政”宣告终结。

光绪帝被幽禁后，后党曾策划废帝，并以“皇帝病重”告示天下。各国公使普遍关注皇帝的健康并明确反对废帝，康有为在英使帮助下乘英轮逃往海外，梁启超在日本使馆庇护下逃往日本。后党以为变法维新是由英日等国唆使的，对洋人恨之入骨，慈禧发誓“此仇必报”。慈禧想依靠“刀枪不入”的义和团提高自己的话语权，逼列强让步，这在客观上给义和团的发展带来了机会。

门户开放政策 19 世纪末，美国的对华贸易增长很快，美国资本家要求政府促进在华商业利益。1898 年，当其他列强在华争夺港口，划分势力范围时，美国忙于美西战争，抽不出身参与在华的竞争，等到战争结束，已为时太晚。

1898 年 9 月，美国政府向英、法、德、俄、意、日六国递交照会，即所谓第一次关于中国的门户开放通牒。照会要求各国政府承认以下原则。1. 对于在中国的所谓利益范围或租借地内的任何条约口岸或任何既得利益，一概不加干涉。2. 中国现行条约税则适用于所有势力范围内的一切口岸（自由港除外）所装卸的货物，不论其属何国籍，此种税款由中国政府征收。3. 在各自势力范围内任何口岸，对他国入港船舶所征收的入港费；在各自势力范围内修筑、管理或经营的铁路，对他国臣民运输的货物，应与对本国臣民运输同样货物、经过同等距离所征收的铁路运费相等。貌似公允的门户开放政策使列强各国有苦难言，一个个被迫吞下了美国政府炮制的苦果，但各大国对美国照会的态度有明显的差别。只有意大利是全面接受，其余各国都做了不同程度的保留，俄国基本上没有接受。

1900 年，列强出兵镇压义和团运动。美国担心各国乘机把势力范围变为各国殖民地，从而使门户开放政策变为泡影，便于 7 月 3 日向各国发出第二次门户开放照会："在中国事变危险状态之下，说明合众国对于目前情况之意见，当属适宜……大总统之目的，仍旧与其他列强作以下之共同行动：第一，打开北京之交通，拯救美国官员、教士及其他在危险中的美国人民；第二，尽可能地保护在中国各地之美国人的生命财产；第三，防卫及保护美国的合法利益；第四，协助防止骚乱蔓延中国其他省份，及此种灾祸之复发。预期最后结果之意图，自属过早，但合众国政府之政策是在寻找一种解决，俾可在中国获得永久之安宁与和平，保持中国领土及行政之完整，保证所有条约及公法对列强保证之权利，并保证全世界在中国各地均等公正通商之原则。”

美国的这项照会并不要求各国答复。第二次门户开放照会增加了新的内容，明确提出所谓“保持中国领土和行政完整”的原则。“门户开放”的核心内容可以概况为三点：（1）清政府对列强实行“门户开放”；（2）列强之间“机会均等”；（3）“保持中国的领土和行政的完整”。门户开放政策的提出标志着美国侵略中国的新阶段，从此美国作为一个大国，有了其独立的对华政策，在列强侵华活动中的地位有了显著提高。美国主张的“利益均等”和“保全中国”的原则，在《辛丑条约》的谈判中，成为列强们公认的原则。列强们互相约定，这一次谁也不提出割地的要求。

八国联军侵华战争的主要事件

廊坊之战：1900 年 6 月 12 日。

大沽炮台之战：1900 年 6 月 16 日。

清政府宣战：1900 年 6 月 21 日。

清军与义和团攻打使馆：1900 年 6 月 21 日开始。

东南互保：1900 年 6 月 26 日。

天津之战：1900 年 6 月 17 日至 7 月 14 日。

北京之战：1900 年 8 月 14 日。

联军扩大战争：1900 年 8 月至 1901 年 2 月。

东北军民反抗沙俄侵略之战：1900 年 7 月至 9 月。

《辛丑条约》的签订：1901 年 9 月 7 日。

二、义和团运动

基督教与天主教的东渐　公元1世纪基督教诞生于巴勒斯坦地区，其创始人是耶稣基督。鸦片战争前西方教会在华传教可分为三个时期。第一时期：1580年至1672年，传教士以传布西方科学文明为名进行传教活动。著名的传教士有李玛诺、利玛窦、汤若望、南怀仁等。第二时期：1672年至1723年，主要是法国天主教在北京及各省发展势力。第三时期：1723年至鸦片战争。这一时期由于传教士企图干涉中国内政，侵扰中国百姓，蔑视中国法律，加上中国的几位皇帝闭关锁国思想严重，因而历遭雍正、乾隆等皇帝的严令取缔。据统计，到1839年6月“天主教在中国本部十三省有活动，欧藉传教士有65人，天主教徒约有30万人”。到19世纪末，在中国的外籍传教士共有3200余人，建立了40个教区，60多个教会，招引入教者80余万人。

基督教是一神教，排斥其他信仰形式。一旦基督教在某个村庄占据相当地位，它必然会给信仰其他宗教和不信教群众带来很大压力，造成双方间巨大的矛盾。山东地区基督教、天主教的传布比较广泛，因而民教矛盾相当突出。

传教士们往往在圣洁面纱的掩护下，充当侵略、奴役中国人民的急先锋。教会势力成为中国人民普遍憎恨的对象，受到人们强烈的反对。中国人民在忍无可忍的情况下，自发进行反对教会的斗争，并得到一些官吏、地主、士绅的同情和支持。

在全国范围内发生了大量教案，最著名的是1870年6月天津的火烧望海楼教案。

在当时的政局下，有不少官吏、士绅不堪忍受传教士的挟制，痛恨教会横行乡里、鱼肉百姓，从而支持人民的反教会斗争。有些官吏还在奏折中仗义执言，痛陈平民备受欺凌和传教士、教民横行的事实，要求制止教会的非法活动。这样在对待洋教的态度上，在清廷统治集团内部从上到下存在严重分歧。义和团兴起后，这种分歧和对立更加尖锐复杂。

义和团的组织 清政府为了筹偿赔款，采取了一系列办法，主要有捐官（卖官）、报效（强制富商捐钱）、核扣俸银（降薪）、裁汰绿营七成和勇营三成、加抽鸦片厘税、各地土产加厘加税等。大量裁军使社会流民的数量成倍增加，加剧了社会动荡。1898年8月，黄河大决口，淹死26万余人；1899年，河南、山东、直隶等六省发生特大旱灾，农村赤地千里，十室九空。广大饥民大批附和义和团仇教，他们认为洋人、洋教是水旱灾害及一切苦难的根源。

1900年6月21日，清廷对外宣战，对义和团采取招抚政策，从此义和团和清政府联合对外作战。清政府极力把义和团控制在自己手中，从中央到各省都派有专职官员统率义和团，并颁布所谓“团规”，义和团的首领要服从统帅他们的各级王大臣的约束。从此义和团的性质也发生了本质性的变化。

义和团有明显的弱点：成分复杂，组织分散；没有目标、没有计划、没有政策；缺乏政权观念，没有政权组织；封建迷信；

盲目排外，却没有明确的反帝纲领和政策。义和团没有全国性组织，没有全国统一的领导机构，当然没有全国性的领导核心和领袖人物。

义和团的成分比较复杂，一般由两部分人组成。第一部分是骨干力量，多由年龄较大、拳术娴熟并熟悉有关坛厂事务的人组成。团内作统帅指挥的人称为大师兄、二师兄或团长、团首。第二部分是义和团的基本群众，大多是年龄较小的少年儿童。

义和团宗教迷信思想泛滥，没有统一固定的信仰，只有“刀枪不入”“神灵附体”等迷信思想基本相同。义和团不属于秘密宗教组织。义和团崇信武力斗争，但不懂得科学斗争方法，也不重视武器装备和科学的战斗训练，因此称不上军事组织，至多算是一个半军事组织。义和团的非理性色彩很容易引起知识分子的质疑，因而很少获得知识分子的认同与参与。

关于义和团的性质，史学界有不同看法，实际上义和团的性质在运动过程中发生了显著的乃至本质的变化。前期的义和团是以失业和破产的交通运输业者、手工业者和裁汰的士兵为骨干，以青少年农民为主体，群众自发的、松散的反帝排外的农民组织。他们为人类最基本的权利——生存权而斗争，理应得到后人的理解和尊重。当义和团迅猛发展，尤其是大量进入北京后，义和团奉旨造反，很多抱着不同目的、不同成分的人大量加入。在戴漪、刚毅之流的操纵下，义和团的排外性进一步恶性膨胀，达到了见洋人就杀、见教堂就烧、见教民就打、见铁路就拆、见电线杆就拔的地步，甚至攻打教堂和使馆。此时的义和团成为慈禧手中用来与外国人进行讨价还价的驯服工具。

义和团的口号 义和团以“扶清灭洋”为其政治口号，它无疑是清代早期“反清复明”政治口号的衍生。义和团提出这一口号主要目的在于争取清廷的支持，至少能减少清政府的阻挠和破坏，从而集中力量打击外国侵略势力。这个口号在实际斗争中起了一定的作用。在驻津的清军中，除聂士成部以外，其余清军对义和团的“灭洋”活动均不过问。事实上，攻打天津租界、北京使馆和教堂，都是义和团和清军的联合行动。

义和团的发展 1898 年 10 月，山东冠县义和拳首举义旗，揭开了义和团运动的序幕。冠县十八村是义和拳活跃地区，也是教会势力活跃地区。该处为修建教堂产生民教矛盾，前后持续竟达 20 余年。官府偏袒教会，村民遂邀请梅花拳首领赵三多助拳。1896 年 4 月 2 日，赵三多在梨园举行亮拳大会，约有 3000 多拳民参加亮拳大会，震慑了当地教会和地方官员。道、府、州、县官员前去冠县十八村调停，将梨园屯庙基还给村民修玉皇庙，另在村头给教民建教堂。这一措施暂时缓和了持续了数十年的民教“庙堂”之争。

1898 年 2 月，新任山东巡抚张汝梅迫于教会压力，派员拆除梨园屯玉皇庙，再次激起村民、拳民的反抗。赵三多为避免牵连各地的梅花拳，便改名义和拳。1898 年 10 月 21 日，赵三多以冠县十八村为核心，率众祭旗起义，举起“助清灭洋”的旗帜，成为义和团运动的起点。义和团运动首发于山东，1899 年，快速发展到华北平原的大部分地区，甚至蔓延到东北及内蒙古。1900 年初，义和团才引起政府的注意。

事实上，清政府对义和团的政策和基本态度，在不同的阶段有不同的内容和表现。从义和团发生到 1900 年 5 月底义和团占领涿州时，朝廷对义和团采取限制政策，指令地方官“遇有民教之案，持平办理”。所以在这一段较长时间内，各地义和团能公开活动，并很快发展起来。

清政府剿抚不定的政策　义和团兴起后，清政府对义和团的政策一直在抚和剿之间摇摆不定。慈禧一面要笼络拳民，一面要应付洋人。在列强公使不断的抗议下，清廷不得已在很短时间内接连撤换了三任山东巡抚。最后以袁世凯为山东巡抚。他绝对否认义和团的合法性，实行武力镇压。1899 年 12 月 29 日，上谕对袁进行指责，命令袁对拳民“抚”而不准“剿”。由于慈禧的偏袒和鼓励，义和团迅速发展，由保家变为保国。“利用义和团以排外者，最初为山东前后任巡抚李秉衡、毓贤，其次为直隶总督裕禄及廷雍，复其次为瑞郡王戴漪、大学士刚毅以至于西太后。”

慈禧对义和团剿抚不定，犹豫不决，政策上左右摇摆，以致发出的指令、上谕，常常使地方官手足无措，不知如何是好。各地官员对谕旨的理解不同，对义和团的处置也不相同。慈禧的态度使清政府的权力系统被一分为二，主抚、主剿的双方都可以利用自己的权力发号施令。清廷权力系统不断发出相互矛盾的声音，发布相互矛盾的命令。

义和团进京 1900年2月开始，义和团活动已经由山东、河北一带转移到京师。因为山东新任巡抚袁世凯的强行镇压，迫使义和团由山东向京师地区转移。

1900年5月底6月初，义和团为了阻止各国军队继续进犯北京，又一次大规模破坏了京津铁路。6月1日，“高碑店迤北电杆、铁道全毁，涿州拳众占城已竖旗帜”。6月2日法使称：“监工洋人三十余人，途遇拳匪，有四人被杀，四人受伤。”6月6日，大学士刚毅被派往涿州察看动静，回京后向慈禧奏言：“断无轻于用剿之理”，“拳民忠义可用”。刚毅的奏言对慈禧影响颇大，于是慈禧决定“招抚”和笼络义和团，允许他们进入北京。

从此义和团的活动进入高潮，6月中旬即有万名义和团到京。很快，整个北京为义和团所控制，政府机构陷入瘫痪。6月12日焚外城姚家井一带教民房屋；14日焚宣武门大街耶稣堂、宣武门内天主堂；16日焚大栅栏老德记大药房，火势延及正阳门箭楼，烧毁店铺4000余家，“数百年精华尽矣”。至6月下旬，北京城内义和团“不下十数万”。此时，清政府已渐渐失去了控制北京城内局面的能力了。

三、八国联军进犯北京

公使同盟的建立 1899年12月30日，英国传教士卜克斯“乘坐手推车旅行，无人护送，穿过暴徒横行的乡村时被捉住”，第二天即被斩首。1900年1月4日，清政府发布上谕，向英国政府表示“殊深惋惜”，并著袁世凯“迅速将疏防之该管各官先行参处。一面督饬严缉凶犯，务获惩办，以靖地方而敦邻好”。但仅仅几天以后，又下旨要袁世凯“遇有教案，持平办理”。1月11日再发上谕，要求地方官，遇事要“化大为小，化有为无”。公使们对此上谕极为不满，1月23日，法、美、德、英四国公使会议，讨论义和团事件及其对策。25日，四国公使再次会议，27日，四国公使向清政府提出联合照会：“必须要求颁布并散发一道上谕，下令指明对义和拳和大刀会进行全面镇压和取缔。”3月10日，法、美、德、英、意五国公使会议，决定向各自政府建议，在中国举行联合海军示威，但五国政府没有同意公使们的建议。

5月20日，由外交团首席公使、西班牙公使葛络干召集英、美、俄、法、德、意、奥、西、荷、比、日等11国公使举行会议，讨论中国所面临的局势，以及他们的应对方案。会议决定，由法国公使毕盛草拟一份联合通牒，向清政府提出6点要求。5月27日，庆亲王奕劻相继会见了英国公使窦纳乐和格尔思。窦纳乐告诉庆亲王，他们的自卫方式将是调集使馆卫队，其人数无疑将比以往多得多。奕劻对此不表示反对。

“使馆卫队”进京　列强对义和团的迅速发展一方面感到惊恐不安，同时又认为这是入侵中国的好机会。5月30日，总理衙门在答复各国的照会中拒绝各国军队进京。驻京各国公使闻讯后，立即于30日中午会议，会后公使代表前往总理衙门进行交涉。公使代表威胁说：如果清政府拒绝各国派遣使馆卫队进京，那么各国就共同调来特遣部队并使用武力，还可能会增派大量军队强行北上，到时候清政府必须承担由此而付出的巨大代价。清政府不得不屈服，5月31日致电裕禄，准许他协助各国运送军队到北京。1900年5月31日，一列专车在下午6时45分到达北京：有79名英国兵、79名俄国兵、75名法国兵、53名美国兵、39名意大利兵、24名日本兵。此外51名德国兵、32名奥匈兵在6月3日到达。此后，各国不断增兵，至6月8日，进京的使馆卫队已近千人。

1900年6月8日晚，义和团在北京外城中初次举行大示威，声势浩大。6月8口后，各国公使感到已进京的使馆卫队兵力单薄，电令从大沽口的军舰上继续调兵。1900年6月10日，英、法、俄、美、德、日、意、奥八国正式组成八国联军，共2064人，内计英兵915人、德兵415人、俄兵315人、法兵158人、美兵112人、日兵52人、意兵40人、奥兵25人。联军由英国海军司令西摩尔上将率领，先在大沽登陆，再由天津乘火车向北京进犯。

廊坊之战 1900年6月10日晨4时，联军在塘沽登陆，准备乘火车到天津。2064名八国联军分三批从天津出发，乘火车进犯北京。自6月上旬开始，义和团在京津沿线展开了拆毁铁路的斗争，使联军进军缓慢。当晚，联军只前进到距天津50千米的落垡车站。联军向北京进发的消息使清军内部发生震动，聂士成请求率部回天津芦台，停止镇压义和团的任务，以反击联军的进攻。慈禧太后意识到，联军大规模进京会极大地动摇她的统治地位，因而坚决反对联军进军。12日，联军才前进至廊坊，即与义和团发生战斗。13日，慈禧令裕禄将聂士成部全数调回天津铁路附近驻扎扼要，以阻止联军强行进京。14日，在廊坊车站联军与义和团激战，因铁路被毁，联军进退两难。16日晨，西摩尔与各统兵官会商，决定修复廊坊到天津铁路，以便沿铁路退回天津。17日，联军与清军侦察马队交火，这是联军与清军第一次作战。18日，董福祥武卫后军和义和团约5000人，在廊坊与联军激战两小时，互有伤亡。清军力不能支，弃阵而逃，联军当晚六时退回落垡。19日晨4时，联军从杨村向天津总撤退。20日晨6时，联军由落垡出发向天津退去，9时就遭到聂士成部与义和团的阻击。21日，联军继续撤退，聂士成部与义和团继续追击。

22日夜2时，联军退向北仓。由于教民的引导，联军意外地占领了西沽武库，使其粮食、弹药、武器、医疗用品等得到极大补充。联军据武库负隅顽抗，坚守待援。6月25日，援军到达，联军于6月26日回到天津。经此战，2064人的部队中，死亡者62人，受伤者312人。

大沽炮台之战 北洋舰队在甲午战争中全军覆没后，清政府向外国购买兵轮，重组舰队，计有巡洋舰3艘，鱼雷艇4艘，炮艇2艘，连同旧有残船共有13艘舰船。驻防大沽口清军约3000人，由总兵罗荣光指挥。各国在大沽口登岸之士兵，共计武弁520员，士兵14500人，炮53尊，机器快炮26尊。此次战斗由俄国太平洋舰队司令基利杰勃兰特中将为联合舰队司令官。

1900 年 6 月 15 日，基氏主持驻大沽各国海军司令会议，16 日再次会议，决定通过使用武力，占领大沽炮台。要求清军向联军投降的期限是 6 月 17 日凌晨 2 时。但他们在最后期限前 4 小时才将最后通牒送交清军，使清军无法备战。

16 日晚上 11 时，敌舰提前发炮攻击，罗荣光率领南岸各炮台兵勇，奋力开炮还击。联军集中兵力先夺得北岸两营炮台，即将军舰驶靠左岸，以大炮遍击南岸各营垒。并用左营左哨之炮，直击南滩营炮台。至七点钟，敌舰开花炮弹落入南岸练军副营子弹库中。至八点钟，练军副右营弹库又被炮火击中。至九点钟，清军子弹告罄，后路又无接应，势孤力单，腹背受敌，不得不汇集各营余队，撤出战斗。外方资料为晨 5 时结束战斗。

驻守在大沽的北洋海军统帅叶祖珪对大沽的失陷也负有直接责任。叶氏事前曾得到罗荣光的通报，要求北洋海军给予协助。然而战斗打响以后，叶祖珪贪生怕死，命令舰队不准开炮还击，并带领舰队仓皇逃命，结果未能逃脱失败的命运，其本人和舰队被联军舰队俘获。

四、清政府宣战与攻打使馆

清政府四次御前会议 大批义和团进京，进一步引起清朝统治集团的争吵和分裂。慈禧没有想到允许拳民进京后，仅仅几天工夫，北京、天津几乎成了义和团的天下，局面失控，清朝统治集团对义和团陷入“剿抚两难”的困境。

清政府决定对外宣战的过程比较复杂，政府内部也有相当激烈的争论。6 月 16 日午刻，召大臣百余人入见于仪鸾殿，光绪帝首先诘责诸臣，不能弹压乱民，色甚厉。翰林院侍读学士刘永亨、端王载漪、太常寺袁昶在殿上激烈争论，慈禧曰：“洋人有调兵之说，将何以处之？尔等有何见识？各抒己见，从速奏来。”群臣纷纷奏对，或言宜抚，或言宜调兵保护，会议吵吵嚷嚷，众说纷纭，不欢而散。

17 日，第二次御前会议在仪鸾殿召开。慈禧宣布：“今日之事，诸大臣均闻之矣。我为江山社稷不得已而宣战，顾事未可知，有如战之后江山社稷仍不保，诸公今日皆在此，当知我苦心，勿归咎于一人，谓皇太后送祖宗三百年天下。”慈禧言毕，立命徐用仪和户部尚书立山等前往使馆喻以利害，若必欲开衅者，可即下旗归国。立山坚辞不肯去。慈禧怒不可遏，厉声道：“汝敢往，固当往；不敢往，亦当往！”会议气氛令人不寒而栗，会议又是不欢而散。

18 日，第三次御前会议召开。会上载漪请攻使馆，慈禧许之。内阁学士兼礼部侍郎联元顿首亟言：“不可，倘使臣不保，洋兵他日入城，鸡犬皆尽矣。”联元差点被当即处死。协办大学士王文韶以中国财绌兵单，一旦开衅，何以善后，请太后三思。慈禧拍案大骂，会议又不欢而散。

19 日，召开第四次御前会议，慈禧招抚义和团和宣战的决策得到载漪、载勋、载澜、刚毅、徐桐、启秀、赵舒翘等人的极力赞同，遂“决定宣战，命许景澄等往告各国使臣，限二十四点内出京，派兵护行”。

6月21日，在慈禧主持下，清政府向各国宣战，并发表宣战上谕。但所谓的“宣战诏书”极为荒唐，它只是一个对内发布的文件，并未宣布对哪国开战，更未送达任何外国政府。

6月29日，清廷通知驻外使节继续留在各国，向驻在国政府解释：“朝廷非不欲将此种乱民下令痛剿，而肘腋之间，操之太蹙，深恐各使馆保护不及，激成大祸……且中国即不自量，亦何至于与各国同时开衅，并何至恃乱民以与各国开衅，此意当为各国所深谅……现乃严饬带兵官照前保护使馆，惟力是视。此种乱民，设法相机自行惩办。”上述谕旨充分说明清政府对内招抚、对外宣战完全是一场骗局。所谓“招抚”义和团，只是权宜之计，并在宣战的幌子下躲过义和团打击的锋芒，让帝国主义军队和义和团互相厮杀，最后再设法致义和团于死地。至于对外宣战，则出于慈禧报复外人干涉“废立”之仇。

慈禧在宣战的同时，上谕“义和团分集京津一带，未便无所统属，着派庄亲王载勋、协办大学士刚毅统率”，并派左翼总兵英年、右翼总兵载澜会同办理义和团事宜，并且严谕：“所有业经就抚之义和团民，即着载勋等严加约束，责成认真分别良莠，务将借端滋事之匪徒，驱逐净尽。”慈禧还命令各地义和团到庄王府注册登记，必须遵守“团规”，服从总团领导，要求义和团“努力王家”，尽力把义和团变为清政府的御用工具。

义和团攻打教堂和使馆 6月19日下午5时许，总理衙门向11国驻华使馆送去照会：“现在京城拳会纷起，人情浮动，贵使臣及各眷属人等在此使馆情形危险，中国实有保护难周之势，应请于二十四点钟之内，带同护馆兵弁等，妥为约束，速即起行前往天津，以免疏虞。”各国公使将此照会理解成宣战书或最后通牒。11 国公使立即召开紧急会议，请求宽限前往天津的日期，此内容的照会于当天半夜送到总理衙门。奕劻复以“稍缓日期，尚可通融”。很可惜，这个复照未能及时送到公使馆。

6 月 20 日晨 9 时，各国公使会议，德国公使克林德提议全体公使集体前往总理衙门，争取与奕劻面谈。各国公使认为风险太大，且毫无用处，但克林德执意独自前往总理衙门，“被神机营、虎神营兵火枪击毙”。克林德在东单牌楼被击杀，使局面更加严重、复杂，此后公使馆关闭了与清政府进行沟通的大门。

6 月 20 日下午 4 时，慈禧命荣禄指挥武卫军向使馆发起总攻，由义和团配合行动。荣禄阳奉阴违，以其亲军布置使馆四周，而不许义和团帮打，甚至还乘机击杀义和团。他只在开始的几天内认真攻打了几回，攻占了比利时、奥地利、荷兰、意大利等四国公使馆，而对洋人集中的英、俄、美、德等国使馆则围而不攻，表面上炮声隆隆，实则虚张声势。在荣禄这种“明攻暗保”策略的保护下，被围 56 天的英、俄等五国使馆被保留下来，避免了一场绝不应有的大凶杀和重大的国际纠纷。大体而言，载漪、刚毅志在灭洋，荣禄志在谋和，慈禧则左右摇摆。

6 月 15 日，即在围攻使馆前 5 天，端、刚集团就已鼓动义和团攻打北京西什库天主堂（北堂）。“团匪于 6 月 13 日即五月十七日之后三日，将东西南天主教堂三座悉行焚毁。”“在北堂被围者，计法水师兵 30 人、意水师兵 10 人、法教士 13 人、女教士 20 人、华教民 3200 人。”同样由于荣禄暗中保护，围攻长达两个月之久，北堂终未攻破。

7 月 14 日，清政府与使馆又恢复了联系。7 月 11 日，各国公使委派一名教徒金四喜赶往天津报信，然而金四喜被义和团捕获，后被引至荣禄官邸。7 月 14 日，被委派充当清政府的信使，将奕劻致各国公使的照会带回公使馆。7 月 16 日，金四喜再次到英国公使馆，递交奕劻致窦纳乐的信。此信是对 15 日窦纳乐代表各国公使致总理衙门那封信的回复：“中国自应加派部队，严禁团民不得再行各国使馆放枪攻击。而各国使馆亦不得随时任意放枪，致众怒越难解释。中国仍尽力弹压保护，以符通例。”从此以后，清军极大地减少了对使馆的攻击，在一定意义上，已从原来的围困转变为保护，整个使馆区实际上开始了休战状态。

五、东南互保

清廷宣战后，端王载漪、刚毅等在慈禧的支持下暂时得势，控制了朝廷。但他们的做法引起地方与中央的公开对抗，其中两江总督刘坤一、湖广总督张之洞是公开反对端、刚顽固集团最主要的地方实力派。

1900 年 6 月 12 日，上海《申报》发表社论《拳匪作乱有关上海市景说》。该文反映了英方的观点，社论指出：“坐视拳匪之横行无忌，扰及商人，自北而南，市情依然衰败”，最后提出“其未雨绸缪，亟亟焉改抚为剿”。“甲申、甲午两战役英与法日两国要约，不使战事波及上海。庚子肇衅，由英美领事示意华官，自保东南，勿使战事波及上海。”6 月 14 日，英国驻上海代总领事致电英外交部，建议“与汉口及南京的总督达成一项谅解”。6 月 15 日，英外交部复电，女王陛下支持与地方督抚的局部和平。

6月15日,两江总督刘坤一、湖广总督张之洞会衔致电总署，奏请“明降谕旨，定计主剿，先剿后抚，兵威既加，胁从乃散，或可转危为安”。6月20日,刘、张联合长江巡阅水师大臣李秉衡、湖北巡抚余荫霖、江苏巡抚鹿传霖、安徽巡抚王之春、江西巡抚松寿、湖南巡抚俞廉三等会衔致电总署和荣禄。电文首先说明义和团该剿的四点理由，接着指出“从古无国内乱民横行惨杀而可以治国者，亦未闻一国无故与六七强国一同开衅而可以自全者”，并要求清廷“明降谕旨，力剿邪匪”。两次电奏是地方督抚联合向端、刚顽固势力的政治示威，也是对慈禧招抚政策的公开反对。

6 月 16 日，英国海军部命令“仙女号”开往南京，并与总督联系。“红雀号”开往武汉，“无畏号”驶往吴淞，以加强对长江流域的控制。

八国联军攻占大沽炮台、天津租界开战，引起上海的官僚、买办、商人一片恐慌。他们希望由刘坤一、张之洞出面与上海领事团而不是单独与英国订立条约，实行互保。他们公推盛宣怀出面联络，盛长期主持电报局、招商局，消息灵通，与西方列强、地方督抚都有联系，“地位最宜”。

关于东南互保由谁首倡，史学界有不同说法：由李鸿章首倡，由刘坤一首倡，由张之洞首倡，由刘、张共同首倡，由盛宣怀首倡。但一致的观点是，上述 4 人均为东南互保中最关键的核心人物。

6 月 23 日，盛宣怀电告李鸿章、刘坤一、张之洞：“全局瓦解，即在目前，已无挽救之法，逆料萧墙之内，必有变局。初十以后朝政皆为拳匪把持，文告恐有非两宫所自出者……欲全东南以保宗社，东南诸大帅须以权宜应之，以定各国之心”，要刘、张尽快与上海各领事订立“互保章程”。25 日，刘、张复电，接受他的建议，并指定上海道余联沅为代表，同时邀请盛宣怀以帮办名义，协助办理。26 日，余联沅出面邀请各国驻沪领事在上海会审公廨开会，协议制定了由盛宣怀草拟的《东南保护约款》又称《中外互保章程》，共九条。其核心内容有两点：一、各省督抚承诺，“严拿匪徒”，坚决镇压义和团运动；二、章程的第四、五、六、七、八等条款，确实约束了外国兵轮、水手、教士、商人不得肆意侵扰。可见，《东南保护约款》是在共同镇压义和团的前提下，各国与中国地方势力相互妥协的产物。

刘、张等以为《中外互保章程》很快能完成签字手续，但实际上未能正式签字。英国外交大臣表示：“女王陛下政府将欣然执行这些建议的条款，只要他们觉得便于这样做。但是我们不可能把这些建议当作我们必须执行的一项协定而加以接受。”法国认为，章程所建议的办法在许多方面指出了法国政府愿意遵循的方向，但他们不准备授权他们的总领事在该协议上签字，从而使他们自己受到约束。7 月 13 日，领事团正式拒绝签字。虽然《中外互保章程》并未正式签字，但有关条款在实际中都得到了执行。

上海谈判互保之时，清廷宣战的上谕发表了，盛宣怀生怕东南互保夭折，于 6 月 24 日分别致电李鸿章、刘坤一、张之洞，建议他们立即命“上海道与各领事订约，上海租界归各国保护，长江内地均归督抚保护，两不相扰，以保全商民人命财产”。刘、张均表示同意，李鸿章复电表示同意并说：“二十五日诏，粤断不奉，所谓矫诏也。”此后，各省督抚跟随李鸿章的态度，视以端王为首的北京政府为伪政府，把与自己观点不一致的上谕斥之为“矫诏”。战争结束后，连清政府也采用矫诏说法，将所有对义和团招抚的上谕指为矫诏，以推卸自己的责任。

“东南互保”的范围，最初只限于两江总督和湖广总督的辖区，即江苏、安徽、江西、湖北、湖南 5 省。收到《中外互保章程》后，两广总督李鸿章、山东巡抚袁世凯、浙江布政使恽祖翼均表示全力支持。7 月 6 日福州将军善联与俄、美、英、日等 6 国驻福州领事订立《福建互保章程》八款。接着四川、陕西、河南等省也宣布赞同“互保”。

7 月 11 日、12 日，李鸿章、刘坤一、张之洞、许应骙、善联、刘树棠、奎俊、袁世凯、王之春、端方等两次联名会奏。李鸿章领衔十几位封疆大吏，地方实力派联名会奏本身就是个重大政治事件。11 日的会奏，以清廷“寄谕，各省认还洋款，著即暂行停借”等上谕为论据，说明：“若沿江、沿海、沿边各省到处用兵，洋税全失，内地税厘收数亦必十去五六，通盘核计，较之向解洋款，转受亏在二千万两以外。”即从财政税收和确保饷源的角度论证了东南互保的必要性、合理性。12 日的会奏，还是以清廷的上谕为论据：“六月初三日寄出使各国大臣电谕，详示匪乱肇祸，外舰相迫及力保使馆情形，理直气壮，钦佩莫名”，并向朝廷提出“拟请推行者四事”。表明东南互保与朝廷对外妥协求和的既定方针完全一致，论证了东南互保的合法性。实际上，朝廷始终知道东南互保的活动进展，且从未对此提出反对意见。这里既有慈禧面对地方实力派联合势力的一种无奈，更有慈禧为以后的对外谈判所留的一条后路。8 月 20 日上谕：“前据刘坤一等奏，沿江沿海各口商务，照常如约保护。今仍应照议施行，以昭大信。”从此，清政府由默许转变为明确支持“东南互保”。

在“东南互保”事件中，东南各省地方实力派联合起来抗拒中央政府的政策，挑战中央政府的权威，但不能因此说它分裂了中央政府。“东南互保”是晚清政治的一个怪胎，反映出太平天国运动后，地方实力派迅速崛起，而中央政权日渐衰落，中央与地方之间有一致又有分歧，有斗争又有妥协的政治格局。“东南互保”使南方诸省未睹烽烟，维持了人民正常的生产、生活秩序，也使中国幸免于被列强瓜分之祸。战争结束后，慈禧论功行赏，下达懿旨：“宗人府府丞盛宣怀，赞襄和议，保护东南地方，著赏加太子少保衔以示奖励，钦此！”

六、天津之战

天津为北洋重镇，占据天津能更牢固地保住出海口，又可方便地进攻北京。联军在大沽口登陆前，即在天津紫竹林租界驻有2400人，后西摩尔联军自廊坊撤回天津，加上大沽登陆之联军，总计武弁520员，士兵14500人，炮53尊，机器快炮26尊。

6月17日前，天津驻军有聂士成武卫前军7000人左右及直隶练军4营。宋庆、马玉昆的武卫左军于6月29日才到达天津，实际仅有步兵5000人、骑兵1500人。此外有义和团不下3万人。6月28日，张德成率团民5000人到天津。

天津之战分为三个阶段：第一阶段6月17日开始，第二阶段6月26日开始，第三阶段7月9日联军反攻至7月14日联军进入天津城。

第一阶段：攻打紫竹林租界　6月17日下午2时，160名联军企图侵占位于英租界对角的河东武备学堂。联军将据守学校的90多名学生全部烧死，并引爆了军火库。清军和义和团闻讯赶来援救，迫使侵略军退回租界。清军和义和团乘胜围攻租界，炮击了紫竹林。一直保护租界的天津驻军成为进攻天津租界的主力了。

“18日清晨，华兵进攻车站，为俄兵击退……19日，华军以排炮进攻，联军因未带炮，不能还击，形势极为险要。”至20日、21日，“华兵炮火轰攻仍相持不断……必须连请急速之援兵”。22 日、23 日，联军各路援军数千人会合于军粮城，付出了重大的代价，才到达紫竹林，此时租界内的联军多达万人，其中俄军 6000 人。

第二阶段：相持阶段 6 月 26 日，西摩尔联军被营救回紫竹林租界，使租界内联军总数达 1.2 万人。联军组织兵力，进攻清军在华北最大的军工厂东局子。27 日清晨，2 千余名俄军冲出紫竹林，进攻东局子，被清军击退。联军增援千人，双方激战，联军伤亡惨重。11 时，联军一炮弹击中弹药库，并乘势猛攻，占领了东局子。

随后，双方展开老龙头火车站争夺战。清军与义和团联合发起进攻，7 月 3 日晚，一度夺回火车站，迫使俄军退回租界。4 日晨，清兵又以炮火向法租界轰击，竟日不断。后被日军击破清军之左翼，清军撤退。5 日清晨，清兵又开始向车站轰击，俄军以大炮还击。6 日，彼此仍以炮火相攻，往来如织，至晚始息。当天，联军得到增援，美军 1250 人、法军 1500 人投入战斗，稳住了战局。

清军和义和团夺回老龙头火车站后，战局对清军极为有利。但清政府的决策层受李鸿章和东南督抚的影响，不思再战，准备向列强乞和。7 月 3 日，清政府向俄、日、英三国发出求和国书。7 月 8 日，任命李鸿章为直隶总督兼北洋大臣，由李鸿章负责向列强求和。由此，天津的形势急转直下。

第三阶段：联军反攻，占领天津 7 月 6 日起，天津战事愈益激烈，聂士成以大炮向租界猛轰，而联军则向天津城垣开炮。

前期战争由各领事团指挥，鉴于前期战事失利，领事团不得不将指挥权交给军事指挥官。联军于 7 月 8 日晚召开紧急会议，决定向租界四面发起进攻，以改变被动局面。

7 月 9 日凌晨 3 时，以日军为主，向南进发，英、美、俄各军随之。计有步兵 1000 人、骑兵 150 人、俄兵 400 人为预备队。联军扑向距天津 15 千米的纪家庄，企图从背后袭击驻守八里台的聂士成部。同时，英军 6000 人冲出紫竹林，向小营门、马场道一带的聂士成部发起进攻。聂部腹背受敌，力不能支，遂退至八里台附近。双方在八里台激战两小时，聂士成“驰往督战，洋兵四面环击，枪炮如雨，该提督两腿均受枪伤，犹督兵不许少退……又被敌枪洞穿两腮、项侧、脑门等处，脐下寸许被炮弹炸穿，肠出数寸，登时阵亡”。

聂所部武卫前军有马步 30 营，聂的阵亡使天津的防御力量骤形削弱。此次战斗不仅给清军和义和团造成极大伤亡，而且联军夺取了租界西面的炮兵阵地及小营门、跑马台、八里台等战略据点，为联军攻占天津创造了条件。

7 月 12 日，联军增援到达，又添万余人。沙俄关东司令官阿列克塞夫到达天津，他自任联军统领之职，召开各国指挥官会议，决定次日联军自海河左右岸分头进犯。13 日，联军于“晨 3 点钟，开至河之右岸，分为三队向前进行……至 5 点半钟，法日两军齐进机器南局。双方街道战攻，彼此斗合，约有两点钟之久。至 8 点钟，乃以法国大队为首，向大路进发，略愈十分钟，已抵至极之处。至十点钟，径抵距城垣 500 米之地，不能更向前进”。美军则误至一沼泽，受清军炮火轰击，丧失甚众。又值天气炎热，兵丁苦于饥渴，进退两难。此时汉奸教徒郑殿芳，将天津南面一段城墙曾倒塌重修，因经费不足以土坯代砖的情报告知联军，14 日晨，日军伪装成团民，混到城根，炸开那段城墙，联军蜂拥而入，天津失守。

7 月 18 日，联军集合于天津者有 34400 人，从速预备一切，磨刀霍霍，准备进攻北京。而清政府却在与公使们联络感情，7 月 20 日起，每天将西瓜、蔬菜赠送使馆。

七、北京之战

列强增兵 清政府对北京之战还是有所准备的，加紧调集各地勤王之兵，加紧催办军火、银两，作抗战之准备。交战前夕，清军在京津地区集结的总兵力已超过 10 万人。京津地区的义和团经清政府的瓦解、改编、镇压，力量已大为削弱，但此时仍有 7 万余人，其中约有 5 万人留在北京城里。

八国联军在天津之战中损失很大，又值炎热季节，军队须整顿休息，等待援军到来。各国再增兵多少？谁当司令？俄、日对增兵最积极，想让自己的兵力在联军中占重要地位，从而提高其在联军中的话语权，甚至取得联军的统帅权。西方列强，尤其是俄国对日本扩张其在华势力有戒心，不希望日本在联军中占重要地位。英国坚决支持日本，经英国游说，法、德、俄等列强都不反对日本大规模增兵，至 7 月底，日军在华人数达 1.3

万人，居联军之首。

俄国也迅速就近调兵，至 7 月底，集结在天津、塘沽地区的俄军有 6627 人，另在南满还有 4850 人。德国为了给克林德公使报仇，派遣了 7000 人的远征军，于 7 月 27 日才从不莱梅港出发，在联军攻占北京两个月后才到达北京。

联军司令之争　对联军司令最有竞争力的不外乎俄、英、日三国。因西摩尔任联军司令时，廊坊之战败于义和团，遂使英人失去竞争资格；英国坚决反对俄国人任司令；俄国坚决反对日本人任司令。英、俄、日三家互斗，为德国人提供了机会。最后商定由德国陆军元帅瓦德西伯爵任联军统帅。

北仓之战与杨村之战　8 月 3 日，各国军事统领联席会议上，决定 4 日出发向北京进犯。4 日下午 3 时，联军从天津出发，参战总兵力 18300 人，大炮 70 尊。据外方记录，8 月 5 日晨 3 点钟，联军向北仓进攻，“日兵往袭华兵营寨，夺得大炮 5 尊。华军作正角形，颇不易拔，且炮子枪子势如雨下，联军为之稍退。至五点半钟，华军炮声已停，而枪声尚不止，且其势甚烈，日军奋力向前，与华军相距极近，联军固亦不敢竞放大炮矣。华军所扎之部位，已为日军所冲，日军死者颇多，华军亦为之却，后由英军以炮队攻之，华军始由北仓浮桥东遁”。联军情报官承认，由于他网罗了一批汉奸，替联军搜集关于北仓清军的情报，极大地便利了侵略军攻占北仓。

8 月 6 日晨，联军万余名从东、西、南三路分道猛扑杨村，隔河施放枪炮，意图上窜。相持半日，清军伤亡约 3000 多名，势孤援绝，难以支持，退上蔡村。裕禄到上蔡村，见各队纷纷撤退，知“事不可为，口呼智穷力竭，辜负国恩，遂以手枪自击，登时气尽”。

正当联军向杨村进犯时，李秉衡被授为武卫军军务，位置仅次于荣禄。8 月 7 日，李秉衡到码头，刚做军事布置，各军已不听指挥。8 月 9 日，清军一触即溃。李秉衡败走码头，再退至张家湾。8 月 11 日，李秉衡也服毒自杀。

联军在杨村休整后，于 8 月 11 日，继续向北京进发。

北京之战 进攻北京的联军兵力主要有：日军步队 6600 人，马队 220 人，工队 450 人；俄军步队 1830 人，马队 180 人；英军步队 1600 人，水师 150 人，马队 75 人；法军步队 4000 人。

当时北京除义和团外，驻防清军有 200 余营，共 10 余万人。清廷的最高指挥部已乱了章法，名义上荣禄是城防总负责人，实际上根本不存在有效的决策中心，慈禧对军事行动还有干预。

13 日夜间，俄军为争抢攻陷北京的首功而“背约”，提前行动。日军见俄军起身，早经准备，立即也在齐化门附近投入战斗。由于大批清军从其他驻防地赶来支援，以致日俄攻势被阻。英美两军在河之南，于 14 日 11 点钟抵广渠门，“由于事先得到英使窦纳乐的密码信，英军沿途未遇任何抵抗，通过崇文门西边城墙下面的御河水门进入内城，该门在使署附近之处，有西兵守护”。午后 3 点钟英军进入使署。俄日两军于晚上 9 点钟，由东便门而来。15 日，双方进行巷战，16 日晚，清军全部退走。

8 月 14 日，慈禧连续 5 次召集军机大臣议事，决定銮驾西行“巡狩”。15 日凌晨，慈禧更换民服，偕光绪帝仓皇而逃。有马玉昆部及神机营、虎神营、八旗兵弁数千人护送。

联军占领北京后，曾特许军队自 8 月 16 日至 18 日公开抢劫三日。联军占领北京之初，各自为政，互不统领，纷纷抢占自己的地盘，甚至发生火拼现象。后经协商，联军对北京实行七国分治。前门外大街以东归英国占管，以西归美国占管；前门内的中华门以东至东单牌楼归英国占管，以西至西单牌楼归美国占管；崇文门以东归法国占管；宣武门以西归英国占管；东单牌楼至东四牌楼归俄国占管；东华门外归意大利占管；西华门外归法国占管；西单牌楼至西四牌楼归意大利占管；西四牌楼以北归日本占管。外城大部分归美国占管，一部分归德国占管。联军还在北京成立“北京管理委员会”，进行殖民统治。

八、联军扩大战争

8 月 18 日，联军占领北京的消息传到德国。联军总司令瓦德西 8 月 19 日离开柏林；9 月 18 日，到达香港；21 日，到上海；25 日，到大沽；27 日，到天津。此时联军早已占领北京，清政府已派李鸿章与联军接洽，双方准备谈判，没有必要继续进行战争。但瓦德西为了在与清政府的谈判中更加主动，也为了进一步树立他个人的军事权威，坚持扩大对华战争。

10 月 17 日上午 11 时，瓦德西抵北京。当时麇集京津的八国联军合计为 106000 人。其中法军 15600 人，德军 22500 人，英军 20000 人，俄军 17000 人，日军 22000 人，美军 5800 人，意军 2000 人，奥军 400 人。德国元帅瓦德西任联军总司令，为了显示联军统帅的权威，并表示对清政府的蔑视，瓦德西在慈禧居住的仪鸾殿设立了联军司令部。

11 月，李鸿章会见瓦德西时曾提出，希望联军停止向周边进军。瓦德西则要求清军从直隶等地区撤出，明确表示联军占领区之范围为：北方则自长城山海关以至于张家口西面之山西省边境；西方则自山西边境以至于黑松关；南方则自黑松关起，东向以至于海。直到 1901 年 5 月，联军的军事行动才结束。

占领山海关和秦皇岛 9 月 27 日，德、俄两国合兵攻取芦台，准备夺取山海关。当时李鸿章已到天津，与俄军达成协议，密令山海关守军撤出，让俄军进驻。9 月 29 日，瓦德西派英国驻朝鲜总领事禧在明为专使，前往山海关和秦皇岛向该处清军劝降。30 日，禧在明乘“倭人号”军舰在山海关登陆。在禧在明的威胁下，清军将炮台和铁路全部交给联军。“倭人号”上的 15 位士兵占领了 5 座炮台及火车站，俄国人原定 10 月 2 日占领火车站的计划落空。

10 月 1 日晨，“倭人号”返回，将劝降成功的情况向西摩尔做了汇报。西摩尔立即派兵增援，10 月 2 日法、意军队顺利占领秦皇岛，10 月 3 日，1200 名英军乘运输船抵达，分驻山海关和秦皇岛，联军将山海关、秦皇岛作为冬季转运中心。

南侵保定　保定是各国传教士工作的重点地区，该地区民教矛盾素来比较严重。1900 年，清廷以按察使廷雍为直隶布政使，廷雍主张招抚、利用义和团。在廷雍的支持鼓励下，6 月 2 日，义和团开始在保定城内抓洋人、教民。6 月 4 日、5 日，义和团纵火焚毁教堂，并致北关终老会 8 名美人死亡，南关公理会传教士及其家属 9 人死亡，中国教徒 100 余人死亡。6 月 30 日、7 月 1 日，在保定南城外凤凰台进行了有组织的大屠杀，在保定的新教传教士全部被杀，英国内地会传教士及其家属 20 多人被杀，中国教徒 100 多人被杀。廷雍一手制造的凤凰台惨案，为联军入侵保定提供了借口。

进犯保定的联军由德、法、英、意四国军队组成。10 月 12 日，联军分三路西行，总兵力万余人。当天清政府获悉联军将犯保定，李鸿章与窦纳乐会晤，请求免予进军保定，被拒。“李中堂 12 日天津再次手谕，令各军勿得迎敌，并将军械收藏，运出库款 40 万。”

10 月 13 日，法军先头部队到达保定。10 月 20 日，后续部队全部到达。随后联军对凤凰台惨案进行报复。10 月 23 日，将布政使廷雍、城守尉奎恒、参将王占奎、按察使沈家本和候补道谭文焕 5 人逮捕，11 月 6 日将廷雍等人处死。10月底，留法军 2500 人、德军 3000 人守卫保定，其余撤回北京。

进犯山西　山西也是欧美传教士重要的活动区域。张之洞任山西巡抚期间，专门成立教安会，使山西民教关系比较融洽。1900 年 3 月，毓贤任山西巡抚，他公开赞成杀洋灭教并招募大量义和团。在毓贤支持下，义和团将教堂、教会医院、教会学校焚烧。更恶劣的是，毓贤以保护安全为借口，邀请传教士前往巡抚衙门避难，当传教士及其家属到达衙门后，即将他们囚禁起来，强令传教士和中国教徒叛教，遭拒绝。

7 月 9 日，毓贤将他们集中到巡抚衙门西辕门前，在百姓围观中，毓贤强烈谴责传教士过去在中国所犯的罪行。然后毓贤大开杀戒，所有妇女、儿童都被杀死。毓贤的残忍使山西全省弥漫着空前的恐怖气氛，前后杀死传教士 191 名，杀死中国教民及其家属子女 1 万多人。山西是义和团运动中死亡人数最多的省份。

由于清政府的求和方针，联军进山西未遇抵抗。由于德法联军进攻山西侵犯了英国的势力范围，遭英国反对，所以联军攻占固关后即自动撤离。

北犯张家口 瓦德西下令进兵张家口，但英军表示反对。

1900年11月12日,德、意、奥三国联军2500人北犯张家口。行抵怀来县境，该处道台率领人民出迎，该处清兵早向张家口退去。联军向宣化进发，宣化县有清兵万人，并未抵抗，于 11 月 16 日向西南退走。17 日联军入宣化城，18 日联军抵张家口。联军勒索了 25000 两银子后答应保全宣化和张家口两城。联军所到之处，凡有义和团活动过的村庄，无不被焚毁，烧杀奸淫，气势汹汹。联军在张家口驻扎了六天，至 23 日返回北京。

九、东北军民抗击沙俄

“黄俄罗斯计划”　义和团运动爆发后，沙俄政府一面派遣几万俄军参加八国联军，大举进攻京津地区，一面趁机侵占东三省，企图永远霸占东北地区。他们借口要消除“黄西伯利亚”的忧虑，实质是要把东北地区变成“黄俄罗斯”。总长9288千米，横贯西伯利亚的铁路是1891年开始修建的，原准备沿黑龙江修筑至伯力，然后往南修至海参崴。但这一地带很难施工，线路迂回，费工、费时、费力。1896年，俄国从中国获得了筑路特权，从满洲里经海拉尔、齐齐哈尔、哈尔滨、牡丹江、绥芬河直达海参崴，称为中东铁路。翌年，俄国又开始修筑从哈尔滨到旅顺的铁路，称为南满铁路。俄军进攻东北的战略目标是：控制中东铁路和南满铁路，并获得黑龙江自由航行权。

1900年6月17日，八国联军攻陷大沽后，沙俄政府于6月下旬派遣驻远东的俄军侵入中国珲春地区。7月6日，沙皇尼古拉二世自任总司令，动员了所有远东部队和从欧洲调来的军队共177000多人，大举入侵中国东北。

沙俄出兵东北　1900年7月，沙俄以防止义和团破坏中东铁路为借口，组成5个军，兵分6路大规模入侵东北地区：第一军，由沃尔诺夫少将率领，从伊尔库茨克和外贝加尔湖地区出发，进攻海拉尔、呼伦贝尔，越大兴安岭，至齐齐哈尔与第二军会合；第二军，由宁尼堪波夫少将率领，从海兰泡出发，攻瑷珲、墨尔根（嫩江）、齐齐哈尔等地，与一、三军汇合后，南下进攻伯都纳（扶余）、长春；第三军，由沙哈诺夫少将率领，从伯力出发，沿松花江而下，进攻三姓（依兰）、哈尔滨、呼兰；另有第三军支队，由契耶莫夫少将率领，从双城子（乌苏里斯克）进攻绥芬河、牡丹江，抵哈尔滨；第四军，由库列夏洛斯基少将率领，然后改由艾古斯托夫少将率领，从海参崴及波谢特湾出发，进攻珲春、宁古塔（宁安）等地，然后会同一、二、三军攻占吉林；第五军，由斯保拉齐中将率领，从欧洲经海道至旅顺登陆，进攻盖平、营口、辽阳、奉天等地，至铁岭与一、二、三、四军会合。与此同时，参加八国联军的俄军在林涅维奇中将率领下，由天津出发，经山海关，进攻锦州，10月31日占领锦州。

俄方第一军于7月29日攻占完工，8月3日攻占海拉尔，8月14日占领牙克石。占领牙克石使俄国人取得了大兴安岭以西的全部西满洲地方。第二军7月中旬制造了海兰泡惨案，8月1日攻占黑河屯，8月4日占领瑷珲，8月17日占领墨尔根，与第一军配合，于8月29日占领齐齐哈尔。第三军于7月17日占领同江，7月30日占领三姓，8月3日占领哈尔滨，9月1日占领伯都纳，9月12日陷呼兰城。第四军7月30日占领珲春，8月29日占领宁古塔，9月22日占领吉林。第五军于7月24日占领熊岳，8月1日占领盖平，8月3日占领营口，8月12日占领海城，9月24日占领牛庄，9月28日占领辽阳，与北路俄军会合。10月1日占领奉天（沈阳），10月6日占领铁岭，10月9日占领宽城子（长春），12月15日占领安东。至此，东北主要交通线和主要城市均被俄国侵略军占领。俄军以铁岭为界，划分南满、北满两区实行军事占领，铁岭以北为北满，归伯力总督格罗德科夫中将统治；铁岭以南为南满，归关东（旅大租借地）总督阿列克谢耶夫海军中将统治。

在俄军进兵东北的过程中，清军没有组织起任何战役，只有一些零星的战斗。

中俄东三省交收条约 俄国占领东北后，企图与清政府订立条约，使其占领合法化、永久化。但当时清政府已经逃离北京，沙俄决定强迫东北地方当局订立临时性协定，然后再逼迫清政府承认。10 月 11 日，南满俄军司令阿列克谢耶夫提出建议：盛京将军仍负责行政事务，拥有一定数量的警察，迅速恢复奉天省的秩序，同时俄军对盛京将军实行严密控制，派军事和外交代表领导和监督盛京将军的行动。这样，形式上保持了清朝地方政府，实际上是俄国军事占领，然后实行逐步并吞东北的方针。经沙皇政府批准，阿列克谢耶夫随即以“允许将俄军所占奉天省各地方仍由大清国将军以及各员回署重立从前美善政法”为诱饵，使盛京将军增祺派遣已革道员周冕等到旅顺，于 11 月 8 日诱迫周冕草签《奉天交地暂且章程》九款。这个章程剥夺了中国在奉天的主权。增祺曾提出：“事关地方职管，本军督部堂并无全权大臣字样，亦未奉到此次和约条章，碍难擅主，须俟奏明本国大皇帝饬议，再行画押。”阿氏声称：“此系暂且章程，以后能以改换。”诱骗、胁迫增祺于 11 月 30 日批准此约。

该约签订后，沙俄政府诱骗清政府进行所谓撤军交地谈判，其目的是与清政府签订正式条约，实现其侵占东北的野心。俄方为避免受其他列强干预，要求清政府任命驻俄公使杨儒为全权代表，在彼得堡进行谈判。清政府当时不知道增祺与俄方已签订了《奉天交地暂且章程》，同意俄方要求，于 1901 年 1 月 2 日任命杨儒为全权代表，并对俄国允许交还东三省表示感谢。

1901 年 1 月 15 日，杨儒获悉增祺擅订《奉天交地暂且章程》，即电告李鸿章。1 月 3 日，伦敦《泰晤士报》登出该章程全文，列强因此纷纷向清政府提出警告，并向俄国提出质问。复经杨儒多次争辩，俄国外交大臣拉姆斯道夫于 1 月 24 日表示："暂款批准，既遵贵政府之意作罢，异日商谈正约，贵大臣务勿阻难。"

2 月 16 日，拉姆斯道夫提出书面约稿 12 款，这个约稿充分暴露了沙俄的侵略野心。沙俄约稿透露后，日本公使首先表示不满，美、德、意、奥、匈等各国先后声明："为中国计，一切条约必须与各国共同商议，才能保住中国。与别国另立壤土之约，甚可危及此项条约（指辛丑和约）。"中国国内舆论坚决反对与俄单独签订。上海士绅集会抗议，致电李鸿章反对签约；澳门 150 人联名致电；以刘坤一、张之洞为代表的多数督抚也反对签约。

沙俄胁迫清政府签约没有得逞，便改变手法将原来的 12 款改为 11 款，删去"中国北境水陆师不用他国人训练"，对其他条款也作了一些删改。于 3 月 13 日再次抛出，限 15 天内签字，不准更易一字，“逾期则交收东三省作罢”。李鸿章坚持先签俄约，清政府左右为难，担心若不签约，俄对东三省由“暂据将成久据”；若签约，各国起而效尤，中国将立遭瓜分；又无毅然拒俄之勇气。2月26日上谕：“此事关系重大，非杨儒所能了结……著奕劻、李鸿章统筹全局，婉商英、日、美、德各使，统筹一妥善办法，或面商俄使，别图补救。总之，既不可激俄怒，亦不可动各国愤，钦此。”

李鸿章认为“刺目处均删除，照允后无患”，要清政府电令杨儒签字。清政府电告杨儒：“请全权定计，朝廷实不能遥断。”李据此电杨儒：“内意已松，当力断。第十款蒙古、新疆字均删，与原稿相衡，危害较轻。势处万难，不能不允，一面酌量画押。庆、李。”杨儒坚持“未奉画押之旨，不敢擅专”，坚决拒绝签字。清政府在国内外反对签约的强大压力下，转变态度，明确电令杨儒通知俄国政府，“非展限改妥，无碍公约，不敢遽行画押，请格外见谅”。李鸿章卖国心切，竟在沙俄宣布暂停谈判后，向维特的亲信乌赫托姆斯基做出承诺，“俟公约定后再行画押，永敦睦谊”。在收交东三省的谈判过程中，“李鸿章之畏葸不决，中外交责，即其门下太常寺少卿盛宣怀亦对李鸿章致其忠告，其致鸿章电有‘列邦以恶名加俄，中外复以庇俄之名加中堂，后世谁能曲谅乎？’之语”。

俄国对东三省的武装占领激化了俄国与英、美、日等国的矛盾。英美日等国唆使清政府顶住俄国压力，明确反对俄国独占东三省利益。1901年10月10日，即《辛丑条约》签订不到一个半月，由于日本的主动，英日双方为结盟而开始谈判。1902 年 1 月 30 日，两国缔结英日同盟。英日同盟带有明显的军事性质，英国在国际上的“光荣孤立”由此寿终正寝。

清政府得知英日同盟的消息后，认为这个同盟有利于促进对俄谈判，并就俄方的条约草案提出了对案。沙俄迫于英日同盟所造成的巨大国际压力，为了尽快摆脱不利处境，被迫做出了一些让步。1902 年 4 月 8 日，中俄签订《交收东三省条约》。

十、辛丑条约

议和大纲 1900 年 7 月初，八国联军进攻天津时，清政府向俄、日、英致书乞和，遭拒绝，联军坚持要攻占天津、北京。7 月 8 日，清政府任命李鸿章为直隶总督兼北洋大臣，要他主持对列强的议和谈判。李鸿章要清政府“先清内匪，再退洋兵”，并以各种借口拒绝北上。8 月 24 日，慈禧在西逃途中发布上谕，授予李鸿章更大权力，准李鸿章“便宜行事，将应办事宜，迅速办理，朝廷不为遥制”。清政府任命李为全权大臣与列强谈判，俄国立即承认了李的代表资格，但英、日、德等国视李为亲俄派，害怕俄国通过李鸿章与清政府作秘密交易而于己不利，极力反对李作为清政府的全权代表。8 月 31 日，清政府从李鸿章之请，加派奕劻、刘坤一、张之洞“皆为全权议款”。

9 月 5 日，德国政府提出议和 7 点条件，与各国协调立场。9 月 6 日，俄国政府提出自己的 4 点条件。9 月 14 日，法国政府对俄国的提议作了补充。10月4日，法国政府提出5点意见，作为与中国政府谈判的基础。10月19日，在各国公使磋商的基础上，由法国归纳为议和6项条件。后由日本提出补充意见，公使们经磋商又增添了一些内容。最后归纳为《议和大纲》12条，于1900年12月24日，由美、英、法、俄、日、德、意、奥、西、比、荷11国联合照会清政府。

慈禧收到议和大纲，见没有把她列为罪魁祸首，仍保持她的地位，“喜过望，诏报奕劻、鸿章如约”。于是，清政府全面接受议和大纲，它基本上包括了后来签订的《辛丑条约》的主要内容。

列强曾考虑过瓜分中国，但经协商认为“用中国人来统治中国是容易的，用其他的方法是不可能的”。连瓦德西也认为，“无论欧、美、日各国，皆无此脑力与兵力可以统治此天下生灵之四分之一”“故瓜分一事，实为下策”。

辛丑条约　《议和大纲》确定以后，各帝国主义代表就如何勒索中国人民，如何分赃、惩办“肇祸诸王大臣”等问题进行了长达8个月之久的争吵，其间在北京的各国公使举行了70多次会议。

1. 严惩“肇祸诸王大臣”

1900年9月25日上谕，将庄亲王载勋、怡亲王溥静、贝勒载濂、载滢、瑞亲王载漪、辅国公载澜、都察院左都御史英年、协办大学士兼吏部尚书刚毅、刑部尚书赵舒翘等人，分别给予革职等处分。1901 年 2 月 5 日，各国公使与中国全权大臣在英使馆举行会议。各国公使要求清政府将载漪、载澜、董福祥、载勋、毓贤等 12 名大臣处以死刑。奕劻说明，载漪、载澜是皇室近亲，如果将他们斩首，将使皇室蒙羞。他的办法是，庄亲王载勋赐令自尽；端王载漪流放新疆，永远监禁。2 月 6 日，各国公使还坚持要求“为总理衙门的四位成员及户部尚书（立山）恢复名誉”。

2 月 13 日，清政府被迫连发三道上谕。其一：“已革庄亲王载勋……着赐令自尽”“已革端亲王载漪……降调辅国公载澜……均着发往新疆，永远监禁”，刚毅“本应置之重典，惟现已病故，着加夺原官，即行革职”，英年、赵舒翘“着加恩革职，定为斩监候罪名”，“大学士徐桐、降调前四川总督李秉衡，均以殉难身故，均着革职，并将恤典撤销”。其二宣布：“兵部尚书徐用仪、户部尚书立山、吏部左侍郎许景澄、内阁学士联元、太常寺卿袁昶均着开复原官。”其三宣布：“吏部尚书启秀、前刑部左侍郎徐承煜，均着先行革职，着奕劻、李鸿章查明所犯确据，即行奏明，从严惩办。”列强仍不满足，清廷继续屈服，于 2 月 21 日再次发布上谕，第四次惩办“肇祸诸王大臣”：“英年、赵舒翘昨已定为斩监候，着即赐令自尽。启秀、徐承煜昨已革职，着奕劻、李鸿章照会各国，即行正法。”在列强的逼迫下，清政府于 4 月 29 日、6 月 3 日、8 月 19 日，三次发布上谕，惩处了一百多名地方军政官员。上述严惩肇祸诸王大臣的内容，构成《辛丑条约》第二款。

2. 赔款数目与赔款偿还方式

赔款数目是列强各国争议最激烈的问题。德、俄、法三国都想捞取巨额赔款。德国不希望中国因为战争赔款而衰落下去，赞成中国大幅度提高海关关税。俄国主张由清政府向国际金融资本大借外债，一次性付清赔款。美国的态度是不要竭泽而渔，主张各国向中国索赔适可而止，反对过度勒索。英国也不希望因赔款而彻底破坏中国的经济基础。日本的态度与英美的立场较接近，同时反对中国大借外债的办法。

公使团于 1901 年 2 月 23 日委托美、德、荷、比四国公使组成赔款委员会，负责制定赔款原则；3 月 22 日，又委托英、德、法、日四国组成赔款偿付委员会，研究清政府财政岁收及赔款支付能力。此委员会向各国公使提出书面报告，认定中国能够负担的赔款总额不超过 4.5 亿两。各国分别估算了各自的损失和索赔数额，至 5 月 7 日，各自提出了自己的索赔数目，各国总计刚好也是 4.5 亿两。5 月 9 日，公使团将赔款数字照会中国政府。4.5 亿两的赔款，按当时中国人口计算，平均每人摊一两白银。5 月 20 日，清廷电谕奕劻和李鸿章："各国赔款共 450 兆，四利息。着即照准，以便迅速撤兵。"

赔款问题构成《辛丑条约》第六款。

3. 提高海关税率

中国海关税率是据 1860 年的条约规定制定的，值百抽五，已经 40 年未变。因银价变动等因素，到 19 世纪末，海关税率实际上远低于值百抽五的标准。1900 年 12 月，德国提议将中国的海关税率提高到 10%，以使中国有足够的财源，据此为担保，举借一笔付息按年还本的外债。英国反对增税，如果海关增税，“外国商人至少必须担负一半，而各国对华商业又实以英国为最大”。最后谈判的结果是，海关税率切实做到值百抽五，并将海关周围 50 里内的常关并入海关收税。这样，清政府每年的税收可增加约 1400 万两。加税不是列强对清政府的恩赐，因为“与洋商无所亏损”，买单的是中国广大的消费者。税率问题也纳入第六款。

大沽等炮台的拆除（第八款），北京至山海关铁路沿线驻扎外国军队（第九款），使清政府完全处于帝国主义的控制之下。

1901 年 9 月 7 日，奕劻、李鸿章代表清政府，同英、俄、美、法、日、德、意、奥、西、比、荷 11 国代表在北京签订了《辛丑条约》，共 12 款，另有 19 个附件。

《辛丑条约》是帝国主义强加给中国人民的一副沉重的枷锁。帝国主义通过这个条约从政治、经济、军事等方面对中国进行了严酷的控制与勒索，使中国的主权丧失殆尽。这个条约也标志着清政府完全投降了帝国主义，彻底沦为帝国主义统治中国的驯服工具。《辛丑条约》的签订标志着中国完全沦为半殖民地半封建社会。

慈禧太后于 1901 年 10 月 6 日，自西安启程，仪卫甚盛，护卫随从数万人，各省所供献太后私财六七百万，尽辇之而东。途中在开封停留一月，12 月 14 日离开开封，1902 年 1 月 7 日晨，御驾乘火车回到北京。

第十三章

中英藏地之战

一、概述

18 世纪英国的东印度公司在印度取得了统治地位。1764 年征服了孟加拉后，该公司积极准备向北扩张。英国采取先控制西藏邻邦、然后侵略西藏的方针，即从廓尔喀（尼泊尔）、哲孟雄（锡金）、布鲁克巴（不丹）三国下手。英国一直企图以通商为手段打开中国西藏的门户。

1773 年，不丹统治集团发生内乱，英人乘机侵入不丹境内，占领大吉岭等地。当时不丹、锡金为中国西藏的属国，归达赖喇嘛直接领导。第二年，六世班禅应不丹德布王的请求，致书告诫印度总督赫斯定："德布乃统治此地区达赖喇嘛之属下（现达赖年幼由我摄政），若你坚持对不丹进一步侵扰，则将引起达赖及其臣民之反对。"赫斯定希望借此机会与班禅取得联系，立即派东印度公司秘书博格尔进入西藏。博格尔同藏官商谈，提出同西藏订立商约的要求，被拒绝。六世班禅会印地语，博格尔同班禅单独会谈，要求前往拉萨，被拒绝。要求同班禅订立商约，被拒绝。博格尔在西藏活动了五个月，详细调查了西藏的物产、税收、风俗、交通等基本情况。

英国人不断以“游历”为名潜入西藏活动。东印度公司职员曼宁是第一个进入拉萨的英国人，此人在剑桥大学读书时就迷上了中国语言和文化，1806 年在东印度公司驻广州的一个机构里任职。1811 年 9 月，曼宁从加尔各答出发，经不丹进入拉萨，拜见驻藏大臣和达赖喇嘛，结交西藏僧俗上层。不久，驻藏大臣识破了他的真实身份，认为他“假借朝佛之名，希图暗中传教”，将他驱逐出境。

同时，英国的一些所谓的“探险家”以考察为名，不时进入西藏地区收集情报。1812 年，英印政府文官摩克罗夫特假扮朝圣的商人，潜入西藏，测绘了康仁波清山。“1847 年，印度总督加尔丁指派一个‘藏边划界委员会’。该委员会人……遍游西藏全境”，制成一幅包括西藏大部分地区的地图。

19 世纪 30 年代，尼泊尔王室发生争斗，钟 · 巴哈都尔在英人帮助下取得了尼泊尔首相地位，并在 1846 年带兵进入王宫，废除尼王拉真得拉，立其长子苏伦德拉 · 比克拉姆 · 沙赫为尼王。钟 · 巴哈都尔成为世袭首相，并积极施行亲英政策。1860 年，签订了英尼条约，使英国势力全面打入尼泊尔，还以尼泊尔为基地让英国势力深入喜马拉雅山区各地。除在 1856 年支持尼侵略西藏外，并在英军中建立廓尔喀兵营，招募尼泊尔的青壮年，诱使其为英国侵略者卖命。后来，英国在侵犯不丹、哲孟雄、西藏时，廓尔喀兵多次被英国侵略者用来充当炮灰。

钟·巴哈都尔统治尼泊尔后，1854年，太平天国定都南京，尼国“呈请派兵随同剿贼”，当时的驻藏大臣谆龄，檄谕该国王，恪守定制，毋庸派兵。但尼泊尔已经派兵侵入西藏境内。次年，尼泊尔提出要西藏认“出兵帮使费”，并自行派官到济咙，传集村民欲接管营官事务，派兵数千占据济咙，夺取聂拉木地方，随后又进占补仁、绒辖、宗喀等地。清政府派驻藏大臣赫特贺到边地处理谈判事务，但此次宗喀的谈判未能达成协议。1855年10月，清政府命藏兵反攻，双方争夺聂拉木，藏兵一度占领该地，后来尼方增兵，藏军失败。不久，十一世达赖圆寂，西藏无暇用兵，清廷亦不愿扩大事态。尼国见清廷已有准备，乃于1856年3月24日在驻藏大臣赫特贺主持下，由西藏地方代表和尼国代表签订了《藏尼条约》。通过该条约西藏收复了济咙、聂拉木等地，但《藏尼条约》中所规定的尼泊尔在西藏享受的各种特权，不但丧失了我国的主权，也埋伏下后来的纠纷。

19世纪60年代，印度三角测量局，在英印政府的授意下，专门对我国青藏高原进行有组织的、全面的勘测和调查。60年代、70年代、80年代均派人潜入西藏，进行调查测绘。

1876年9月4日，《中英烟台条约》的签订使英国人进入西藏合法化。但西藏地方政府和广大僧俗群众坚决抵制英人入藏“游历”，特别担心天主教的传入将破坏西藏的宗教统一，危及西藏政教合一的地方政权。

英印政府经长期的勘测，将打通印藏的突破口确定在大吉岭——春丕峡谷，并加快了道路建筑。1879 年，一条公路修筑至春丕谷地南端的日纳岭；1881 年，一条以东孟加拉铁路干线上的西里古里至大吉岭的窄轨铁路竣工，该路全长 51 英里。这两条道路的建设为英国进一步向西藏扩张提供了方便。

1882 年后，英国经济进入长期萧条，英国资本家迫切需要开辟新的市场。1884 年 10 月，英印政府任命孟加拉省财政秘书马科蕾筹备进藏商业考察事宜。1886 年初，马科蕾在印度组织了一个“商业考察团”，包括测量、绘图、医务、翻译等人员，还有 3000 名印度士兵组成的卫队。西藏当局知道此信息后，开始巩固边防线，派部队驻守由哲孟雄至西藏必经的龙头山。驻藏大臣也奏报朝廷，要求“总理衙门请照会英使，万勿贸然遽行入藏”。当时，中英间关于缅甸问题的谈判几成僵局，英国为了诱使中国承认其吞并缅甸，决定在入藏问题上稍作让步。

1886 年 7 月 24 日，中英双方以中国承认英国占领缅甸、英国取消入藏考察为交换条件，在北京正式签订中英《缅甸条款》，其第四款规定：“烟台条约另议专条派员入藏一事，现因中国察看情形，诸多窒碍，英国即允停止。至英国欲在藏印边界议办通商，应由中国体察情形，设法劝导。振兴商务如果可行，再行妥议章程，倘多窒碍难行，英国亦不催问。”条约表明，英国虽然暂时取消了马科蕾的入藏考察，但仍在觊觎西藏，随时可能策划边境纠纷。

因宗教信仰不同，为了保护宗教，藏人坚决反对和英人通商交往。在游历和通商这两个问题上，西藏地方政府和广大藏族群众对清政府的做法有这样的评语："内地官员无一不贪货贿，举凡措置是非，左袒洋人……英人不见汉官断无进藏之事，英人一见汉官，藏事将无不坏之理。"当时，噶厦及三大寺等反对和英人交往，反对清朝的投降政策都很坚决。

1888 年 3 月 20 日，印度总督命令对西藏发动军事进攻。英军进攻西藏的理由是藏军在龙头山构筑堡垒，而英国政府认为，龙头山和整个哲孟雄都属于英、属于印度。中英双方于 1888 年 3 月进行了龙头山（隆吐山）之战，9 月进行了捻都纳之战。

二、英国第一次侵藏战争

龙头山（隆吐山）设卡之争　1886 年初，马科蕾将率兵从大吉岭入藏的消息传来，西藏地方政府为了阻止英人的入侵，便在西藏境内的龙头山（隆吐山）口建卡设防，派兵驻守。自热纳（日纳）以外，西南是哲孟雄地方，东南系布鲁克巴地方。热纳距藏、哲、布三地交界之雷诺克 3 英里，离英占大吉岭 70 多英里。龙头山又在热纳东北约 20 英里，是从喜马拉雅山南麓进入春丕谷地的第一道险要关口，属西藏地方的热纳宗营管辖。

嘉庆初年，八世达赖将热纳宗草场一段赏给哲孟雄经营，并令该部长代办热纳宗官事，但该处"仍是藏中之地"，即该地的主权仍归西藏。因此，西藏地方政府在中国领土上建卡设防，阻止外人入侵，完全是正当行为。

1886 年 12 月，英国驻华公使华尔身向总理衙门提出交涉，认为藏人在“边界外距大吉岭相近百里地方，建立炮台，意在阻止通商……请行知驻藏大臣，转饬臧番，不可妄为”。次年 6 月底，华尔身再次向总理衙门交涉，态度强硬，竟称：“藏兵据守西金（锡金）地方，中国朝廷似有漠然之势，唯有即刻调兵驱逐出境。”而当时清政府只知哲孟雄，不知西金为何地。故清政府向英国回复：“西金是否为西藏属地，必须查明确实方足为应否驻军之据。”此后，中英间以及清中央政府与西藏噶厦间关于龙头山是否藏地之争拖延了一年之久。

1887 年，英驻华公使向总理衙门照会：“日纳岭为西藏边界，向有藏兵驻守，英人决不犯此界。其自日纳以至隆吐山，相距数十里，英人修有大路，今臧番横建兵房于此，若不退回旧界，定即驱逐，不能持久。”英方此处所说的日纳，不是上文所说的日纳，而是指捻纳。英方以捻纳为日纳，并自定捻纳是西藏边界，把 1886 年在西藏境内修的公路（隆吐山至捻纳），说成在西藏境外的公路。面对英国的威胁，清政府一味退让，令川督刘秉璋飞咨西藏地方撤回隆吐守军。“隆吐山之卡无论在藏界以外，亦在藏界之内，既为哲孟雄属境，即可借此撤回，不得听任仍前梗阻，致开兵衅，自取祸殃。”

清政府对英妥协政策，遭到西藏地方僧俗官员的抵制，他们多次向驻藏大臣文硕呈递公禀，请求总理衙门正告英国公使，从其侵占的哲孟雄、不丹的土地上一概退出，坚决表示：“纵有男绝女尽之忧，唯有实力禁阻，复仇抵御。”文硕也多次上奏，支持西藏僧俗官员守疆自卫的立场。但总理衙门不顾西藏僧俗官员的反对，三番五次电令四川总督刘秉璋飞咨文硕，严令撤卡。1887年2月9日，文硕呈长篇奏折，说明“臧番并未越界戍守，英使请饬臧番抽撤卡伦，实属无理”。并在奏折中直接点名李鸿章在此次交涉中应负重要责任：“西藏交涉洋务十余年来，节节棘手，固由英人狡诈，藏众固执，而平心而论，初不尽然……如隆吐山本在藏界热纳宗以内，只因色楞额在川省闲谈，一时记忆舛误，谓地是哲孟雄境。于是辗转讹传，致英人谓我藏官承认有据，而李鸿章不复深考，遂谓英人考据界址精当无疑。总理衙门初欲详细考核，以凭定断，后亦信此一言，遂允速为办妥。以致臧番心不输服，迭次申辩。”

清政府一味向英人妥协，1888年2月18日上谕，严责西藏地方“不量己力，越疆置卡，肇衅生端”。认为：“藏界尺寸之争，不应扰动天下；番众自挑之衅，不能败坏全局；徒手寡弱之众，万难捍御强敌。”清政府害怕一旦发生战争，则“求如现在情形而不可得”。清政府一厢情愿地认为，只要退兵撤卡，便可避免战端。而英印政府却在积极修公路、建兵站、运军火、调军队，准备发动战争。

龙头山（隆吐山）之战　1888年3月19日，英军挑起龙头山之战。英军兵力计有：皇家炮兵营、第32步兵团、捷尔比希尔团第二营、孟加拉步兵第13团，共计1600人，司令为格雷姆上校。

“二月初七日（3月19日）午刻，由隆吐山下扎鲁隘口突来攻寨。枪炮互施，相持之际，枪毙黄衣英人一名，其兵随即退出。”3 月 20 日，英军又来攻，“鏖战许久，伤毙英兵约有一百余名，收队查点，有甲琫一员，兵民二十余名，身无下落”。3 月 22 日，英兵大举进攻，用大炮轰击，“炮兵，藏人视为最大劲敌”，藏兵伤亡过重，龙头山被英军占领。藏军被迫从龙头山撤退至纳汤以北，在山头连夜筑起四五里长的胸墙，数千藏兵，麇集其内，凭险据守。英印军队再度发起进攻，以密集炮火将石墙夷平，占领纳汤，藏军退至捻纳以内春丕谷地。

在英军挑起战争的当天，清廷严斥文硕：“不遵谕旨切实妥办，识见乖谬，不顾大局……文硕着即行革职。”1888 年 7 月，新任驻藏大臣升泰抵藏，迎合英人关于藏南界址的说法，命令藏军撤入帕克利。而英军趁机占领了全部哲孟雄，并在布置就绪后，于八月初发起捻都纳之战。

捻都纳之战 1888 年 8 月，英军集结 2300 人，配有大炮 9 门，准备发起捻都纳之战。“八月十八日（9 月 23 日）臧番以捻都纳印兵时来山顶，施放枪炮，实距番营太近。即于夜间分队赴捻都纳两山扎营，连夜修筑战墙，为防守计。十九日天明，英兵见臧番扼扎两山，亦不便于己，遂出队直冲，藏兵力不能支，败回姑布冻曲原营，洋人跟踪来扑，两营不守，狂追逐北，臧番连夜奔逃，以致咱利、亚东、朗热等隘口同日失去。印兵复分股包抄，所有藏营番兵一万数千，全行败溃，枪刀器械锅帐什物，弃置满道。”此战后，西藏地方政府仍然组织力量准备再战，截至 11 月，集结在仁进岗一带的藏军又达万余人，但终因升泰的阻拦而未与英军战斗。

1888 年 12 月，升泰率军到达仁进岗，令集结在此地的藏军后撤至灵马场，将藏军和英军隔开。升泰则亲赴纳汤会晤印军官员商谈议和。英印政府外交秘书杜兰作为英方首席代表与升泰进行会谈。英军第一次侵藏战争遂告结束。

《中英藏印条约》谈判　中英谈判的主要问题是：哲孟雄问题、分界和通商。关于哲孟雄问题，升泰提议，哲孟雄对西藏“向有年节礼物，及驻藏大臣贺禀而已。其向来是何礼节，均当照旧”。英国企图割断哲孟雄与中国的宗藩关系，提出修正方案：1. 哲孟雄部长只向西藏宗教领袖达赖去函致敬。2. 哲孟雄部长可以终身用中国顶戴，此人死后，此种着装应即废止。3. 哲孟雄部长可向中国驻藏大臣送交纯属问候性信件。在通商问题上，升泰坚持战前边界通商，关市最远只能设在对邦或亚东，不同意英国提出的在西藏境内自由贸易。双方争执不下，1889 年 1 月 10 日，英方宣布谈判中断。

此时，清政府接受总税务司赫德的推荐，任命其弟赫政为升泰的译员和代表。1889 年 2 月赫政抵大吉岭，4 月赫政代表升泰与英方重开谈判，赫德则在北京遥控指挥。

1889 年 7 月，赫政与升泰拟就五点条款，获清政府同意，但被英方拒绝。英方坚持两点：1. 以流入梯斯塔河各水，和流入莫竹江及藏境河流各水之间最高分水岭为界；在哲孟雄境内英国政府有唯一最高统治权，中国人和西藏人对哲孟雄内政均不得在任何方面予以干预。中方拒绝该方案。英方表示将抛开清政府直接与西藏交涉，甚至不惜再次发动战争。清政府再次做出让步，接受英方意见。1890 年 3 月 17 日，升泰与英方代表兰士丹在加尔各答会议，签订《中英藏印条约》八款。其中的第四、第五、第六款都是保留条款性质，即需进一步确定其细节。

1891 年年底，中英在仁进岗重开谈判，以解决《中英藏印条约》中有关细节。其中一个重点是印茶销藏问题。反对印茶销藏的主要原因是：1. 川茶销藏每年达 1400 余万斤，能征收税银十多万两，是四川省重要财政收入之一；2. 驻藏大臣的经费一贯由四川省调拨，其程序是驻藏大臣向西藏地方政府借银，给予银票，往打箭炉凭票领茶，以抵消四川应向西藏调拨的藏饷，如川茶滞销，驻藏大臣的经费会受影响；3. 川茶入藏涉及茶农、茶商、运输工人等几十万人就业，川茶滞销将严重影响他们的生活和四川经济。谈判中，赫政曾拟两法：一是五年内印茶不入藏，期满再定税运茶；二是加重税，则现即准运。经过谈判，采用方案一。1893 年 12 月 5 日，双方在大吉岭签订了《中英会议藏英续约》九款。其中规定：亚东于 1894 年 5 月 2 日开关通商，印藏贸易通过藏哲边界，5 年内免纳进出口税。

三、英国第二次侵藏战争

《中英藏印条约》及其续约是英国发动侵藏战争和清政府对外妥协的结果。通过这两个条约，英国终于打开了中国西藏的大门，侵占了西藏的一部分领土，攫取了在中国西藏通商特权。但条约中遗留下的通商、游牧等问题，尤其是划界问题，后来又成为英帝国主义侵略西藏的借口。为了把西藏完全变为英国的势力范围，英国政府在20世纪初，准备再次对西藏武装入侵。

达赖联俄　1890年《中英藏印条约》签订后，英国势力进一步侵入西藏，俄英在西藏的明争暗斗更加激烈。当时西藏各阶层对英人恨之入骨，并对清政府胁迫西藏地方当局屈从英国要求极为不满，西藏的统治者遂产生亲俄倾向。俄国早就觊觎西藏，派人秘密在西藏官员中进行煽动，还派遣一些布里亚特蒙古族喇嘛，披着宗教外衣从事阴谋活动。其中最突出的是蒙古族喇嘛德尔智，他原名德尔杰耶夫，藏名洛桑姑妈，出生于贝加尔湖以西的上乌丁斯克，懂俄语、藏语，19世纪70年代即到西藏活动。他从沙皇政府中领取了巨额秘密经费，借“学经”为名，到西藏各大寺活动，以布施名义大肆贿赂，获得了部分僧侣贵族的信任，当上了十三世达赖的侍讲。他利用与达赖讨论经典的机会，灌输亲俄思想，诱使达赖“脱离清国之束缚，依俄国之援助，以防英人之北侵，谋自国之独立”。煽动达赖叛国，要将西藏从中国分裂出去。

十三世达赖于1896年9月亲政后，西藏的形势发生了两点变化：驻藏大臣虽仍保有旧日的地位，但因英帝的破坏和离间，西藏地方已不甚理睬清廷的指示了；达赖因见清廷不足恃，有依俄反英的倾向，因而沙俄在西藏的影响大增。1900年达赖秘密派遣大卓尼同德尔智率领一个所谓“西藏代表团”，由尼泊尔经印度乘船到敖德萨会见沙皇。1901 年 6 月至 8 月，德尔智以所谓“西藏特使”身份再次到俄国活动。

清政府对俄国人的活动有所察觉，总理衙门电令驻俄公使胡惟德对俄声明：“如与藏人订约，中国决不承认。”升泰训令藏官：“以后凡遇游历人等，必须禀明而行，不可私有结交，免启番人意外之疑。”英国政府也向沙俄发出照会，宣称英国政府对于一切倾向于变更或扰乱西藏现状的行为，都不能漠视。英国在设法与西藏地方当局交往方面大大落后于俄国，但它在防俄保印的烟幕下，为武装入侵西藏制造舆论。并于 1903 年，乘日俄关系紧张，战争一触即发之际，派兵进犯西藏，挑起第二次侵藏战争。

英军侵占甲岗 1899 年 1 月，寇松就任英属印度总督，他为了实现同西藏地方当局建立直接联系，从 1899 年到 1901 年再三通过各种渠道与达赖联系，但都遭到拒绝。1901 年 6 月，寇松向印度事务大臣提出报告，“西藏一定要成为印度和帝俄之间的缓冲国”。印度事务部从英帝国整体利益考虑，不同意寇松占领春丕、帕里并派武装使团去拉萨的计划。1902 年 2 月，寇松重申前议，英外交部仍表示反对。但对于是否要派兵把甲岗等地的西藏人赶走，竖立界桩，只要寇松认为恰当，随时可办。

1902 年 6 月，寇松派英印武装人员百余人，由惠德率领，到藏锡边境，强占干坝宗所属甲岗等地方。英军命令当地西藏官员、士兵和居民全部限于 24 小时内撤出该地区，西藏人摄于英军武力不得不屈从此项命令。占领甲岗使英军“无论向哪个方向进军都没有困难，所有山顶和通向西藏的山道都很平坦”，从而为再次武装侵略西藏获得了一个适宜的出发地点。

英方几次找达赖联系，均被拒绝。英国在直接找达赖交涉失败后，于 1903 年提出与清政府在藏哲边界举行会议，商谈界务、通商问题。

干坝宗谈判　1903 年 4 月 29 日，英国政府授权英印当局与中国方面在西藏干坝宗（今西藏岗巴县）举行谈判。寇松派荣赫鹏为团长。英军经过仔细侦察哲藏边境地形并做了充分准备后，在 1903 年 6 月派遣了一支号称“和平使者”的强大部队，由荣赫鹏少校率领，“扈军 300 及辎重军 300”，闯入西藏境内，直趋干坝宗，于 7 月 8 日到达干坝宗，在该地布置防务。

清政府驻藏大臣派知府何光燮为代表，英方挑剔何光燮官职太低，与荣、惠二员品秩不称，不肯开议，要求派一位“能主裁西藏政事，言而无改者方妥”。驻藏大臣裕纲向英方提出：1. 何委员系三品大员，与荣赫鹏“品级相等”；2. 不同意在干坝宗会谈，应在附近草场之界口地方；3. 英方应“减带仆从”。英方对这三点不予理会。为了迫使中方就范，荣赫鹏要求增加卫队兵员，并在边境修筑公路。同时，荣赫鹏向英政府提出一个攻占江孜、拉萨的作战计划。由于荣赫鹏坚持无理要求，会议没有讨论真正的议题。

10 月 1 日，汉密尔顿爵士电告印度政府，当局今再衡量局势，如果谈判决裂已证明不可避免，则不但批准占领春丕之议，即使直趋江孜计划，只要能安全进行，当局准备予以裁可。英国政府批准西藏作战计划后，英印当局即大力开展战备，集结了1万多人员，其中步兵、骑兵2000多人，工兵、民夫7000多人，配备了大量步枪、机关枪和火炮，由麦克唐纳少将为总指挥。麦克唐纳于出征前获少将军衔，荣赫鹏晋升为上校。

西藏地方部队包括绿营兵和藏兵，总兵力仅4000人，主要集中在拉萨、日喀则、江孜等地。绿营兵配备步枪、火炮等火器，藏兵则以土枪和冷兵器为主。藏兵的战斗力较弱，但“用兵御敌之志牢不可破”。

曲眉仙角之战 麦克唐纳率英军于1903年12月10日全部集中在纳汤，12日即偷越则利拉，当夜宿丁山边不远的朗热。13日，英军进驻仁进岗，14日，占领了未及设防的春丕。藏军毫无准备，直到英军占领春丕，藏军才发觉，急忙调兵并动员各宗藏兵赶往帕里一带阻拦英军，但为时已晚。英军于1903年12月21日，夺取了帕里地方政府的火药库和武器库，占领帕里。由于天气严寒，英军留下少数部队驻屯帕里，主力折回春丕。

1904年1月初，英军又从春丕出发，经帕里，于1月4日占领堆拉。但不少人冻伤，英军遂一面与西藏地方政府的代表进行谈判，一面进行休整同时寻找战机。此时，3000多名藏军在总指挥降巴丹增率领下，赶到堆拉以北的曲眉仙角、古鲁一带，构筑工事，组织防御，截断大路，阻止英军前进。1月12日，藏军代表与荣赫鹏会谈，提出英军退回亚东，被荣赫鹏拒绝，谈判破裂。3月底，英军经休整补充后继续北犯，麦克唐纳率1300余名英军，从堆拉分路北进，当进至曲眉仙角藏军阵地附近时，藏军指挥走出阵地与英军谈判。荣赫鹏欺骗他们说，既然要谈判，双方必须停火，藏军老实地将土枪的火绳熄灭。而英军一面由荣赫鹏与藏军指挥员谈判，一面由麦克唐纳派兵将山上的藏军赶到围墙里，上千藏军挤在一起，英军三面包围，并架起机枪。“麦克唐纳下令英军迫近，要藏军缴械，于是锡克兵、廓尔喀兵即跃入藏军中擒夺藏军武器，双方争夺起来……英帝军官即下令开火，一时机枪密集扫射藏军，险毒的大屠杀开始，藏军伤亡七百余人，大败。英帝侵略军乘势进攻嘎吾，藏军英勇血战又伤亡了七百余人后撤走，英军占领嘎吾。”

此战，藏军伤亡 1400 余人，战斗中藏军为捍卫乡土殊死奋斗，无一人向英军投降，体现了中国人民与侵略者血战到底的大无畏精神。

英军用无耻的欺骗手法，取得曲眉仙角之战的胜利后，得寸进尺，向江孜进攻。在此途中藏军进行了多次阻击。1904 年 4 月 5 日，英军从古鲁出发，北犯江孜。藏军据险扼守古鲁至江孜间的康玛一带山谷，并不断袭击英军。当英军进至康玛以南的雪那寺附近，守卫该寺的 200 名藏军凭借高墙坚屋，予英军重大杀伤。由于兵力不足，在英军包围下，被迫转移，康玛被英军占领。4 月 9 日，英军继续北犯，进至藏姆章一带峻岭时，再次遭到千余藏军的阻击。

江孜之战 江孜为县级政府所在地，西通日喀则，东连拉萨，南通亚东，是西藏的军事要地。由于江孜清军兵力单薄，英军于 4 月 11 日不费一枪一弹就占领了江孜。随后荣赫鹏留 500 支来复枪，两挺马克沁机枪，两门七磅大炮和三星期的食品外，英军大队护送麦克唐纳返春丕。

英军占领江孜后，西藏地方政府一面请求清政府“调汉兵，资助军饷”；一面从各地抽调藏军，决心夺回江孜。1904 年 2 月，新任驻藏大臣有泰到达拉萨，他遵照清政府的妥协方针，千方百计阻止噶厦调兵抵抗。有泰的一系列妥协措施，助长了英国侵略者的气焰，但西藏地方政府决心收复江孜。有泰甚至向清政府表示应欢迎英国侵略军由江孜北进，说英国“笃念邦交，即令前来，不过多费口舌，而借以收回事权，亦觉有益”。有泰的恶劣表现激起了西藏人民的强烈不满，并由此加深了西藏地方与清朝中央政府之间的鸿沟。西藏地方从上层到民众都痛恨英国侵略者，他们冲破驻藏大臣的压制，开展了英勇的反抗斗争。特别是 1904 年 5 月到 7 月的反击英军保卫江孜的战斗，沉重地打击了敌人的嚣张气焰。

藏军撤出江孜城后，西藏地方政府于 5 月初迅速组织民众武装近万人，其中江孜 2500 人、绒谷 1500 人、郎格子 2500 人，热龙 1000 人、日喀则 1500 人。藏军在位于江孜、拉萨、康玛之间的卡罗拉山谷筑墙设卡，有 2000 名藏军守卫。5 月 3 日，英军由江孜出发，向卡罗拉进犯。5 月 7 日，英军从正面分路向藏军阵地进攻。藏军和民团依山凭险，奋力抗击，经 4 小时激战，击毙英军 18 人，迫使英军蜷缩在峡谷中。下午，英军投入预备队，形成前后夹击藏军之势，藏军被迫东撤。

当英军向卡罗拉山谷运动之时，集结在日喀则一带的西藏民团获悉江孜守军不足200人，当机立断，决定乘虚袭击江孜。5月5日，民团1000余人从日喀则方向直奔江孜，突然向英军营地发起进攻，迅速占领了地方政府及其附近的药店、寺庙，控制了整个城区，并包围了荣赫鹏所在的江孜英军的巢穴江洛林卡。英军从酣睡中惊醒，惊慌异常，西藏军民趁其惊魂未定，与之展开白刃战，几乎全歼这里的敌人，荣赫鹏也差点被击毙。5月9日，侵占卡罗拉之敌闻江孜营地被袭，遂返军回救，仍未能改变被动局面，西藏民军的包围圈逐步缩小。5月24日英军又有援军到达，26日，英军出动炮兵、工兵，配合步兵进攻藏人村落。经一天的逐屋战斗，民军弹药已尽，不得已撤至地方政府所在地。英军由于兵力不足，补给困难，已无力继续进攻。

6月5日，荣赫鹏率一队骑兵冲出重围，回春丕求援。6月13日，由麦克唐纳率领的援军从春丕出发，其总兵力4600人，此外有3800名搬运夫，1000多辆大车等庞大的后勤保障队伍。英方决心扩大事态，并向拉萨进军。达赖喇嘛曾派代表在江孜会见荣赫鹏，要求英军勿进军拉萨，被荣赫鹏拒绝。7月5日下午2时，英军分三路向江孜城和宗政府所在地发起总攻。一路进攻江孜街上，守卫江孜城的藏军，凭屋据险，奋勇抗击，激战到晚7时英军才全部占领江孜街。另两路英军进攻宗政府，宗政府是民军指挥部所在地，内有藏军5000余人，他们在弹尽粮绝，甚至断水的困境下坚守阵地三天。7月7日，英军再次进攻，经几小时的激战，民军被迫突围，江孜又沦于英军之手。江孜之战是英军侵略西藏以来最激烈的一战。

英军侵占拉萨 英军决定进军拉萨，以迫使中国接受城下之盟。7 月 14 日，英军在麦克唐纳少将率领下，携大炮 8 门、官兵 2000 人、随从后勤 2000 人，由江孜出发向拉萨进军。17 日越过噶惹拉，19 日侵占郎格子。达赖代表在郎格子会见荣赫鹏，要求英军退回江孜进行谈判，被英方拒绝。25 日，英军抵雅鲁藏布江边，藏军竟未将渡船毁坏，使敌人乘渡方便，英军于 8 月 1 日全部渡完，8 月 2 日英军占领业当。达赖再次派出代表与荣赫鹏会谈，荣赫鹏坚持进军拉萨。

英军并未经过实质性的战斗，即于 1904 年 8 月 3 日侵入拉萨，占驻布达拉宫后拉鲁宅内。英军第二次侵藏战争，军事行动至此告一段落。英军进入拉萨后四处抢掠，将大批历史文物及经卷抢走，件数之多，须用 400 多匹骡子才能驮运。荣赫鹏抵拉萨后，有泰奏曰："当即往拜，并以牛、羊、米面犒其士兵，及以礼物应办事诸员，该英员等深念邦交，与奴才颇称接洽。"有泰充当了可耻的角色。

达赖出走 1904 年 7 月 27 日半夜，当英国侵略者逼近拉萨时，德尔智率 70 名武装的布里亚特蒙古人，裹胁十三世达赖等秘密离开拉萨北上，企图将达赖带去见沙皇。他们离开拉萨后，经青海、甘肃、内蒙，于 11 月 26 日抵达库伦（乌兰巴托）。清政府获悉达赖逃到库伦后，立即派钦差大臣到库伦看望达赖，并带来光绪帝和慈禧太后的许多礼物。清政府对俄国裹胁达赖的行为进行了交涉，因当时正值日俄战争，俄国无力经营西藏，因此达赖未能赴俄。1906 年 5 月，达赖离开库伦，10 月 29 日到达西宁。当时英方听到达赖返藏的消息，表示坚决反对。清政府只得谕旨："奉旨款留，暂不回藏"，达赖在塔尔寺滞留了一年多。

1907 年，清政府批准达赖入京觐见，9 月 10 日，达赖到达北京。9 月 27 日，达赖陛见了慈禧太后和光绪帝。达赖在京期间会晤英驻华公使朱尔典，由坚决反英变为对英讨好。自 1905 年日俄战争后，达赖的依俄反英思想有了动摇，逐步改变了反英立场。达赖急于返藏，必须和英国搞好关系。达赖和英国最后达成协议，达赖保证不反英，英国不阻达赖回藏。达赖的转变，首先由他本身代表的阶级利益所决定的，也与英国的积极拉拢有关，更与清政府的积贫积弱、腐败无能及其严重错误的治藏政策有关。

四、《拉萨条约》与《中英续订藏印条约》

《拉萨条约》 1904 年 8 月，英军侵占拉萨后，荣赫鹏即谋求与西藏地方政府订约。8 月 12 日，荣赫鹏要求西藏哲蚌、色拉、噶尔丹三大寺寺长罗生噶尔等人，在英方事先拟定好的《拉萨条约》上非法签字画押，遭拒绝。英国政府考虑冬季将临，大雪封山，交通困难，为了防止孤军深入，给养困难，严令荣赫鹏须于 9 月中旬撤离拉萨。荣赫鹏以为既然占领了拉萨，必须取得条约文据，不能空手撤出拉萨。在此期间，有泰对英军极为配合，并一再向西藏地方官员施压。在有泰的竭力撮合下，达赖和噶厦的代表，终于在8月底同荣赫鹏开始谈判。

9月1日，荣赫鹏拜会驻藏大臣，有泰召集西藏地方官员参与会见。荣拿出英方的条约草约，有中、英、藏文字的译本。然后发言，威胁西藏地方官员：此为最后之条约，不容加以讨论。关于所要求之赔款，系自江孜受攻之日起至条约签订后一个月止，每日以5万卢比计算，如果明天可签约，则总数为750万卢比，如延至9月3日签约，则为755万卢比，如再延至9月4日，则为760万卢比，以此类推。9月5日，驻藏大臣和西藏代表回访荣赫鹏，表示接受条约草约。

9月7口在布达拉宫签约。签约之口，英军一切布置详尽周密，既堪自卫，复可耀武。自使馆至布达拉宫沿途皆密布军队，不仅陈兵壮声势，同时又足资防备万一。另有步队，或用于鸣枪敬礼，或用于必要时轰击布达拉宫。荣赫鹏命人用藏语宣读约稿。主要内容有：在江孜、噶大克、亚东开埠通商，英国派员监督；江孜、拉萨通道上的炮台和山寨一律削平；向英国赔付兵费750万卢比，分75年偿清，英国在春丕驻兵至赔款缴清为止；西藏土地不得让卖租典与他国；西藏一切事宜无论何国皆不得干涉；无论何国皆不得派员或代理人进入藏境；铁路、道路、电线、矿产等项权利均不许外国享受；西藏进款、货物、钱币等不给予外国抵押拨兑。这个条约严重损害了中国主权，遭到全国人民首先是藏族人民的反对。外交部复电有泰：《拉萨条约》有损主权，“此事应由中国督同藏番与英立约，不应经由英与藏番立约”，嘱勿画押，有泰未敢画押。

此约经印度总督报送英国政府，英政府也不予批准。因为条约以赔款为由长期占领春丕，不仅违背了1893年《中英藏印条约》的规定，也违反了英国对俄国及其他列强所做的不占领土的承诺，势将引起列强的干预。1904年12月2日，英国印度事务大臣波罗德里致函印度总督，他命令印度总督“应就女王政府的训令对条约加以修正”，提出将赔款削减为250万卢比。英国政府向清政府提出，就此事进行谈判。为了缓和各方面对《拉萨条约》的不满，同时为了巩固武装侵略的成果，英国政府与中国再一次举行西藏问题的谈判。

1905年初，清政府派外务部右侍郎唐绍仪作为议约全权大臣赴印度加尔各答谈判。英国代表为英印政府外事秘书费礼夏。这次会谈双方的目的完全不同：中国要废除《拉萨条约》，“改订切实可行之约”；英国要清政府在略为修改后的《拉萨条约》上签字。谈判中，两国彼此不肯稍让，唐绍仪于九月奉命回国，留参赞张荫棠继续谈判，11月谈判中止。

《中英续订藏印条约》 1906年4月，中英关于西藏问题的谈判在北京重新进行。清政府再次派唐绍仪为代表，英方代表为英国驻华公使萨道义。谈判中唐绍仪坚持清政府不批准《拉萨条约》的立场，英国为了维护《拉萨条约》的主要部分，只得稍作让步，同意将原稿第一款删除。而唐绍仪力争的中国在西藏的主权字句，未被列入条文中。4月27日，签订《中英续订藏印条约》六款，将《拉萨条约》十款作为附约。附约中还有一段印度总督单方面签押的文字：“惠允饬将该约第六款西藏应赔补英国人兵费由原定750万卢比，减为250万卢比。”

《中英续订藏印条约》承认了英国在西藏的侵略利益与特权，是一个不平等条约，但它实际上肯定了中国在西藏的主权，并在一定程度上争回了一些权利。第一，约文中虽未明确声明中国对西藏拥有主权，但把《拉萨条约》改作附件的事实本身说明中国在西藏拥有主权。第二，英国承认不占并藏境，不干涉西藏一切争执，除商埠通印度的电报外，不享受铁路、电线、矿产或其他利权。第三，英国同意赔款由清政府支付，等于承认中国政府在西藏的主权地位，并且在相当程度上消除了西藏各阶层对清政府的不满情绪。第四，最后谈判中，英方还想坚持由中方每年支付10万卢比，这样英军可在春丕驻军25年，中方则提出将在三年内付清赔款。英方对此做出让步，以换取中方接受《拉萨条约》，将它作为《中英续订藏印条约》的附件。

1908年1月，清政府偿付了条约规定的250万卢比的赔款。1908年4月22日，中方代表张荫棠和英方代表韦而敦在加尔各答签订了《中英修订藏英通商章程》十五款，西藏地方政府代表汪曲结布也签了字。英国占领军不得不撤出春丕谷地，但仍驻有所谓的商务卫队。